Erfahrungen mit 40 Jahren Neoliberalismus in Deutschland

AF284993

Sozio-ökonomische Analysen aus den wichtigsten Rundbriefen des Jahres 2018

Joachim Jahnke

Dezember 2018

Bibliografische Information der Deutschen Nationalbibliothek:
Die Deutsche Nationalbibliothek verzeichnet diese Publikation in
der Deutschen Nationalbibliothek, detaillierte bibliographische
Daten sind im Internet über http://dnb.d-nb.de abrufbar.

© 2018
Herstellung und Verlag: BoD – Books on Demand,
Norderstedt.
ISBN: 9783752857184

Inhalt

Inhalt der Abbildungen nach Rundbriefen

Einleitung: 40 Jahre Neoliberalismus in Deutschland

Der Neoliberalismus wurde ab Mitte der 70er Jahre zum epochenprägenden politökonomischen Paradigma fast aller entwickelten Industrieländer. Reagan und Thatcher und später Kohl und Schröder in Deutschland setzten ihn in ihren Ländern rücksichtslos durch. Seine Grundzüge sind im Washington-Consensus aufgezeichnet: Nachfragedrosselung und Kürzung der Staatsausgaben, Verbesserung der Effizienz der Ressourcennutzung in der gesamten Wirtschaft durch Rationalisierung und Kostenökonomie, Liberalisierung der Handelspolitik, Deregulierung von Märkten und Preisen einschließlich der Abschaffung von Preissubventionen für Grundbedarfsartikel, Privatisierung öffentlicher Unternehmen und Einrichtungen, Entbürokratisierung und Abbau von Subventionen. Dazu kam schließlich ein Vorrang für die Finanzwirtschaft.

Seit jeher beruht der Kapitalismus auf der Ausbeutung derer, die ihre Arbeitskraft auf den Markt tragen müssen. Neu für den Neoliberalismus ist die totale Verschiebung von Angebot und Nachfrage nach Arbeit. Erstens sind durch die von den Regierungen unter dem Druck der Exportkonzerne betriebene Globalisierung der Weltwirtschaft mit einem fast totalen globalen Abbau aller Schranken für den Waren- und Finanzverkehr billigste Arbeitskräfte in sehr großer Zahl auf den Weltarbeitsmarkt gekommen. Vor allem die weltwirtschaftliche Integration Osteuropas und der großen Schwellenländer China und Indien mit einer Bevölkerung von ca. 2,7 Milliarden Menschen hat das Verhältnis von Kapital und Arbeit in der Welt grundsätzlich und für sehr lange Zeiten geändert. So hatte sich nach Schätzungen von Harvard-Professor Richard Freeman die Zahl der Arbeitskräfte im globalen Wirtschaftssystem von 1,46 Milliarden auf 2,93 Milliarden verdoppelt, ohne daß das über Investitionen nach Arbeitskräften suchende Kapital (im Unterschied zum Spekulationskapital) entsprechend zunahm. Mehr als die Hälfte der Zunahme an Arbeitskräften und wahrscheinlich 80 Prozent der exportrelevanten Arbeitskraft entfällt dabei allein auf China. Mit so viel zusätzlichem Arbeitskräftepotenzial in Ländern ohne funktionierende Gewerkschaften und teilweise ohne Streikrecht konnten sich auch und gerade die deutschen Unternehmen fortan die weltweit unsozialsten und daher billigsten Standorte für ihre Produktion im benachbarten Osteuropa, in China und anderswo aussuchen und gleichzeitig die heimischen Arbeitskräfte mit Verlagerungsdrohungen gewaltig unter Druck setzen.

Zweitens drängten parallel dazu die Frauen in den Industrieländern auf die Arbeitsmärkte, wo sie meist nur schlecht bezahlte Teilzeitarbeit fanden, zumal wenn sie daneben die Hausarbeit für die eigene Familie verrichten. Überall und besonders in Deutschland baute sich eine erhebliche Lohndiskriminierung der Frauen auf. Damit wurden die Löhne für alle Arbeitnehmer unter weiteren Druck gesetzt.

Drittens macht seit einigen Jahren die Automatisierung große Fortschritte und setzt viele Arbeitskräfte frei, bisher meist unter den gering Qualifizierten. Viertens kommt nun noch der Druck auf die deutschen Löhne aus der Zuwanderung billiger Arbeitskraft, wie aus dem EU-Balkan oder aus der globalen Armutsmigration.

Bei dieser Situation darf man sich nicht wundern, daß sich die Einkommen immer weiter in Richtung auf die Kapitaleigner und von den meisten Arbeitnehmern weg entwickeln. Die Lohnquote am Volkseinkommen ist von 74 % zu Anfang der 80er Jahre auf nur noch knapp 68 % gefallen, wohinter sich ein noch stärkerer Abstieg verbirgt, weil zu den Arbeitnehmern auch die leitenden Angestellten mit sehr starken Einkommenszuwächsen über diesen Zeitraum zählen. Ähnlich sind die Nettolöhne inflationsbereinigt über die letzten 14 Jahre nur um 7,5 % gestiegen, die Unternehmens- und Vermögenseinkommen dagegen um 51,7 %.

Wer dagegen glaubt, vor allem Zins und Zinseszins hätten die Verschiebung der Einkommen bewirkt, der verkennt einerseits die dramatischen Veränderungen an den globalen Arbeitsmärkten und überschätzt andererseits die Rolle der Zinsen, die ja in der Eurozone nun schon seit 8 Jahren im real negativen Bereich gehalten werden.

Sehr viel in unserer Gesellschaft hat sich über die 40 Jahre bis zur Unkenntlichkeit verändert, meist nicht zum Besseren. Der jetzt erstmals in vielen Ländern gleichzeitig ausbrechende sogenannte Populismus zeigt die stark zunehmende Unzufriedenheit der Bevölkerungen.

Seit fast 14 Jahren schreibe ich nun in bald 3.700 Rundbriefen kritische Analysen zu dieser Entwicklung. Ich kann mich in der Rückbesinnung von drei bekannten Zitaten leiten lassen: „Seit die Vergangenheit nicht mehr die Zukunft erhellt, wandelt der menschliche Geist in der Finsternis" (Alexis de Tocqueville), „Wer in der Zukunft lesen will, muss in der Vergangenheit blättern" (André Malraux) und „Feig, wirklich feig ist nur, wer sich vor seinen Erinnerungen fürchtet" (Elias Canetti).

Hier als Einleitung zu der Rückschau auf die wichtigsten Rundbriefe des Jahres 2018 eine Übersicht zu einigen der tiefen Spuren aus 40 Jahren Neoliberalismus:

> *Deutschland war früher demographisch eine andere Welt: Kamen 1970 auf 100 Ältere ab 65 Jahre noch 171 Kinder bis 14 Jahre, so sind es heute nur noch 59 (nach der UN-Projektion werden es 2050 nur noch 42 sein).*
> *Die Einkommen und Vermögen waren viel gleichmäßiger verteilt: Der Anteil der unteren Hälfte an den Einkommen fiel von 33 % 1965 auf unter 17 % 2013 (Abb. 20089).*
> *Das Steuersystem war weniger zum Vorteil der Wohlhabenden verbogen und mit Steuerflucht durchlöchert.*
> *Renten waren wirklich sicher.*
> *Einen wuchernden Niedriglohn- oder Leiharbeitssektor gab es nicht.*
> *Die Gewerkschaften hatte noch einen volle Mitgliederbestand (1999 noch 8 Mio., 2017 nur noch 6 Mio.).*
> *Die Investitionen in deutsche Industrieanlagen stiegen weit stärker als heute (Abb. 14633 unten).*
> *Das Arbeitnehmerentgelt stieg weit stärker als die Unternehmens- und Vermögenseinkommen, während es heute umgekehrt ist (Abb. 14633 unten).*
> *Gedumpte Billigimporte aus China drückten nicht auf die deutschen Löhne.*
> *Die Arbeitslosenquote lag in den 70er Jahren nur bei durchschnittlich 2,5 % (Abb. 14633 unten).*
> *Der Konsum privater Haushalte stieg pro Jahr viel stärker als heute (Abb. 14633 unten).*
> *Frauen mußten nicht in erschöpfender Teilzeitarbeit*

dazuverdienen (statt auf normalen Vollzeitjobs, wie überwiegend gewünscht), alte Menschen nicht wegen zu geringer Renten weiterarbeiten.

> *Das Streßniveau am Arbeitsplatz war niedriger, so daß Arbeitnehmer seltener ausbrannten.*

> *Auch ärmere Familien konnten sich noch Kinder leisten.*

> *Wohnraum war selbst für ärmere Bevölkerungskreise noch erschwinglich.*

> *Das Bildungssystem war ausreichend finanziert, ebenso die Verkehrsinfrastruktur des Landes.*

> *Aufstieg aus den unteren Schichten war noch möglich.*

> *Bahn und Post waren in öffentlichen Händen gut aufgehoben.*

> *Von den Banken gingen keine Gefahren aus.*

> *Die noch mitgliederstarken "Volksparteien" verdienten diesen Namen noch und galten als solide.*

> *Die Zahl der Ausländer hat allein über die letzten 6 Jahre um 60 % zugenommen (Abb. 19718 unten), die der Menschen mit Migrationshintergrund noch mehr. Ungeordnete Immigration gab es früher nicht.*

> *Frauen konnten noch unbesorgt spazieren gehen und öffentlich mitfeiern.* > *Die EU war kleiner, nicht bis zur Unsteuerbarkeit überdehnt, und längst nicht so zerstritten wie heute.*

> *Die unpassende Euro-Einheitswährung mit ihren vielen Verwerfungen und Krisenneigungen, z.B. in der Zinspolitik, gab es noch nicht.*

> *Terror im Namen des Islam war bei uns unbekannt. Weihnachtsmärkte waren noch nicht betongeschützt.*

> *Kleine undemokratische Staaten konnten nicht mit Atomwaffen oder deren Entwicklung global drohen, wie Nordkorea.*

> *Die scheinbar unaufhaltsame globale Erwärmung bedrückte noch nicht die Zukunftserwartung.*

global news 3696 19-11-18: Unser aller Interesse: Lebenserwartung, Gesundheit, Pflege im Alter

Die britische Fachzeitschrift "The Lancet" hat jetzt die weltweit größte Gesundheitsstudie "Global Burden of Disease" (Datenbasis 2017) veröffentlicht, die alle zwei Jahre erscheint. Sie wurde Anfang der Neunzigerjahre von der Harvard University, der Weltgesundheitsorganisation und der Weltbank gegründet und beschäftigt inzwischen über 3.500 Wissenschaftler aus mehr als 140 Ländern. Ich habe für diesen Rundbrief die nicht frei zugängliche Studie heruntergeladen und für Sie ausgewertet.

1. Lebenserwartung

Die meisten Menschen hoffen auf ein langes Leben, jedenfalls wenn sie gesund sind. Doch bei der Lebenserwartung zeigt sich auch für Deutschland ein deutlicher Abriß von der in früheren Zeiten immer festzustellenden Zunahme. Stieg sie für Frauen zwischen 1950 und 2000 pro Jahr noch um durchschnittlich 0,31 %, was einem jährlichen Zuwachs von 112 Tagen entsprach, so waren es zwischen 2010 und 2017 nur noch 0,03 % oder jedes Jahr nur noch 13 Tage mehr; bei Männern waren es nur noch 0,06 % oder 20 Tage mehr statt 135 (Abb. 20127, 20128). Damit ist der Zuwachs an Lebenserwartung fast zum Stillstand gekommen und könnte in Zukunft in eine Verkürzung einmünden. Die Überschrift des Berichts im SPIEGEL "Wir werden älter, aber nicht gesünder" führt an diesem Stillstand vorbei.

Im Alter von 60 Jahren bleibt den deutschen Männern die geringste Lebenserwartung in ganz W-Europa, nämlich fast drei Jahre weniger als beim Spitzenreiter Schweiz. Auch deutsche Männer und Frauen zusammengenommen haben die geringste Lebenserwartung (Abb. 20129). Die deutschen Medien gehen an diesen unbequemen Daten aus Lancet vorbei.

Da Lancet für Deutschland eine vergleichsweise gute Gesundheitsversorgung feststellt (was die Medien gerne berichten), dürften sich hier große und lebensverkürzende soziale Disparitäten, ungesunde Ernährung, ein hoher

Streßpegel, schlechte Luftqualität in den Großstädten und ähnliche Faktoren ungünstiger Lebensqualität mehr als sonst in W-Europa belastend bemerkbar machen. Beispielsweise liegt Deutschland bei den Zielen der UN zur Senkung der Sterblichkeit wegen Luftverschmutzung in W-Europa auf dem vorletzten Platz nur von Griechenland noch unterboten (Abb. 20131).

Noch zu den sozialen Disparitäten: Deutschland hat in W-Europa, von den Krisenländern Italien und Spanien abgesehen, den höchsten Anteil an trotz Arbeit armer Arbeitnehmer (Abb. 17073), und in keinem anderen Land W-Europas ist unter den Arbeitslosen der Anteil von Personen mit einem Einkommen unterhalb der Armutsschwelle auch nur annähernd so hoch wie in Deutschland, vor allem eine Folge der H4-Gesetze (Abb. 20130). Nur in Großbritannien sowie den Krisenländern Portugal, Italien, Griechenland und Spanien ist der Einkommensanteil des obersten Fünftels als Vielfaches des untersten Fünftels noch größer als in Deutschland (Abb. 18855). Andererseits ist vielfach nachgewiesen, daß ärmere Menschen erheblich früher sterben als reichere.

2. Gesundheit gleich gesunde Lebensjahre

Nach der internationalen Gesundheitsstudie rangiert Deutschland beim Hauptindikator für die Erreichung der UN-Ziele einer nachhaltigen Entwicklung im Gesundheitsbereich noch im unteren Mittelfeld (Abb. 20135), was vor allem der relativ guten Versorgung durch Ärzte und Krankenhäuser zu verdanken ist.

Ein besserer Indikator für die Lebensqualität ist dagegen die Wahrscheinlichkeit gesunder Lebensjahre. Hier hängt Deutschland sehr zurück. Die deutschen Männer kommen in W-Europa nur auf den vorletzten Platz, drei Jahre hinter dem Spitzenreiter Schweiz (Abb. 20132) und bei den Frauen sieht es nur wenig besser aus (Abb. 20133). Das Ergebnis ist umso enttäuschender, als Deutschland ein relativ gutes Gesundheitssystem hat und dafür unter den ersten drei Ländern in W-Europa gemessen an seiner Wirtschaftsleistung verhältnismäßig viel ausgibt (Abb. 19856).

Noch schlechter sieht es für deutsche Männer im Alter von 65 Jahren aus. Hier rutschen sie bei der Erwartung gesunder Lebensjahre auf den letzten Platz in W-Europa ab (Abb. 20134); 1990 hatte Deutschland noch auf dem fünftletzten Platz gelegen. In diesem Alter ist ein Rückstand gegenüber dem Spitzenreiter Schweiz von fast zwei Jahren sehr viel. Das Leben in Deutschland zeichnet sich also nicht durch ein besonders hohes Gesundheitsniveau aus. Auf einige von mir vermutete Gründe bin ich schon bei der Lebenserwartung eingegangen.

3. Das Interesse an guter Pflege im Alter

Mit zunehmendem Alter werden die meisten Menschen in der einen oder anderen Form pflegebedürftig. In der Altersgruppe von 80 bis 85 Jahren sind es etwas mehr als 21 %, bei 90 Jahren und älter schon etwas mehr als zwei Drittel der Altersgruppe. Das gern als "gesegnet" angepriesene Alter ist also in aller Regel eines in Pflege.

Ein besonders häufiger Zugang zur Pflegebedürftigkeit kommt über Demenz, Parkinson oder Schlaganfall. In Deutschland gelten heute etwa 1,7 Millionen Menschen als demenzkrank. Ungefähr zwei Drittel davon haben Alzheimer, die häufigste Form der Demenz. Nach einer neuen Studie des University Medical Center Rotterdam erkrankt die Hälfte aller Frauen über 45 Jahre und ein Drittel aller Männer an Demenz oder Parkinson; dabei liegt allein der Anteil von Demenz bei 26 % für Frauen bzw. 14 % für Männer. In der Altersgruppe über 85 Jahre kommt das größte Pflegerisiko von Demenz.

Bisher gibt es keine Heilmittel gegen Demenz/Alzheimer. Die derzeit verfügbaren Medikamente verlangsamen nur das Fortschreiten der Erkrankung, können sie aber weder aufhalten noch heilen. Daß bereits einige große pharmazeutische Unternehmer, wie die Firma Pfizer, die Forschung in diesem Bereich komplett eingestellt haben, läßt nach Ansicht der Techniker Krankenkasse (TK) in ihrem Demenz Innovationsreport die Hoffnung auf einen Durchbruch in der Therapie in weite Ferne rücken. Dabei beklagt die TK eine "flächendeckende Fehlversorgung" von Demenzkranken.

Viele Patienten mit Alzheimer bekämen ausschließlich Beruhigungsmittel. Medikamente, die den Gedächtnisverlust verlangsamen, blieben ihnen verwehrt und würden nur an etwa 14 % der Kranken gegeben. Die Hälfte der Patienten bliebe unbehandelt.

Im TK-Meinungspuls aus dem September 2018 wurden die Menschen in Deutschland bevölkerungsrepräsentativ zum Thema Pflege und Demenz befragt. Dabei zeigte sich, dass die Angst vor Demenz groß ist: Wer persönlichen Kontakt zu Demenzbetroffenen hat, hat auch häufiger Angst, selbst zu erkranken. Unter Befragten mit Kontakt zu Menschen mit Demenz äußerten 58 % große Sorge, selbst zu erkranken. Bei denjenigen ohne Kontakt zu Personen mit Demenz teilt diese Sorge immer noch eine sehr große Minderheit von 46 %.

Nach dem Barmer-Pflegereport 2018 fühlen sich pflegende Angehörige oft überlastet. Mehr als die Hälfte der Pflegebedürftigen wird ausschließlich durch Angehörige ohne Beteiligung von Pflegeeinrichtungen versorgt, Bei den Über-60-Jährigen hat knapp jeder Vierte einen Pflegebedürftigen im Haushalt. Doch der "größte Pflegedienst der Nation" steht am Rande seiner Kräfte: Viele der 2,5 Millionen pflegenden Angehörigen sind der Untersuchung zufolge überfordert, gestreßt oder selbst krank. Dabei leiden viele unter Schlafmangel (fast 40 %) und sind körperlich und psychisch überfordert. Jeder Vierte hat seine Arbeit aufgrund der Pflege reduziert oder ganz aufgeben müssen. Die Pflege bestimmt bei 85 % der Betroffenen täglich das Leben. Die Hälfte von ihnen kümmert sich sogar mehr als zwölf Stunden täglich um pflegebedürftige Angehörige. Im Ergebnis stehen 14 % der pflegenden Angehörigen kurz davor, die Pflege einzustellen oder wollen nur mit mehr Hilfe weiter pflegen. Knapp 20 % haben Zukunfts- und Existenzängste.

Auf der anderen Seite krankt auch die Pflege in Pflegeeinrichtungen. Die Bertelsmann-Stiftung geht bis 2035 von einer Lücke von 500.000 Vollzeitkräften aus, wenn sich die Zahl der Pflegebedürftigen so erhöht wie derzeit prognostiziert. Nach einer neuen Untersuchung des Instituts der deutschen Wirtschaft muß die Zahl der Pflegefachkräfte bis zum Jahr 2035 um 44 % auf rund eine halbe Million steigen. Der schon jetzt akute Personalmangel betrifft primär die gut ausgebildeten Fachkräfte, weniger die Hilfskräfte; er ist in der ambulanten Altenpflege noch gravierender als in der stationären. Der Personalmangel führt derzeit dazu, daß Anforderungen an die persönliche Qualifikation von Bewerbern heruntergeschraubt werden. Gemäß "Pflegethermometer" können 22 % keine Patienten aufnehmen, 80 % zumindest nicht sofort. Im internationalen Vergleich unter westlichen Ländern ist Deutschland mit Pflegepersonal für die Älteren relativ schlecht ausgestattet (Abb. 20056). Der von der Bundesregierung jetzt vorgesehene Anstieg um 13.000 zusätzliche Stellen in der vollstationären Altenpflege ist weniger als ein Tropfen auf einen heißen Stein.

Nicht einmal jeder Zweite ist nach der Barmer-Umfrage mit der eigenen Vorsorge für den Fall einer Pflegebedürftigkeit zufrieden. 48 % fühlen sich nicht ausreichend abgesichert und nur 47 % hingegen schon. Darüber hinaus gab jeder Dritte an, noch keinerlei finanzielle Vorsorge für das Alter getroffen zu haben. Da die Pflegeversicherung nur einen Teil der Gesamtkosten der Pflege übernimmt, müssen immer mehr alte Menschen Hilfe zur Pflege (Sozialhilfe) in Anspruch nehmen. Vor allem bei Heimunterbringung reichen die Pflegeversicherung und das eigene Einkommen häufig nicht aus. Von 1989 bis 2016 hat sich die Zahl der Empfänger von Hilfe zu Pflege um mehr als die Hälfte auf 440.000 erhöht. Nach einer Umfrage für den neuen DAK-Pflegereport beklagen 87 % der Befragten, Pflegeheime seien teuer. Sieben von zehn Befragten sind der Meinung, daß sich viele Familien Pflegedienste und Heime nicht leisten können.

Außerdem gehen den alten Menschen schon demografisch zunehmend die Familien verloren, in denen sie sich aufgehoben fühlen könnten. Wie dramatisch dieser Prozeß ist, zeigt ein Vergleich mit dem Jahr 1970. Damals kamen im statistischen Vergleich in Deutschland auf jeweils 100 Ältere ab 65 Jahren noch 171 aus der Generation der Enkelkinder bis zu 14 Jahren, während es heute nur noch 60 sind und nach den Projektionen aus dem UN Bevölkerungsprogramm in 2050 nur noch etwa 42 sein werden (Abb. 20138). Sehr viele der Alten dürften schon heute keine Enkelkinder mehr haben.

4. Wo bleiben die berechtigten Interessen an staatlicher Daseinsvorsorge?

Für ein so reiches Land wie Deutschland ist völlig unverständlich, wie die Erwartung gesunder Lebensjahre und angemessener Pflege im Alter so unter die Räder kommen, und offensichtlich weit mehr als in den meisten Vergleichsländern.

Die "Daseinsvorsorge" als staatliche Aufgabe zur Bereitstellung der für ein menschliches Dasein als notwendig erachteten Güter und Dienstleistungen, also die Grundversorgung, scheint erheblich Not zu leiden. Ebenso scheint das Sozialstaatsprinzip, wonach ausweislich Artikel 21 Grundgesetz Deutschland ein "sozialer" Bundesstaat ist, weitgehend vergessen. Das ist umso unverständlicher, als gleichzeitig in weiten Kreisen der Politik die Fürsorge für ausländische Zuwanderer, die meist aus wirtschaftlichen Gründen zu uns kommen und zu großen Teilen dauerhaft auf staatliche Fürsorge angewiesen sind, ganz oben rangiert.

5. Angst vor dem Alter?

Nachdem ich diese Ergebnisse festgestellt hatte, konnte ich die Frage nicht vermeiden, wie viele Menschen in bedrückender Angst an ihr Alter denken? Wie sieht es bei den vielen Menschen aus, die nach kleinen Arbeitseinkommen und gemessen an diesen die unter allen Ländern in W-Europa niedrigsten Renten beziehen (Abb. 20074)? Wie eigentlich ist es um die Lebensqualität in einem Land bestellt, in dem solche Ängste grassieren?

Es gibt eigentlich nur einen Grund für diese Lage: Betroffen von den hier beschriebenen Übeln sind vor allem die weniger wohlhabenden Bevölkerungskreise bis weit in die Mittelklasse hinein, die weder genug Mittel für ein langes und gesundes Leben, noch vor allem für eine angemesse Pflege aufbringen können. Für deren Los aber interessiert sich die deutsche Politik bisher relativ wenig, und schon gar nicht die abgehobenen Eliten. Man müßte anderswo massiv Steuern erhöhen, um diesen Übeln wenigstens teilweise beizukommen. Der wachsende Populismus ist hier ein erster Weckruf.

global news 3696 19-11-18: Ein deutsches Drama: Sag mir, wo die Kinder sind, wo sind sie geblieben?

Am letzten Mittwoch ließ eine amtliche Meldung aufhorchen: Die Zahl der Kinder und Jugendlichen bis 18 Jahre in Deutschland sei über die zwanzig Jahre seit 1997 um 2,3 Millionen gesunken. Gemessen an dem heutigen Bestand von 13,4 Mio. ist das in diesem historisch relativ kurzen Zeitraum immerhin ein Rückgang, ohne den die Zahl der Kinder um 17 % höher wäre. Bei deutsch-stämmigen Kindern ist der Rückgang noch wesentlich dramatischer, da 2017 vom Gesamtbestand allein 4,9 Mio. Kinder der Migration geschuldet waren. Bei den unter 3-Jährigen lag der Anteil derer mit Migrationshintergrund 2017 bereits bei 39 %; ohne sie wäre die Zahl der Deutschstämmigen in dieser Altersgruppe noch einmal um 39 % geringer.

Eigentlich waren die Geburtenzahlen seit dem Jahr 2012 wieder gestiegen, so daß die Medien schon von einer Trendwende sprachen. Doch der Trend brach im vergangenen Jahr schon wieder ab. Der Geburtenrückgang wird von zwei Entwicklungen gestützt. Einerseits hat der Anteil total kinderloser Frauen immer weiter zugenommen und liegt jetzt bei etwa 21 % (Abb. 20140). Soweit sich dieser Trend in den letzten Jahren abschwächte, liegt das vor allem an der geringen Kinderlosigkeit bei Frauen mit meist muslimischem Migrationshintergrund und dürfte sich sonst fortsetzen.

Andererseits werden Familiengründungen und Erstgeburten immer weiter nach hinten und dabei oft in ein weniger fruchtbares Alter verschoben. Anfang der 70er-Jahre waren Frauen im früheren Bundesgebiet bei der ersten Geburt durchschnittlich gut 24 Jahre alt; im Jahr 2016 waren sie mit fast 30 sechs Jahre älter.

Im internationalen Vergleich hat Deutschland nach einer Untersuchung des Geburtsjahrgangs 1968 die höchste Rate an kinderlosen Frauen (Abb. 19498). Deutschland gehört zusammen mit Österreich und der Schweiz zu den Ländern, in denen die Kinderlosigkeit besonders stark gestiegen ist (Abb. 19499). Hinzu kommt dann noch, daß Deutschland zusammen mit Italien und Portugal zu den Ländern gehört, bei denen der Anteil der Frauen, die sich drei oder mehr Kinder wünschen besonders niedrig ist (Abb. 19500).

Schließlich ist Kinderlosigkeit in Deutschland vor allem und in allererster Linie ein soziales Problem, wie der Mikrozensus von 2016 wieder gezeigt hat: Je geringer das Haushaltseinkommen, umso höher der Anteil der Kinderlosen (Abb. 17894). Die Differenz von 15 % bis 41 % oder fast einer Verdreifachung ist enorm, zumal sie seit 2012 noch weier zugenommen hat. Sie zeigt auch, daß natürliche Unfruchtbarkeit, die es immer schon gegeben hat und gegen die es heute bessere Behandlungsmethoden (bis zur In-vitro-Fertilisation) gibt, nur eine untergeordnete Rolle bei der starken Entwicklung von Kinderlosigkeit insgesamt spielt.

Wenn also die Kinderlosigkeit in Deutschland so sehr ein soziales Problem ist, kann man ihm nur mit einem Abbau der in Deutschland besonders großen sozialen Ungleichheiten beikommen, wo das reichste 1 % 15-mal mehr Vermögen als die ganze untere Hälfte der Haushalte zusammen besitzt, das oberste Tausendstel immer noch 8-mal mehr (Abb. 20105) und wo nach Berechnungen des international bekanntesten Forschers in diesem Bereich Branko Milanovic der GINI-Ungleichindex vor Steuern und Sozialleistungen noch höher als in USA liegt (Abb. 20008).

Stattdessen die Schleusen für mehr Einwanderung zu öffnen oder - wie Sozialminister Spahn - mit einer Sondersteuer für Kinderlose, bei denen meist steuerlich ohnehin wenig zu holen ist, zu kommen oder gar das Problem zu verharmlosen, wie es immer wieder geschieht, zeigt nur die Dummheit der politischen Eliten unseres Landes und ihrer medialen Wasserträger. Leider wird die soziale Dimension der Kinderlosigkeit in der Öffentlichkeit weitgehend verschwiegen. Auch in dem ausführlichen Pressestatement des

Präsidenten des Statistischen Bundesamts zur Kinderlosigkeit vom 26. Juli 2017 gab es keinerlei Hinweis auf die Einkommensverhältnisse. Absichtlich?

Wie dramatisch dieser Prozeß insgesamt abläuft, zeigt ein Vergleich mit dem Jahr 1970. Damals kamen im statistischen Vergleich in Deutschland auf jeweils 100 Ältere ab 65 Jahren noch 171 aus der Generation der Enkelkinder bis zu 14 Jahren, während es heute nur noch 60 sind und nach den Projektionen aus dem UN Bevölkerungsprogramm in 2050 nur noch etwa 42 sein werden (Abb. 20138). Auch im Vergleich zur Generation derer bis zu 17 Jahren ist es mit 61 auf 100 Alte im Jahr 2020 gegenüber 174 im Jahr 1970 nicht sehr viel besser bestellt.

Im internationalen W-Europa-Vergleich rangiert Deutschland bei dieser Entwicklung zusammen mit Portugal und Italien ganz am Ende (Abb. 20139). Auch hier sind die Abstände zu den Spitzenreitern Irland, Frankreich und skandinavische Länder enorm.

Sehr viele der Alten in Deutschland, soweit sie nicht einen Migrationshintergrund haben, dürften schon heute keine Enkelkinder mehr haben. Da viele mehr als ein Enkelkind haben, muß sich Deutschland bei 61 Jungen auf 100 Alte einem Zustand nähern, in dem eine Mehrheit der deutschstämmigen Alten gar keine Enkelkinder in der Altersgruppe von 0 bis 17 Jahre mehr hat. Wer dieser Menschen wird dann noch für die eigene Familie an die Zukunft denken? Wer wird verstehen, was in den Köpfen der Jungen vorgeht?

Wer aus der Politik wird die Verantwortung dafür übernehmen, Deutschland in eine solche Situation gebracht zu haben? Schröder (keine eigenen Kinder oder Enkelkinder) etwa, der mit seinen zutiefst unsozialen Reformen in sieben Regierungsjahren für viele der Millionen nicht mehr geborenen Kinder verantwortlich ist? Gar nicht zureden von den vielen trotzdem geborenen H4-Kindern - mit über 2 Millionen fast jedes siebente Kind unter 18 -, die oft fürs ganze Leben stigmatisiert sind und sich nicht selten dann selbst keine Kinder leisten können. Die demnächst 16 Jahre lang regierende Merkel (auch ohne Kinder und Enkelkinder) etwa, die gerade erst wieder unverbesserlich sagte: "Es ist kein Fehler gewesen, die Migranten kurzfristig aufzunehmen"? Und was soll da das "kurzfristig"? Die, die die sozialen Brüche in Deutschland immer größer gemacht haben, tragen auch erhebliche Mitverantwortung für seine Kinderlosigkeit, die sich wie ein großer Tanker nun in der Richtung sehr lange nicht mehr verändern lassen wird.

global news 3695 12-11-18: Rückbesinnung: Vernunft oder nur psychopathische Nostalgie? Wider die Meinungsmacher

Bertelsmann ist bekanntlich einer der größten und zugleich gröbsten neoliberalen Meinungsmacher in Deutschland, dessen Umfragen gern von den ebenso neoliberalen Medien übernommen werden, die dann ebenfalls als Meinungsmacher auftreten. Ohne Rücksicht auf die eigene Rolle als Meinungsmacher behauptet Bertelsmann in einer neuen auf eine Umfrage gestützten Studie, Nostalgie beeinflusse die öffentliche Meinung und setzt dementsprechend die Überschrift: "Wie Nostalgie die öffentliche Meinung in Europa beeinflusst - Die Macht der Vergangenheit". Nun ist "Nostalgie" im Sprachbewußtsein der meisten Menschen ein emotionaler Zustand, der mit Vernunft wenig zu tun hat.

Die ganze Bertelsmann-Untersuchung stemmt sich gegen jede Form von vernünftiger Rückbesinnung und verteufelt solche unerwünschten Erscheinungen als bloße und unrealistische Nostalgie: "Nostalgie erlaubt es den Menschen, sich mental an einen vertrauten und sicheren Ort zurückzuziehen und sich so innerlich zu stabilisieren. Was Psychologen als eine wertvolle innere Ressource betrachten, wird in der Politik allerdings vor allem als Mittel der Agitation missbraucht."

Wer denkt, die Welt sei früher ein besserer Ort gewesen und die Umfrage entsprechend beantwortet, ist nach Ansicht von Bertelsmann ein "Nostalgiker" und wird als solcher gebrandmarkt. So setzt der Meinungsmacher Bertelsmann über die Studie ein Zitat von Shakespeare: "Wenn süßes, stilles Sinnen mich erfasst, Erinnre ich mich der Vergangenheit, Bis seufzend ich, wie vieles ich verpasst, Die Zeit mit alter Klage mir verleid!" Da möchte man Bertelsmann andere und weit modernere Zitate entgegenhalten, wie Elias Canetti "Feig, wirklich feig ist nur, wer sich vor seinen Erinnerungen fürchtet" oder Søren Kierkegaard "Das Leben kann nur in der Schau nach rückwärts verstanden werden" oder André Malraux "Wer in der Zukunft lesen will, muss in der Vergangenheit blättern".

Prompt greifen die neoliberalen Medien, wie der SPIE-GEL, die Umfrage auf. Beim Spiegel wird in der Überschrift seines Artikels aus der in der Umfrage vorgegebenen Bejahung oder Verneinung von "die Welt war früher ein besserer Ort" gleich "Früher war alles besser", obwohl von "alles" in der Umfrage gar nicht die Rede war und keiner eine so dämliche Behauptung aufstellen könnte. Die tendenziöse Darstellung bei Bertelsmann wird also beim SPIEGEL noch weiter verstärkt.

"Die Welt war früher ein besserer Ort" antworten fast zwei Drittel der Befragten in Deutschland und mehr noch in Italien und Frankreich bejahend; für die EU insgesamt sind es sogar 67 % (Abb. 20124).

Das eigentlich Erstaunliche am Umfrageergebnis ist, wie durch alle Altersgruppen mehrheitlich die Meinung der angeblichen Nostalgiker vorherrscht. Der "SPIEGEL" macht daraus fälschlich: "Je älter die Befragten, desto eher sind sie nostalgisch eingestellt. Jugendliche unter 25 sind am wenigsten empfänglich für nostalgische Gefühle, während es bei den 35- bis 65-Jährigen rund zwei Drittel der Befragten sind". Tatsächlich aber besteht zwischen den 26- bis 35-Jährigen mit 65 % und den 56- bis 65-Jährigen mit 70 % kaum ein Unterschied und die kritischste Gruppe ist die in der Mitte von 36 bis 45 Jahre (Abb. 20125).

Die wirklich Älteren mit mehr als 65 Jahren auf dem Rücken wurden eigenartigerweise erst gar nicht befragt, als wären sie total in der Nostalgie verkommen und zählten daher nicht mehr. Wenn dagegen die ganz Jungen zwischen 16 und 25 Jahren nur zu 55 % die frühere Welt für besser halten und in Deutschland sogar nur zu 42 %, so kann man dieses Ergebnis getrost zur Seite legen, weil die meisten von ihnen die Welt von früher gar nicht selbst erlebt haben, jedenfalls nicht in politisch wachem Zustand. Die

kritische Meinung geht also praktisch durch alle Altersgruppen und hätte Bertelsmann daher besonders zu Denken geben müssen.

Natürlich fragte Bertelsmann auch nicht nach, warum die
Welt früher besser gewesen sei, und vermied damit, vernünftige Antworten, die mit Nostalgie wenig zu tun haben
dürften, zu erhalten. Mittelbar aber zeigte sich, daß hier
eine soziale Differenzierung vorliegt, und damit das durch
die Zeiten fortschreitende Aufreißen des sozialen Grabens
eine entscheidende Rolle spielt, die gar nichts mit Nostalgie
zu tun hat. Die angebliche "Nostalgie" taucht vor allem bei
denen auf, die eindeutig sozial benachteiligt sind, wie
Arbeitslose, Menschen mit einfachem Schulabschluß,
Arbeiter und Vertreter der unteren Mittelklasse sowie wirtschaftlich verunsicherte Menschen (Abb.20123).

Wer die frühere Welt für besser hält, muß nicht ein sich
zur psychischen Stabilisierung in die Vergangenheit zurück-
ziehender Psychopath sein, wie Bertelsmann suggeriert,
sondern hat viele gute und unwiderlegbare Gründe dafür,
auch solche in Deutschland, die in der Einleitung angezeigt
sind.

Und natürlich war nicht "alles" besser, wie der SPIEGEL
uns ewig Gestrigen in den Mund legen will, um sich dann
zynisch an diesem, seinem eigenen Popanz abzuarbeiten.
Auch wenn die Merkel-Zeit zu Ende geht, wird in Deutschlands bürgerlichen Medien weiter gelten, daß wir hier alle
gut und gerne leben, besser also als früher, wie uns das
Plakat zur Bundestagswahl von 2017 einschärfen wollte
(Abb.). Bertelsmann und die Medien, die dessen Unsinn
weiterverbreiten, müssen uns schon für sehr verblödet
halten.

Der Nobelpreisträger Joseph Stiglitz meint zurecht
bezogen auf die USA: "Wir waren ein sehr anderes Land
vor 40 Jahren. Der Bergab-Rutsch ist ziemlich schnell
gewesen." Für Deutschland war das nicht anders. Dabei
verstärkt der neuerdings sehr hohe Migrantenanteil, vor
allem aus anderen Kulturen, den Eindruck, daß die Welt
früher besser war, für die Mehrheit der Deutschen erheblich.
Nach einer neuen Umfrage der Universität Leipzig unter
mehr als 2500 Menschen im Alter zwischen 14 und 93

Jahren stimmt inzwischen mehr als die Hälfte der Befragten (55 %) der Aussage zu: "Durch die vielen Muslime hier fühle ich mich manchmal wie ein Fremder im eigenen Land." Als die Forscher diese Frage zwei Jahre zuvor stellten, lag die Zustimmung zu diesem Satz noch bei 50 %; 2014 waren es erst 43 %.

global news 3694 06-11-18: Der unaufhaltsame Abstieg der GroKo-Parteien und die Migration

Die letzten Wahlen in Bayern und Hessen haben vor allem CDU/CSU/SPD massiv geschadet und nun die Bundeskanzlerin bewogen, nicht mehr für den Parteivorsitz zu kandidieren und das Ende ihrer Kanzlerschaft einzuläuten. Die Gründe dürften zahlreich, bei der Abwanderung zur AfD aber auf die Migrationsthematik konzentriert sein, weil sich diese Partei vor allem bei diesem Thema von allen anderen drastisch unterscheidet. Mit jeder weiteren Migrationswelle und jeder von den Medien aufgegriffenen migrationsbedingten Vergewaltigung oder mörderischer Messerstecherei werden die GroKo-Parteien ein Stück kleiner und die AfD größer werden, das kann man ohne Sympathie für die AfD solange feststellen, wie nicht die GroKo-Parteien in der Nach-Merkel-Ära ihre Positionen zur Migration verschieben. Dabei hat ausgerechnet die SPD, die sich in der Vergangenheit immer massiv für Immigranten eingesetzt hat, gerade unter Immigranten Stimmen verloren: in Hessen nach infratest dimap nur noch ein Wähleranteil von 17 %, gegenüber 20 % bei Wählern ohne Migrationshintergrund.

Noch mehr Wähler sind diesmal zu den Grünen abgewandert, besonders weil die sich noch deutlicher als die GroKo-Parteien gegen die migrationskritische AfD stellen. Das sind vor allem liberale und großenteils bürgerlich-wohlhabende Wähler, die sehr selten Wand an Wand mit Migranten leben und sich - oft mit einer Portion Naivität - umso leichter für eine multikulturelle und gleichzeitig ziemlich heimatlose Welt begeistern lassen.

Man muß vermuten, daß die Neu-Wähler der AfD weitgehend keine Rechtsradikalen oder gar Rechtsextremisten sind, sondern um die Zukunft Deutschlands und um ihre eigene besorgte Bürger. Es dürften Menschen sein, die sich nicht durch Meldungen über angebliche Fortschritte bei der Integration der Zuwanderer beruhigen lassen und die Konsequenzen für den Sozialstaat von so vielen dauerhaft auf soziale Leistungen angewiesenen Zuwanderern befürchten. Immerhin sind drei Jahre nach der Hauptzuwanderungswelle aus Asylherkunftsländern - seit einem Jahr unverändert - noch immer mehr als zwei Drittel von Sozialleistungen abhängig; nur weniger als ein Viertel haben einen meist unsicheren und niedrig bezahlten Job gefunden (Abb.19722). Dazu kommen Ängste vor einer erbitterten Niedriglohnkonkurrenz sowie einer Konkurrenz um bezahlbaren Wohnraum, also vor einer zusätzlichen Bedrohung des angeblichen Sozialstaats. Viele fürchten auch eine weitere Verschlechterung des deutschen Schulsystems, wobei Deutschland bei der Bildungsgerechtigkeit nach einem neuen UNICEF-Bericht schon jetzt im europäischen Ranking nur auf dem 20. Platz unter 29 rangiert.

Unter den Neu-Wählern der AfD dürften viele Menschen sein, denen Meldungen über einen in neuerer Zeit starken Rückgang der Zuwanderung keine Beruhigung geben, zumal die deutschen Grenzen unverändert weit offenstehen und, wer durchkommen will, auch durchkommt. Nicht wenige von ihnen werden besorgt nach Afrika blicken, wo in Europas Nähe demographie- und klimabedingt ein gewaltiges Migrationspotenzial Richtung Europa und vor allem Deutschland hochwächst, und auch nach Mexiko und die dortige Migrationskarawane Richtung USA. Anders als bei den überwiegend aus zeitweiligen Bürgerkriegen des Mittleren Ostens und in Afghanistan Flüchtenden geht es heute in Mittelamerika und morgen verstärkt in Afrika um eine wirklich dauerhafte Migration in ein besseres Leben.

Und morgen Afrika

Die vor einem Jahr vom UN-Bevölkerungsprogramm veröffentlichte Prognose bis 2100 zeigt, wie stark der afrikanische Kontinent trotz aller Ernährungsprobleme, die ihn schon heute plagen, und trotz der erwarteten negativen

Auswirkungen der Erderwärmung seine Bevölkerung weiter dramatisch aufbaut. Mit einer Steigerungsrate von 256 % sollen es dann in 2100 4,5 Mrd. Menschen sein, die allein in Afrika leben (Abb. 19740, 20121). Afrika würde von heute bis dann so viele Menschen auf die Weltbevölkerung noch oben drauflegen, wie die Welt in 1965 an Gesamtbevölkerung zählte, also eine Welt von 1965 zusätzlich. Das Herauszustellen und mit Daten zu belegen, ist keine Panikmache, sondern ein verdammt notwendiges Stück Realismus in einer überwiegend schönfärbenden Medienwelt.

Mehr als die Hälfte des Welt-Bevölkerungszuwachses bis 2050 und 88 % dessen bis 2100 soll in Afrika stattfinden. Dabei ist schon unterstellt, daß dort die durchschnittliche Kinderzahl pro Frau von 4,7 im Zeitraum 2010-2015 auf 3,1 im Zeitraum 2045-2050 und auf nur noch 2,1 im Zeitraum 2095-2100 zurückgeht. Nach 2050 wird Afrika die einzige Region der Welt sein, die noch einen namhaften Bevölkerungszuwachs verzeichnet, obwohl auch in Subsahara-Afrika der jährliche Zuwachs zwischen 2020 und 2100 schrittweise von 2,7 % auf nur noch 0,7 % zurückgehen soll.

Afrikas Anteil an der Weltbevölkerung wird daher von heute 17 % auf 40 % im Jahr 2100 steigen (Abb. 19741). Dagegen wird der Rest der Weltbevölkerung ab 2030 abnehmen. Die Bevölkerung Europas wird nach der UN-Prognose über den gesamten Zeitraum 2017-2100 um 12 % abgenommen haben.

Um ein weiteres Verständnis der für Subsahara-Afrika bis 2050 erwarteten jährlichen Zuwachsrate zu geben: Hätte Deutschland einen solchen Zuwachs, so würde seine Bevölkerung bis 2050 nicht je nach Projektion bis auf etwa 72 Mio. Menschen zurückgehen, sondern steil auf 182 Mio. ansteigen. Eine solche Gewichtsverschiebung in Afrika "dramatisch" zu nennen, ist noch weit untertrieben. Zur Situation in Subsahara-Afrika gehört vor allem ein extrem hoher Anteil junger Menschen. Der Anteil derer unter 30 Jahren an der Gesamtbevölkerung liegt derzeit bei etwa 70 % und wird nach den UN-Projektionen auch 2050 noch bei etwa 60 % liegen. Dagegen wird er für Deutschland dann bei nur 28 % erwartet. Nach den gleichen Projektionen soll der Anteil Afrikas an der gesamten Weltbevölkerung derer unter 30 Jahren im Jahr 2100 bei fast der Hälfte liegen (Abb. 20122).

Schon jetzt leben 6,4 Millionen Subsahara-Afrikaner außerhalb Afrikas. Deren Zahl ist zwischen 2010 und 2017 um 161 % gestiegen. Die Subsahara-Länder zählen zu den 8 am stärksten wachsenden Auslandspopulationen unter 10 (nur die von Syrien wuchs noch stärker). Dabei kommt ein immer größerer Anteil nach W-Europa (Abb. 20120).

Wie sich die demografischen Entwicklungen, zusammen mit den ökologischen und im Ergebnis den ökonomischen, auf die Immigration nach Europa auswirken werden, läßt sich heute nicht beurteilen. Doch gibt es einige Erfahrungswerte, um die Situation in Afrika besser einzuschätzen, die auch in dem neuen Buch von Stephen Smith "Nach Europa!: Das junge Afrika auf dem Weg zum alten Kontinent" - vielleicht etwas zu dramatisch - beschrieben werden. So weiß man erstens, daß junge Menschen in Afrika besonders mobil sind. Sie versuchen, aus der Herrschaft der Alten und der ländlichen Misere in die nächsten Städte zu entkommen. Einmal im Migrationsmodus ziehen sie in die Großstädte weiter und erreichen zu großen Teile die afrikanischen Megastädte, auch jenseits der Landesgrenzen.

So zählt Lagos, die Hauptstadt Nigerias und wahrscheinlich größte Stadt Afrikas, je nach Schätzung schon 18 bis 21 Mio. Einwohner und soll seine Bevölkerung bis 2050 etwa verdoppeln. Jugendliche unter 15 Jahren haben dort derzeit einen unglaublich hohen Anteil von 60 %. Sylvie Brune, eine französische Geographin und Wirtschaftlerin erwartet, daß allein bis 2030 eine halbe Milliarde Afrikaner aus den ländlichen Gegenden in die Städte, und hier vor allem die "Bidonvilles" abziehen werden. Irgendwann wird die Kapazität der afrikanischen Großstädte so erschöpft sein, daß die Neigung zur Emigration nach Europa durchschlägt.

Zweitens sagt die Migrationsforschung, daß es ein Mindestniveau an Lebensstandard braucht, damit Menschen sich in größerer Zahl auf die lange und gefährliche Reise nach Europa machen. Menschen aus armen Familien bleiben eher zu Hause hängen. Denn schon für die Reise und die Bezahlung von Schleppern braucht es Kapital. Derzeit soll der meist notwendige Betrag etwa bei 1.500 bis

2.500 Euros liegen. Dafür legen meist Familien das Geld zusammen und erwarten dann, daß die losgeschickten Kinder ein Mehrfaches zurückschicken. Für die Kinder selbst ist es meist kein Ausweis eigenen wirtschaftlichen Erfoges in ihrer Heimat. Es wird also noch einige Jahre Entwicklung (und auch Entwicklungshilfe aus Europa) brauchen, bis sich größere Massen von Afrikanern die Wanderung leisten können.

Drittens braucht es zunächst den weiteren Aufbau von Diasporen afrikanischer Migranten in Europa, die den Nachkommenden bei Migration und einem Minimum an Integration helfen und sie zur Migration ermuntern können. Immerhin lebten Ende vergangenen Jahres bereits mehr als eine halbe Million Ausländer aus Afrika in Deutschland, davon 350.000 aus Subsahara-Afrika.

Mit Entwicklungshilfe, wie dem in Deutschland oft angepriesenen Marshall-Plan für Afrika, wird sich der bereits in den kommenden 30 Jahren zu erwartende starke Aufbau an Migrationspotenzial aus Afrika kaum aufhalten lassen, schon weil die europäischen Mittel selbst bei gutem Willen immer viel zu gering sein werden und vieles in korrupten Systemen vor Ort verpuffen wird. Im schlimmsten Fall wird Entwicklungshilfe noch dazu beitragen, daß mehr Menschen sich schon früher als bisher anzunehmen die Migration leisten können. Dann wird es am Ende darauf ankommen, wie hoch die praktischen Hürden sind, die Europa gegen eine unerwünscht massive Wirtschaftsmigration aufbauen kann. Natürlich kann auch der wirtschaftliche und ökologische Druck zur Emigration in Afrika so stark werden, daß bisher erwartete Etappen übersprungen werden und sich Europa viel schneller auf eine massive Migrationswelle aus Afrika einrichten muß.

Migration: Was tun, wenn die Flut kommt?

Jetzt werden viele Leser fragen: Na und? Was soll denn die deutsche Politik besser machen? Ich kann hier nur meine persönliche Meinung äußern. Deutschland wird sich schon aus moralischen Gründen nicht total gegen die Armutszuwanderung aus Ländern mit anderen Kulturen, vor allem aus Afrika, abschotten können. Doch es bleiben noch bis zu 10 Jahre, bis spätestens dann der Migrationsdruck in diesen Ländern so groß sein wird, wie derzeit zu befürchten ist. Spätestens bis dahin müssen sich die reichen Länder in Europa und besonders Deutschland als Hauptzielland der Migration ausreichend vorbereitet haben.

Dazu gehört für Deutschland erstens eine strikte Einwanderungspolitik, um zu verhindern, daß Menschen einwandern, die bei uns dauerhaft nur von Sozialleistungen leben können, weil sie für den Arbeitsmarkt total ungeeignet sind. Vorfahrt sollten vor allem ganze Familien haben, um ein Übergewicht an vielen jungen und oft ohne Frauen zur Kriminalität neigenden Männern zu vermeiden.

Zweitens muß dringendst die immer weiter auseinanderdriftende Sozialstruktur der einheimischen Bevölkerung wieder in Ordnung gebracht werden, damit Deutschland überhaupt immigrationsfähig wird. Dazu gehören ein weit höherer Mindestlohn, eine drastische Verbesserung bei H4, ein Ausbremsen der Zeitverträge, eine viel gleichere Entlohnung der Frauen, weit stärkere Investitionen ins Bildungssystem, weit mehr sozialer Wohnungsbau, um nur die wichtigsten Felder zu erwähnen, wobei im Gegenzug die Wiedereinführung von Steuern auf große Vermögen und die Zurücknahme der seit vielen Jahren immer mehr eingeführten Steuervergünstigen auf hohe Einkommen unvermeidbar sein werden.

Drittens muß eine deutliche Präferenz für die einheimische Bevölkerung bei allen Sozialleistungen eingeführt werden. Wer aus den ärmsten Ländern der Welt kommt und nie in die deutsche Sozialversicherung eingezahlt hat, kann hier nicht ein Vollkasko-Leben zu Lasten der deutschen Steuerzahler erwarten und mit gleicher staatlicher Unterstützung gegen die einheimische Bevölkerung um genau die gleichen Sozialwohnungen kämpfen. Nur dann wird eine Explosion an Widerstand in der heimischen Bevölkerung zu vermeiden sein. Außerdem wird nur dann der extrem hohe Attraktivitätspegel besonders Deutschlands unter Migranten abzubauen sein, über den sich diese schon vor Antritt der Reise über ihre Smartphones informieren können.

Letztlich wird auch Deutschland um eine Aufrüstung an

den Grenzen zur Vermeidung sonst unkontrollierbarer Situationen nicht vorbeikommen. Auf eine gemeinsame und dennoch effiziente EU-Politik wird man nicht hoffen können.

global news 3693 29-10-18: Gedanken aus und über Frankreich und sein Verhältnis zu Deutschland

Jedes Jahr lebe ich etwa einen Monat lang in Frankreich. Früher habe ich eineinhalb Jahre lang hier gelebt, habe beim Anwalt gearbeitet und später die Eliteschule ENA besucht. Früh habe ich das Land schätzen und lieben gelernt. Doch heute ist vieles anders geworden - und (mehr noch als in Deutschland) oft nicht zum Besseren.

Angstgegner Deutschland

Mit dem Euro ist Deutschland zum Angstgegner geworden, gegen dessen Exportwut - unterstützt von einem für Deutschland weit unterbewerteten Euro - man sich nicht mehr über Abwertung der eigenen Währung verteidigen kann, und dessen höhere Wirtschaftskraft mehr politische Bedeutung verleiht. Seit 2009 ist die deutsche Wirtschaftsleistung pro Kopf verbraucherpreisbereinigt etwa 2,4-mal so stark gestiegen wie die französische (Abb. 20118). 2017 war die deutsche Wirtschaftsleistung (BIP) um 43 % stärker als die französische.
Deutschland unterbietet seit Jahren mit niedrigeren Arbeitskosten (2017 um 7,1 % pro Stunde) und vor allem einem niedrigeren Mindestlohn (2017 um 9,4 %, Abb. 19145) die französischen Lohnkosten und senkt sie mit osteuropäischen oder chinesischen Vorleistungen in grossem Unfang weiter. Auch das Rentenniveau gemessen am letzten Arbeitseinkommen ist um mehr als 22 Prozentpunkte niedriger (Abb. 20073). So bedrückt versuchen die französischen Regierungen immer erneut, das Land und seine Gesellschaft nach deutschen Rezepten zu reformieren. So erklärt auch jetzt Macron ganz offen wie seinerzeit Schröder in Deutschland, der Anteil der Sozialleistungen am Sozialprodukt sei zu hoch. Frankreich müsse sich ändern.
Doch bei jedem der Reformpläne gehen die jeweils

betroffenen Gesellschafts- und Berufsgruppen massiv auf die Straße. So protestierten an einem einzigen Tag in unserer Großstadt im Süden Frankreichs die Ambulanzen mit einem Korso von hunderten von Fahrzeugen, der kreisfahrend in einer "opération escargot" die Innenstadt lange blockierte, und die Rentner, die ihre Renten verteidigen wollen. Grund des Zornes der Ambulanzen: Die Regierung will den Krankenhäusern das Recht geben, selbst für den Transport von Patienten zwischen Krankenhäusern zu sorgen. Der Protest der Rentner richtet sich gegen die Rentenreform, bei der das minimale Rentenalter zwar im Grundsatz bei 62 Jahren gehalten werden soll aber andere Veränderungen für viele Rentnergruppen eine Verminderung der Kaufkraft der Renten befürchten lassen.

Mit jedem Reformversuch werden die jeweiligen Präsidenten nur unbeliebter. Frankreich ist kaum regierbar. Die Zustimmungsrate von Macron ist bereits auf nur noch 35 % abgesackt und rangiert in vielen Umfragen noch unter der seines unglücklichen Vorgängers Hollande. Man glaubt als zeitweilig Zugereister, viel Unzufriedenheit zu erkennen. Die Gesellschaft scheint nicht im Frieden mit sich selbst zu leben. Man lebt jedenfalls längst nicht mehr "wie Gott in Frankreich".

Ein Land im sozialen Umbruch

Frankreich ist ein Land im Umbruch mit sehr viel Reichtum, wobei Reichtum zunehmend vererbt wird, und zwar schon in Höhe von fast einem Fünftel des jährlichen Volkseinkommens (Abb. 20110). Seit etwa 10 Jahren steigt der Anteil der obersten 10 % am nationalen Vermögen auf zuletzt in 2014 ausgewiesenen 55,3 % (Abb. 20112). Dabei entspricht aber die Vermögensverteilung nach Angaben der EZB für 2016 nach dem Verhältnis des obersten zum untersten Fünftel etwa dem Durchschnitt in der Eurozone und ist im Land der "Égalité" viel gleicher als in Deutschland, wo besonders das Wohneigentum sehr ungleichmäßig verteilt ist (Abb. 20114). Auf der anderen Seite gibt es ein hohes Niveau an verfestigter Arbeitslosigkeit, besonders bei Jugendlichen, wo sie jeden Fünften trifft (Abb. 20111). Die verglichen mit Deutschland hohe Arbeitslosigkeit (9,1 % gegen 3,4 %) erklärt sich auch aus dem Fehlen eines so großen Niedriglohnsektors (Abb. 17073).

Die Franzosen haben sich in großen Teilen, wie die Deutschen, ans Sparen gewöhnen müssen. In der Folge haben die einst zahlreichen vorzüglichen familienbetriebenen Restaurants zunehmend die Handtücher geworfen und sind billigen Fast-Food-Restaurants gewichen. Die Qualität der Läden, wo der tägliche Konsum eingekauft wird, ist oft sehr dürftig. Lidls und Aldis breiten sich aus. Die einst berühmten "Traiteurs", nicht ganz treffend mit "Feinkostläden" zu umschreiben, sind selten geworden.

Eine junge und zunehmend aggressive Gesellschaft

Im Straßenbild fällt auf, wie jung im Vergleich zu Deutschland die französische Gesellschaft ist. Ausreichende Kitas und die allgemeine Ganztagsschule ermöglichen den Frauen, weit stärker als in Deutschland, Kinder und Beruf zu vereinbaren. Außerdem unterstützt der hohe Anteil an aus Nordafrika Zugewanderten die hohen Geburtenraten. Die Zahl an Kindern pro Frau im geburtenfähigen Alter liegt in Frankreich um ein Fünftel über der in Deutschland. Dementsprechend ist auch der Anteil von Jugendlichen unter 15 Jahren an der Gesamtgesellschaft mit 18 % wesentlich höher als in Deutschland mit nur 13 %.

Die vergleichsweise junge Gesellschaft trägt dazu bei, daß Frankreich ein wachsendes Problem mit Kriminalität und Aggressivität hat. Natürlich hat Marine Le Pen sofort das Thema besetzt und beklagt die Unsicherheit als ein Krebsgeschwür der Gesellschaft, zumal gerade jetzt der Innenminister zurückgetreten ist. Entsetzen hat ein Zwischenfall vom 18.Oktober im Lycée Édouard-Branly von Créteil erzeugt, als ein 15-jähriger Schüler eine Pistole (nicht als unecht erkennbar) auf den Kopf der Lehrerin richtete, um seinen Eintrag als pünktlich zu erzwingen, obwohl er sich verspätet hatte (Abb.). Der Vorfall war von einem anderen Schüler auf dem Smartphone gefilmt und auf dem Netz verbreitet worden. Auch an anderen Schulen sind zahlreiche Gewalttaten aufgefallen und verunsichern die Öffentlichkeit. Im Durchschnitt soll es an französischen Schulen nach amtlicher Zählung in den letzten Jahren im Durchschnitt jeden Tag mehr als 400 Fälle an Aggression von Beleidigung bis zu physischer Gewalt gegeben haben. Innenminister Castaner erwägt jetzt, in Zukunft Polizeibeamte an problematischen Schulen einzusetzen.

Die Konzentration auf Paris und seine Elite

Zwei Unterschiede zu Deutschland belasten das Land ganz besonders. Einerseits sind Macht und Wohlstand seit jeher auf Paris konzentriert. Fast ein Fünftel der Bevölkerung des Landes wohnt in und um Paris herum. Die Regionen des Landes fühlen sich umso mehr benachteiligt. In vielen der agrarbestimmten ist der Abstand zu Paris und einigen anderen größeren Zentren besonders dramatisch, was bereits zu viel Abwanderung geführt hat.

Andererseits hat die französische Elite noch mehr abgehoben als in Deutschland. Dafür ist Macron selbst derzeit das beste Beispiel. Immer wieder zeigt er seine Geringschätzung für einfache Menschen in arroganten und unüberlegten Äußerungen, wie als er einem arbeitslosen Gärtner empfahl, "über die Straße zu gehen" und sich einen Job als Kellner im Pariser Montparnasse-Viertel zu besorgen. Oder als er jetzt bei einem Besuch auf dem von Unwettern schwer heimgesuchten Saint-Martin in den Antillen die Einladung zum Besuch einer zerstörten Sozialwohnung annahm, dann aber dem gerade wegen Plünderungen aus der Haft entlassenen Gastgeber mit vorgestrecktem Zeigefinger und hochnäsig auf die nackte Schulter gelegter Hand empfahl, die Dummheiten sein zu lassen; dessen Mutter verdiene Besseres von ihm (Abb.).

Die französische Macht-Elite ist sehr homogen und kommt fast vollständig aus der Ecole Nationale d'Administration, wo Minister und künftige Staatspräsidenten gezüchtet werden, die vorher meist schon eines der fünf Nobelgymnasien, wie das Lycée Henri IV, und dann die Elitehochschule "Sciences Po" besucht haben. Auf diesem

Weg ist auch Macron, Sohn eines Medizinprofessors und einer Ärztin, nach ganz oben gestiegen, und das mit einem Abstecher zur Privatbank Rothschild. Macron ist jetzt nach Valéry Giscard d'Estaing, Jacques Chirac und François Hollande der vierte der sechs Staatspräsidenten der nachgaullistischen Ära, der von der ENA kommt. Die beiden anderen, François Mitterrand und Nicolas Sarkozy, haben an der Sciences Po studiert. Sein Ministerpräsident Édouard Philippe hat nach dem Besuch des berühmten Lycée Janson de Sailly ebenfalls die Sciences Po und die ENA absolviert. Insgesamt kamen bisher sieben der französischen Regierungschefs von der ENA.

Philippe ist außerdem wie Macron und ein Drittel seiner Kabinettsmitglieder Millionär. Macron selbst gilt verbreitet als "Präsident der Reichen", zumal seit er die sogenannte "exit tax", mit der reiche Steuerflüchtlinge beim Transfer ihres Vermögens ins Ausland belegt worden waren, beseitigt hat. Nach einer neueren Umfrage halten 71 % der Franzosen seine Politik für ungerecht.

Diese technokratische Macht-Elite ist eigentlich das Letzte, was Frankreich braucht, um seinen inneren Frieden zu finden. Allerdings hat die ENA regelmäßig ein großes Angebot an meist hervorragend qualifizierten Kandidaten für die Außenvertretung Frankreichs produziert. Zwei Präsidenten der EU-Kommission, vier der Chefs des Internationalen Währungsfonds und der langjährige Präsident der EZB Trichet waren von der ENA gekommen. Und an der Europäischen Bank für Wiederaufbau und Entwicklung habe ich mit drei französischen Präsidenten mit ENA-Hintergrund, die auf einander folgten, zusammengearbeitet.

Macrons Angst vor den Europa-Wahlen

Die Europa-Wahlen vom 29. Mai 2019 geben dem französischen Volk die erste demokratische Gelegenheit, Macron abzustrafen, aber auch ihre Vorbehalte gegenüber der europäischen Integration zu äußern. Dazu hat es im September 2018 zwei neue Umfragen gegeben, in denen Macrons Partei "La République en Marche" nur noch ganz knapp in Führung lag und weit hinter dem gemeinsamen

Stimmengewicht der drei EU-kritischen Parteien (Abb. Abb. 20115, 20116). Gegenüber der ersten Runde der Präsidentschaftswahlen von 2017 hat Macrons Partei um 8,2 Prozentpunkte verloren, dagegen haben die EU-Gegner um 12,1 Prozentpunkte dazugewonnen (Abb. 20117). Bei dieser Situation dürfte Macron auch jede Wahlhilfe aus Berlin wenig helfen.

Es knirscht im deutsch-französischen Verhältnis

Der Euro ist in Frankreich längst nicht mehr so populär wie in Deutschland (Abb. 20109) - ein Grund, warum die Europawahlen für Macron knapp werden können. Daher drängt Macron Deutschland zu immer neuen Gemeinschaftstöpfen zum Einsatz bei angeschlagenen Banken und finanziell schwachen Euro-Ländern und hatte dabei voll auf den Europa-Dusel des Ex-Vorsitzenden der SPD Schulz gesetzt. Unter dem Druck aus Frankreich ging ausgerechnet der deutsche Finanzminister Scholz mit dem Vorschlag einer gemeinsamen Arbeitslosenversicherung aus der Deckung und mußte von Merkel eine Notbremsung erfahren.

Der Euro hat längst begonnen, auch das deutsch-französische Verhältnis zu vergiften. Die wackelige Lage Italiens und seiner Banken macht es jetzt der Bundesregierung eigentlich noch schwerer, auf Macrons Forderungen einzugehen. Dabei sind französische Banken mit 275 Mrd. Euro an Forderungen weit stärker gegenüber italienischen Schuldnern exponiert als deutsche mit 80 Mrd. Euro. Entsprechend groß wird im Notfall der Druck Frankreichs auf deutsche Hilfen an Italien sein, wie das schon bei Griechenland so war.

Bezeichnend ist auch der Streit um das Projekt eines gemeinsamen Kampfflugzeugs, bei dem Frankreich freie Hand für den Export selbst in kriegführende Länder, wie derzeit z.B. Saudi-Arabien, verlangt und anderenfalls mit dem Abbruch des Projekts droht. Macron hat sich nun auch im Fall Khashoggi gegen einen Stopp der Rüstungsexporte nach Saudi-Arabien ausgesprochen. Entsprechende Forderungen seien pure Demagogie. Das war ein in der Tonlage ziemlich beleidigender Affront gegenüber Merkel, die sich gerade gegen diese Waffenexporte ausgesprochen hatte. Frankreich ist am Großwaffenimport Saudi-Arabiens doppelt so stark beteiligt wie Deutschland (Abb. 20119).

Nach letzten Meldungen hat sich Merkel dem Druck des kriegswaffenexportsüchtigen Macron gebeugt und Macron zugestanden, daß Sanktionen auf europäischer Ebene abgestimmt sein müssten und es keine unkoordinierten Schritte geben solle. Damit hat sie sich nicht nur peinlich korrigiert, sondern praktisch die Anwendung des deutschen Kriegswaffenexportgesetzes von einer Mehrheits-entscheidung in Brüssel abhängig gemacht und damit die Souveränität des deutschen Gesetzgebers bei einem so wichtigen Gesetz in unglaublicher Weise mit Füßen getre-ten. Nach dem Kriegswaffenexportgesetz sind deutsche Kriegswaffenexporte nach Saudi-Arabien schon wegen dessen Rolle im Jemen-Krieg unzulässig. Allein darauf hätte sie Macron hinweisen müssen.

In der Migrationsfrage hält Macron die Grenze zu Italien fest geschlossen und folgt nicht Merkels Kurs einer Forde-rung nach Umverteilung.

global news 3692 22-10-18: Vom zweiten Versagen der deutschen Macht-Eliten

Immer wieder, wenn in diesen Rundbriefen die ungünsti-ge soziale Entwicklung Deutschlands und andere schwer-wiegende Probleme des Landes analysiert werden, kommt bei einigen Lesern/innen die Frage auf, warum das so sein muß, obwohl wir doch eine Verfassung haben, die anderes verspricht, und wonach die Staatsgewalt vom Volke und dessen in Wahlen ausgedrückter Mehrheit ausgeht, und nicht von irgendwelchen Eliten eines extrem kleinen Teils des Volkes. So heißt es in Artikel 20 des Grundgesetzes:

"Die Bundesrepublik Deutschland ist ein demokratischer und sozialer Bundesstaat. Alle Staatsgewalt geht vom Volke aus. Sie wird vom Volke in Wahlen und Abstimmungen und durch besondere Organe der Gesetzgebung, der vollziehen-den Gewalt und der Rechtsprechung ausgeübt. Die Gesetz-gebung ist an die verfassungsmäßige Ordnung, die vollziehende Gewalt und die Rechtsprechung sind an Gesetz und Recht gebunden. Gegen jeden, der es unternimmt, diese Ordnung zu beseitigen, haben alle Deutschen das Recht zum Widerstand, wenn andere Abhilfe nicht möglich ist."

1. Die Elitenforschung

Seit vielen Jahrzehnten gibt es eine ausgeprägte Elitenforschung, die der Frage nachgeht, wer diese Eliten sind, wie sie gebildet werden und warum sie so viel Macht ausüben. Einer der bekanntesten und wichtigsten Elitenforscher war der französische Soziologe Pierre Bourdieu. Daß gerade in Frankreich diesen Fragen wissenschaftlich nachgegangen wird, ist kein Wunder, weil Frankreich einerseits eine besonders ausgeprägte durch Elitenschulen und die "Grands Ecoles" herausgebildete Elite hat und andererseits seit der Revolution von 1789 den Wahlspruch "Freiheit, Gleichheit, Brüderlichkeit", der sich mit den derzeitigen Eliten schlecht verträgt.

Bourdieu war als politisch engagierter Intellektueller bekannt, der sich gegen die herrschenden Eliten wandte. Die Aufgabe der neuen sozialen Bewegungen umschrieb er mit dem Begriff der "ökonomischen Alphabetisierung" (eine Aufgabe, der sich auch das Infoportal verbunden fühlt). Nach Bourdieu gibt es für die menschliche Freiheit vielfältige Begrenzungen, unter anderem durch unbewusste verinnerlichte Faktoren, Illusionen, durch sozioökonomische Strukturen, historische Gegebenheiten, Geschlecht, Nationalität und Weltanschauung. Nur vor diesem beschränkenden Hintergrund gibt es überhaupt sozialen Wandel und Innovation. Bourdieu wies nach, daß Feinheiten der Sprache wie Akzent, Grammatik, Aussprache und Stil einen wesentlichen Faktor in der sozialen Mobilität darstellen, beispielsweise beim Erreichen eines besser bezahlten und höher bewerteten Berufs. Durch die zunehmende neoliberale Globalisierung seien atypische Arbeitsverhältnisse zur Regel geworden. Diese Prekarisierung treffe nicht nur marginalisierte Gesellschaftsgruppen, sondern zunehmend auch solche mit noch gesichertem Einkommen. Das organisierte Gegeneinander der Lohnabhängigen sei Bestandteil der neoliberalen Hegemonie. Im Ergebnis reproduziere sich die Klassengesellschaft entgegen den Interessen demokratischer Mehrheiten immer wieder selbst.

Auch in Deutschland gibt es eine ausgeprägte Elitenforschung, seit Eliten trotz ihres schrecklichen Versagens im Nationalsozialismus wieder populär geworden sind und im Zeitalter des Neoliberalismus unter dem Begriff "Leistungselite" positiv ausgelegt, ja verklärt wurden. So hatte Gerhard Schröder zu Beginn seiner Amtszeit als Bundeskanzler vor nun zwanzig Jahren erklärt: "Unsere Gesellschaft braucht Eliten". Der derzeit bekannteste deutsche Elitenforscher ist der Professor für Soziologie an der TU Darmstadt Michael Hartmann. Sein Buch "Die Abgehobenen. Wie die Eliten die Demokratie gefährden" ist gerade erschienen. Ich halte mich in diesem Rundbrief mit Zitaten eng an seine Forschungsergebnisse.

2. Wer gehört zu den Eliten

Elite ist ein schwammiger Begriff für den es keine amtliche Definition gibt. Kurz gesagt: Elite heißt Macht ausüben. Damit sind es jene Personen, die qua Amt oder - wie vor allem in der Wirtschaft - qua Eigentum in der Lage sind, gesellschaftliche Entwicklungen maßgeblich zu beeinflussen. Der zentrale Maßstab für die Zugehörigkeit zu einer Elite ist also die Macht, über die eine Person verfügt. Die zentralen, weil einflussreichsten Eliten kommen in allen modernen Industrieländern aus den vier Bereichen Wirtschaft, Politik, Verwaltung und Justiz. Sie sind für die Entscheidungen verantwortlich, die für die weitere Entwicklung dieser Gesellschaften ausschlaggebend sind. In Deutschland handelt es sich nach Hartmann um maximal 4.000 Personen, die dieser Definition entsprechen.

In der Wirtschaft stehen sie an der Spitze großer, einflussreicher Organisationen und/oder verfügen über viel Kapital - Kapital, das Macht verleiht. Bei den allermeisten Milliardären stellt sich die Frage, wie sie gesellschaftlichen Einfluß nehmen, gar nicht, denn über drei Viertel der tausend reichsten Menschen der Welt sind als Vorstands- oder Aufsichtsratsvorsitzende großer Konzerne ganz direkt in die

Unternehmenspolitik eingebunden und damit Mitglied der jeweiligen nationalen Wirtschaftselite. Sie lenken in dieser Funktion durch ihre Entscheidungen über Investitionen, Fusionen, Verlagerungen von Unternehmensteilen etc. die weitere Entwicklung der Konzerne, was dann aufgrund von deren Größe auch gravierende Auswirkungen auf Bevölkerung und Gesellschaft in den jeweiligen Regionen und Ländern hat.

Bei den Politikern muss man ebenfalls sehr genau unterscheiden zwischen denen, die wirklich Macht haben, und denen, auf die das nicht zutrifft. Ein einfacher Bundestags- oder gar Landtagsabgeordneter zählt mangels ausreichenden Einflusses nicht zur politischen Elite. Zur Elite gehören nur Regierungsmitglieder, parlamentarische Staatssekretäre, Fraktions- und Ausschussvorsitzende in den Parlamenten sowie deren Stellvertreter, parlamentarische Geschäftsführer, Generalsekretäre, Geschäftsführer und Vorstandsmitglieder der wichtigen Parteien sowie Politiker in ähnlichen Positionen.

3. Der Klassenhintergrund der Eliten

Die so definierten Eliten haben meist einen bürgerlichen Hintergrund aus der Oberschicht oder oberen Mittelschicht.

In der Wirtschaft entspricht dem die soziale Herkunft der Vorstandschefs der hundert größten Unternehmen in den größten westlichen Industrieländern, darunter auch Deutschland. Im Durchschnitt stammen vier von fünf Vorstandschefs aus den oberen 3 bis 5 % der Bevölkerung, also aus einem bürgerlichen oder großbürgerlichen Elternhaus. Insgesamt sind die Spitzen der Privatunternehmen zu über 83 % bürgerlicher oder großbürgerlicher Herkunft.

In der Politik ist es ähnlich. So sind die Parlamentarier eine ziemlich homogene Klasse, in der das untere Bevölkerungsdrittel kaum vertreten ist. Die politische Elite auf Bundesebene hat sich immer mehr den Verhältnissen in der Wirtschaft angeglichen. Stammte sie während der ersten Jahrzehnte der Bundesrepublik im Schnitt zu ungefähr zwei Dritteln aus der breiten Bevölkerung, so ist das in diesem Jahrtausend spürbar anders. Die Mehrheit in der Bundesexekutive, etwa 56 % kommt jetzt wie in Wirtschaft, Verwaltung, Justiz und Medien aus bürgerlichen oder großbürgerlichen Familien. Nur ein gutes Fünftel kommt noch aus der Arbeiterschaft.

Alles in allem stammt nicht einmal jedes achte Elitemitglied aus einer Arbeiterfamilie und auch nur jedes vierte aus der Mittelschicht. Mit einem Anteil von über 62 % dominieren die Bürger- und Großbürgerkinder. Die, die in einem großbürgerlichen Milieu aufgewachsen sind, kommen auf einen doppelt so hohen Anteil wie die, die aus der Arbeiterschaft stammen.

Noch ein Wort zur Bundesregierung. Unter Kohl kam noch eine Mehrheit der Minister von gut 60 %, ab 1992 sogar eine von mehr als zwei Dritteln aus den Mittelschichten oder der Arbeiterschaft. Nur eine Minderheit stammte aus dem Bürgertum. Doch um die Jahrtausendwende wurden schon vier von fünf zentralen innenpolitischen Ministerien von jemandem geleitet, der bürgerliche Wurzeln hatte. Diese Verbürgerlichung der politischen Elite erreichte dann in der ersten großen Koalition unter Merkel ihren Höhepunkt: 10 von 16 Kabinettsmitgliedern kamen nun aus bürgerlichen oder großbürgerlichen Familien.

An dieser Stelle dürfen die führenden Medien, denen erhebliche Macht zukommt, nicht vergessen werden. Die Toppositionen bei den privaten Medien als Herausgeber und Chefredakteure werden zu über drei Vierteln von Personen mit einem großbürgerlichem oder bürgerlichem Familienhintergrund besetzt. Arbeiterkinder findet man dort überhaupt nicht. So bilden die Spitzenvertreter der privaten Medienkonzerne nach den Topmanagern der Wirtschaft die sozial zweitexklusivste aller Eliten.

4. Elitenbildung und Homogenität der Eliten

In Deutschland, wo es keine Topuniversitäten als exklusive Elitebildungsstätten gibt, hat das Studium nur die Funktion einer unverzichtbaren Voraussetzung. Ohne einen Studienabschluss in den Vorstand eines Großunternehmens zu gelangen, ist so gut wie unmöglich. Insgesamt haben das nur 5 % der Vorstandsvorsitzenden geschafft. So findet die soziale Auslese erst während der Berufslaufbahn statt. Dabei kommt es für Spitzenkarrieren vor allem auf den bürgerlichen Habitus, die Vertrautheit mit dem Milieu sowie die daraus resultierende Souveränität an. Ganz generell gibt es bei der Rekrutierung von Topmanagern ein einfaches Grundprinzip: das der Ähnlichkeit.

Für die Herausbildung homogener Eliten ist Mobilität zwischen den verschiedenen Eliten wichtig. Mit 18 % hat schon fast jeder Fünfte eine Spitzenposition in einem anderen Sektor bekleidet. Besonders im Finanzsektor sind die personellen Verflechtungen zwischen hoher Verwaltung und Finanzwirtschaft besonders eng. Nach Hartmann sind so die deutschen Eliten in den letzten zwei Jahrzehnten sozial ein Stück exklusiver und homogener geworden. Wechsel von einer Eliteposition in einem Sektor in eine in einem anderen Sektor findet man deutlich häufiger als früher.

Auch zwischen den Eliten von Politik und Medien herrscht eine enge Verbindung, wie sich zuletzt besonders bei den Problemen der Zuwanderung gezeigt hat.

Zur Homogenität der Eliten trägt nicht zuletzt die starke Rolle der Verbände in Deutschland bei. Beim Bundestag sind derzeit nicht weniger als 2350 Verbände mit Lobby-Funktion registriert. Sie vermitteln zwischen Wirtschaft und Politik und halten so deren Eliten zusammen.

5. Das zweite Versagen der deutschen Eliten

Die politischen, wirtschaftlichen und intellektuelle Eliten haben in den 30er Jahren entsetzlich versagt, als sie den Nationalsozialismus unterstützen. Die Großindustrie finanzierte Adolf Hitler. Der großbürgerliche Pressezar Hugenberg, Sohn eines Königlich Hannoverschen Schatzrats und Mitglieds des preußischen Landtages, setzte die von ihm stark dominierten deutschen Medien für Hitler ein. Selbst die deutschen Universitäten und ihre Professoren öffneten dem Nationalsozialismus ihre Tore (Abb.). Die Eliten waren so verblendet, daß sie glaubten, Hitler würde ihre Interessen wahrnehmen. Indem sie diese vermuteten

Interessen über das Interesse des deutschen Volkes stellten, lieferten sie es der Nazi-Diktatur aus.

Selbst die deutsche Geistesgröße Heidegger gehörte zu den Verblendeten. Er wurde 1933 zum Rektor der Universität Freiburg gewählt und trat am 1. Mai 1933 der NSDAP bei, die seinen Beitritt öffentlich feierte und der er bis zum Ende der NS-Herrschaft angehörte. Heidegger hatte in Freiburg sofort eine Maikundgebung organisiert und dabei erklärt: "Der Aufbau einer neuen geistigen Welt für das deutsche Volk wird zur wesentlichsten künftigen Aufgabe der deutschen Universität. Das ist nationale Arbeit von höchstem Sinn und Rang."

Und heute?

Leider sind auch die wirtschaftlichen und politischen Eliten von heute von ihren eigenen Interessen und ihrer meist großbürgerlichen oder bürgerlichen Herkunft so verblendet, daß sie auf die im Lande dramatisch zunehmenden sozialen Verwerfungen nicht mehr reagieren, ja sie noch zusätzlich befördern. Fast nur noch das Schicksal ihrer Klasse zählt. Das des Volkes insgesamt ist ihnen in ihrem Egoismus ziemlich egal. Nach Michael Hartmann sind sie in ihrer Mehrheit von der Lebenswirklichkeit der breiten Bevölkerung entfernt. Und zwar so sehr, daß sie zunehmend Schwierigkeiten haben, deren Probleme zu erkennen und die Folgen ihrer Entscheidungen für die Bevölkerung zu verstehen.

Man darf allerdings nicht übersehen, daß sich unter den Macht-Eliten immer wieder auch unsozial und neoliberal eingestellte Vertreter befinden, die nicht aus großbürgerlichem oder bürgerlichem Hintergrund stammen. Der bekannteste Fall ist Gerhard Schröder, Sohn eines Gelegenheits- und Landarbeiters. Aber auch der frühere Bundespräsident Köhler, der den Bundeswehreinsatz in Afghanistan mit wirtschaftlichen Interessen Deutschlands rechtfertigen wollte, durchweg neoliberale Ansichten vertrat und seine Karriere im Schatten von Helmut Kohl gemacht hatte, kam aus einfachsten Verhältnissen einer bessarabiendeutschen Bauernfamilie.

Die Bundesregierung mußte im letzten Armuts- und Reichtumsbericht selbst einräumen, daß "eine Politikänderung wahrscheinlicher sei, wenn sie den Einstellungen der höheren Einkommensgruppen entspreche, und umgekehrt". Dahinter stand die erste größere Studie zur "selektiven Responsivität" in Deutschland. Sie war von Ministerin Nahles in Auftrag gegeben worden. Auf Grundlage der Umfragen des "DeutschlandTrends" im Zeitraum 1998-2013 zu diversen Sachfragen wurde in einem ersten Schritt untersucht, welcher Anteil der Befragten - differenziert nach soziodemographischen Merkmalen - sich zu politischen Änderungen wie verhält; in einem zweite Schritt wurden die tatsächlich getroffenen Entscheidungen verglichen mit den jeweiligen Einstellungen unterschiedlicher sozialer Gruppen. Für den fünfzehnjährigen Untersuchungszeitraum fanden die Forscher einen deutlichen Zusammenhang zwischen der Meinung höherer Einkommensgruppen und den danach getroffenen politischen Entscheidungen, aber keinen oder sogar einen negativen Zusammenhang für die Armen. Dieses Muster war besonders deutlich ausgeprägt, wenn sich Befragte mit unterschiedlichem Einkommen in ihren politischen Meinungen unterscheiden (Abb. 20108, 19497). Auch die Präferenzen der Arbeiter/-innen werden seltener umgesetzt als etwa die von Beamten/-innen oder Selbstständigen.

Was Bürger/-innen mit geringem Einkommen in besonders großer Zahl wollen, hatte in den Jahren von 1998 bis 2013 eine besonders niedrige Wahrscheinlichkeit, umgesetzt zu werden, und umgekehrt eine hohe, was sie nicht wollten. So wurde das Rentenalter auf 67 Jahre angehoben, obwohl die Zustimmungsrate bei denen mit Einkommen unter 2.000 Euro gerademal bei 12 % gelegen hatte, aber etwa doppelt so hoch bei denen über 3.000 Euro. Die Arbeits- und Sozialhilfe wurde zusammengelegt (Hartz-4), obwohl nur 30 % der unteren Einkommensgruppen dafür waren, dagegen aber 67 % der oberen. Ähnlich wurde die Rentenreform mit der Absenkung der Eingangsrenten beschlossen, obwohl nur eine Minderheit des untersten Einkommenszehntels von 43 % dafür war, jedoch 64 % des obersten.

Immer wieder entscheidet diese kleine abgehobene und sich teilweise selbst undemokratisch kooptierende Machtelite von vielleicht 4000 Individuen unter einer Bevölkerung von 82 Millionen gegen die Interessen großer Mehrheiten der deutschen Bevölkerung:

von den wiederholten Steuersenkungen für Unternehmen und die besonders Wohlhabenden bis zur eingeladenen Zuwanderung in Millionenstärke, von dem viel zu spät und dann viel zu niedrig eingeführten Mindestlohn bis zu dem künstlich erzeugten wuchernden Niedriglohnsektor mit unsicheren Zeitverträgen und Befristungen,

von der im internationalen Vergleich extremen Diskriminierung der Frauen bei Löhnen und Renten bis zu deren Abdrängung auf Teilzeit wegen fehlender Ganztagsschulen, von der mangelnden Finanzierung der Bildungseinrichtungen bis zur verkommenden Infrastruktur, von der Unsicherheit der Renten bis zu mangelndem Pflegepersonal,

vom Mangel an bezahlbarem Wohnraum bis zum Abstieg aus der Mittelschicht, von für Dumpingimporte aufgerissenen Grenzen bis zum Bruch der Umweltziele und gefährlich schlechter Luft in den Ballungsräumen, von Rücksichtnahme auf eine betrügerische Autoindustrie bis zu massiven Subventionen für die Banken und ihre Großanleger in der Finanzkrise u.s.w.. Es ist immer dasselbe!

Zunehmend mehr Menschen merken das natürlich längst und gehen in ihrer Unzufriedenheit zur AfD oder in die Wahlenthaltung. Mit Merkels Migrationsentscheidung von 2015 wurde für viele von ihnen das Maß voll.

Die Machteliten und die Migration

In der Migrationsthematik haben die deutschen Machteliten besonders abgehoben und die Willkommenskultur trotz voraussehbarer Bedenken in weiten Bevölkerungskreisen brutal durchgesetzt. Kritiker waren von nun an

Rechtsextremisten, die die Lehren aus der deutschen Geschichte nicht gelernt haben. Diese Haltung unserer Eliten wird auch an der Reaktion auf die sich fast täglich häufenden neuen Meldungen über messerstechende Zuwanderer aus Asien und Afrika oder schwere sexuelle Straftaten total enthemmter jüngerer Zuwanderer, wie diese vom vergangenen Donnerstag, deutlich.

Für 2016 meldete die Polizeiliche Kriminalstatistik 2017 immerhin fast 5.000 Fälle von Straftaten gegen die sexuelle Selbstbestimmung durch Zuwanderer, darunter rund 1.500 Fälle von Vergewaltigung/sexueller Nötigung, was einem Anteil von fast 16 % an allen diesen Straftaten entspricht, obwohl Zuwanderer nur einen Anteil an der Gesamt-bevölkerung von 2 % haben. Soweit die herrschenden Eliten in Politik und Medien darauf überhaupt reagieren, tun sie das gelegentlich mit dem unpassenden Hinweis auf auch von Deutschen begangene Sexualdelikte oder der Verharmlosung als Einzelfälle. Bezeichnend dafür war Merkels Reaktion auf die Frage einer besorgten Bürgerin zur Zunahme von Sexualdelikten durch Zuwanderer in der ZDF-Sendung "Klartext, Frau Merkel":

"Wenn solche schrecklichen Dinge passieren, ist das schlimm genug. Es gab aber natürlich auch schon früher in Deutschland schreckliche Sexualdelikte, auch das darf man nicht vergessen. Wir haben hier (bezogen auf eine von der Bürgerin angesprochene Steigerung der Sexualdelikte) die Erkenntnis, daß es nicht generell so ist. Ich möchte auch ganz klar sagen, daß wir schlimme Einzelfälle haben."

Sehr viele Menschen in Deutschland fühlen sich von den Machteliten umso mehr vernachlässigt, als gleichzeitig - auch aus ihren Steuern - enorme Summen an Unter-stützungsgeldern für die Millionenzuwanderung aufgebracht werden, wobei viele der Migranten illegale Wirtschaftsmigranten sind, die dennoch kaum abgeschoben werden. Merkel macht es sich viel zu einfach, wenn sie jetzt auf dem Parteitag der CDU Thüringen ein Ende der parteiin-ternen Diskussion über die Flüchtlingskrise von 2015 fordert:

"Sicher gibt es in der Migrationspolitik noch Probleme, vor allem aber riesige Fortschritte seit 2015. Wenn wir uns für den Rest des Jahrzehnts damit beschäftigen wollen, was 2015 vielleicht so oder so gelaufen ist und damit die ganze Zeit verplempern, dann werden wir den Rang als Volkspartei verlieren. Deshalb fordere ich, dass wir uns jetzt um die Zukunft kümmern."

Die schweren Folgen der von Merkel zu verantwortenden Entscheidungen in 2015 werden indessen noch weit länger als bis zum Ende des Jahrzehnts, ja mehrere Jahrzehnte lang oder gar ohne Ende, mit und um uns sein.

Nach Berechnungen des Bundesfinanzministeriums entstehen für den Bund allein aus Integrationshilfen an Länder und Kommunen bis 2022 Kosten in Höhe von 47 Mrd. Euro. Das entspricht pro Jahr immerhin der jährlichen Durchschnittsrente von fast einer Million deutschen Rentnern oder 3,5 Millionen Rentnerinnen in den unteren Rentengruppen, in denen sich etwa 40 % aller Rentnerinnen befinden. Mit dem gleichen Betrag, den der Bund für die Integration der Migranten zur Verfügung stellt, könnte man über eine angemessene Mindestrente (wie in Dänemark) die kümmerliche Renten dieser Frauen also verdoppeln und ein schlimmes soziales Problem lösen. Sie bräuchten nicht zu fast einem Drittel in den ersten drei Jahren ihrer Rente noch zusätzlich arbeiten gehen, wobei nach einer neuen Umfrage des staatlichen Instituts für Arbeitsmarkt- und Berufsforschung, rund 70 % dies tun, weil sie das Geld brauchen.

global news 3690 08-10-18: Deutsche Schulen: kaputtgespart und migrationsbelastet: Deutschlands Zukunft wird verspielt

Die Zahl der Schüler steigt, nicht zuletzt migrationsbedingt. Lehrer fehlen. Auch mehr Ganztagsbetreuung verlangt nach viel mehr Lehrern. Gleichzeitig gibt es einen enormen Investitionsstau im Schulbereich, weil den Kommunen das Geld fehlt und die Baukosten erheblich steigen. Die Schulleistungen sinken. Zusätzlich überfordern die digitalen Herausforderungen das deutsche Schulsystem.

1. Investitionsstau

Nach dem KfW-Kommunalpanel 2018 wächst der Investitionsstau deutlich. Der Bildungsbereich hat mit rd. 35 % den größten Anteil am Investitionsrückstand. Über 55 Mrd. EUR der insgesamt fast 159 Mrd. EUR entfallen auf Bildung und Kinderbetreuung (Abb. 20072), davon allein fast 48 Mrd. EUR auf die Schulen.

Das Verhältnis von Investitionsausgaben zu Investitionsrückstand lag 2017 bei rd. 15 %. Selbst wenn die Kommunen ihre gesamten Investitionsausgaben in den Abbau des Rückstands stecken könnten, würde der Abbau immer noch fast sieben Jahre dauern. Da aber auch der Unterhalt gewährleistet werden muss und zeitgleich neue Bedarfe entstehen, dürfte der tatsächlich zu veranschlagende Zeitraum deutlich höher sein. Ein Großteil der Mehrausgaben geht allein in höhere Preise und nicht unbedingt in mehr oder bessere Schulen und Kitas.

Dazu der Hauptgeschäftsführer des Deutschen Landkreistages, Hans-Günter Henneke: "Die Kommunen tragen fast ein Viertel der gesamtstaatlichen Ausgaben, während ihr Steueranteil nur gut halb so groß ist. Paradoxerweise können Förderprogramme des Bundes das Problem vergrößern. Denn die Kommunen müssten für geförderte Projekte neue Planungsressourcen schaffen und dadurch eigene Vorhaben zurückstellen. Die erheblichen Investitionsnotwendigkeiten sind nur zu bewältigen, wenn es zu substanziellen und dauerhaften Verbesserungen der kommunalen Investitionskraft kommt. Den Gemeinden und Landkreisen muß ein größerer Teil des Steueraufkommens zugestanden werden. Das kann etwa über eine Erhöhung des kommunalen Anteils an der Umsatzsteuer geschehen."

2. Lehrermangel

Hinzu kommt in Deutschland ein akuter Lehrermangel, der nach Prognosen in den kommenden Jahren noch erheblich zunehmen wird. Allein an Grundschulen fehlen schon derzeit 2.000 Lehrer. Bisher behelfen sich viele Schulen noch notdürftig mit "Quereinsteigern", die ohne Vorqualifizierung unterrichten und erst berufsbegleitend nachqualifiziert werden. Schon 2016 waren das 8,4 % der an allgemeinbildenden und berufsbildenden Schulen neu eingestellten Lehrkräfte. So hat Berlin zum neuen Schuljahr kostensparend zu 60 % Lehrkräfte eingestellt, die kein Lehramtsstudium absolviert haben. Der Lehrermangel rächt sich schon jetzt in einem Ausfall von 8 % des Unterrichts (rund 1 Mio. Unterrichtsstunden pro Woche), so der Präsident des Deutschen Lehrerverbandes Meidinger.

Nach einer neuen Prognose der Bertelsmann-Stiftung werden bis 2025 an den Grundschulen 35.000 Lehrer fehlen. Im Schuljahr 2015/2016 wurden an diesen Schulen insgesamt 167.273 auf Vollzeitäquivalente umgerechnete Stellen geführt. Daran gemessen liegt der zusätzliche Bedarf bei etwas über einem Fünftel. Nach der Studie reichen die Uni-Absolventen gerade so aus, um die Lehrer zu ersetzen, die in den Ruhestand gehen oder gesundheitsbedingt ausscheiden. Wegen der geplanten Ganztagsbetreuung und steigender Schülerzahlen würden aber viel mehr Lehrer gebraucht.

Im internationalen Vergleich ist Deutschland unter den Ländern mit den höchsten Raten von Schülern zu Lehrern (Abb. 13806) und mit den geringsten Ausgaben pro Schüler in der Grundschule, wo die Bildungsweichen gestellt werden (Abb. 19385).

Im Koalitionspapier haben Union und SPD vereinbart: "Wir werden einen Rechtsanspruch auf Ganztagsbetreuung im Grundschulalter schaffen." Allein daraus errechnet die Studie einen Mehrbedarf von 24.000 Lehrkräften.

3. Und dann noch die Belastung durch die Zuwanderung

In den kommenden sieben Jahren wird es über eine Million mehr Schüler geben als bisher von den Kultusministern prognostiziert. Den Schülerboom, an dem vor allem die höhere Geburtenrate (vor allem bei Müttern mit Migrationshintergrund) und die Zuwanderung in den vergangenen Jahren schuld ist, werden die Grundschulen als erstes spüren. In mehreren Bundesländern hat ein erheblicher Teil der Schulen schon jetzt 40-59 % oder gar über 60 % an Schülern mit Migrationshintergrund (Abb. 19849, 19844).

Das sind Schüler, die sehr oft nicht einmal die deutsche Sprache beherrschen und den Schulunterricht damit erheblich entwerten, auch für die deutschstämmigen Mitschüler. In dem neuerdings besonders unruhig gewordenen Cottbus sind beispielsweise über die vergangenen zwei Jahre 3.400 Syrer zugezogen. In vielen Schulklassen kommt schon die Hälfte der Schüler aus der Immigration. Da von den Immigranten aber nur acht aus zehn einen Kita-Platz finden, kommen sie oft ohne jede Kenntnis der deutschen Sprache in die Schule.

Diese Situation wird sich in den kommenden Jahren noch erheblich verschärfen, weil die Geburtenrate ausländischer Mütter mit 2,28 Kindern pro Frau um 56 % (!) höher als bei Frauen mit deutscher Staatsangehörigkeit ist, die noch die höhere von deutschen Frauen mit Migrationshintergrund mitumfaßt. Dabei stieg die Zahl der von nichtdeutschen Müttern Geborenen in % derer von deutschen Müttern allein in den fünf Jahren zwischen 2011 und 2016 von 20 % auf 30 % an (Abb. 19980, 20106).

Nun verrät uns das Statistische Bundesamt nicht, wieviele der in 2016 Geborenen eine Deutsche mit Migrationshintergrund zur Mutter gehabt haben. Rechnet man aber die Zahl der von deutschen Müttern mit Migrationshintergrund geborenen Kinder zu denen der von Ausländerinnen geborenen hinzu und unterstellt dabei, daß die deutschen Mütter mit Migrationshintergrund pro Frau genau so viele Kinder geboren haben wie ausländische Frauen, so lag deren Gesamtzahl sogar leicht über der Zahl der von deutschen Müttern ohne Migrationshintergrund geborenen Kinder. Jedes zweite in 2016 in Deutschland geborene Kind hätte dann entweder eine Ausländerin oder eine Deutsche mit Migrationshintergrund zur Mutter gehabt. Das wäre die uns nicht amtlich verratene Realität neu-deutscher Multikultur.

Doch das ist beim Blick in die Zukunft der Situation an unseren Schulen noch immer nicht alles. Denn in den kommenden Jahren werden Menschen mit Asyl und ein Teil derer mit nur subsidiärem Schutz im Rahmen des Familiennachzugs ihre Kinder oder Ehefrauen, die in Deutschland

Kinder auf die Welt bringen können, nachholen. Außerdem hat die Bundesregierung in der vergangenen Woche den Zuzug von Ausländern aus Nicht-EU-Ländern mit ihren Kindern erheblich erleichtert. So können viele abgelehnte Asylbewerber, die bei uns nur "geduldet" werden, nicht mehr abgeschoben werden, wenn sie einen Arbeitsplatz gefunden haben. Dabei wird es keine Beschränkung auf bestimmte Berufe mehr geben und auch keinen Vorrang mehr für einheimische Arbeitssuchende. Es handelt sich bei den "Geduldeten" um insgesamt etwa 180.000 Menschen, von denen nicht bekannt ist, wieviele schon einen Arbeitsplatz haben. Fachkräfte aus Nicht-EU-Ländern dürfen nun auch ohne eine Beschäftigungszusage für sechs Monate einreisen und eine Beschäftigung suchen können. Auch hier fällt der Vorrang für einheimische Jobbewerber, der bisher überprüft werden musste, weg.

So wird in den kommenden Jahren ein riesiges Subproletariat mit meist total anderem kulturellen Hintergrund heranwachsen, das von den schon jetzt weit überforderten deutschen Schulen mit absoluter Sicherheit nicht ausreichend integriert werden kann. Außerdem hat Dank Merkels verhängnisvoller Entscheidung mit der Zuwanderung teilweise fanatischer Muslime der Antisemitismus in Deutschland erheblich zugenommen, was sich auch in einigen Schulen zeigt, wo "Jude" wieder zum Schimpfwort geworden ist.

4. Rückgang der Schülerleistungen

Nach dem diesjährigen Bildungsminitor der INSM, einer wirtschaftsnahen Initiative, die von den Arbeitgeberverbänden der Metall- und Elektroindustrie finanziert wird, haben sich die Leistungen deutscher Schüler bundesweit verschlechtert. Demnach fallen die Ergebnisse im Bereich Schulqualität, Integration und Bekämpfung der Bildungsarmut schlechter aus, Viertklässler in den Kernfächern Deutsch und Mathematik schneiden schlechter ab als in den Vorjahren.

Auch die Schulabbrecherquote ist aufgrund der gestiegenen Zahl an Flüchtlingen unter den Schülern wieder angestiegen. Unter ausländischen Jugendlichen stieg der Anteil von Abgängern ohne Abschluss von 11,8 % im Jahr 2015 auf 14,2 % im Jahr 2016. Die Studienberechtigungsquote fiel deutlich schon seit 2013 von 26,5 % auf nur noch 16,8 % (Abb. 20071).

Der Bildungsmonitor wird seit 2004 erhoben. Dabei wird die Leistungsfähigkeit der Bildungssysteme in den Bundesländern anhand von 93 Indikatoren untersucht. Dazu zählen zum Beispiel die Verfügbarkeit von Ganztagsschulen, Schulabbrecherquoten oder der Anteil von Schülern, die von Bildungsarmut betroffen sind.

5. Problemfeld: Digitaler Unterricht

Die deutschen Schulen sind bisher auf die Digitalisierung miserabel vorbereitet. Der Berliner Landesschulsprecher Mensah spricht von einer "Pseudodigitalisierung": "Wenn zwar in den Klassenzimmern moderne Smartboards hängen, die aber nicht anders genutzt werden als klassische Tafeln, statt damit weiterführende Programme zur Unterrichtsgestaltung auszuprobieren. Tatsächlich sind viele Lehrer ganz nachvollziehbar überfordert, weil die Geräte oft ohne gute Schulung und Wartung eingeführt worden sind."

Daß sich an unseren Schulen Digitalisierung jahrelang mühsam dahingeschleppt hat, liegt nicht nur an nicht funktionierender Infrastruktur, sondern auch an einer Skepsis gegenüber der "neuen Technik", die im deutschen Lehrkörper tiefer sitzt als anderswo. Ein Drittel der 14-Jährigen wird laut "ICILS digital" zurückgelassen; sie "können nicht mehr als Klicken". Die Kinder aus bildungsfernen Familien werden auch beim digitalen Wissen abgehängt. Ursprünglich war die Hoffnung, der neue Bundesfinanzminister Scholz würde rasch die geplanten, ohnehin unzureichenden fünf Milliarden Euro für die Schulen freigeben. Doch wie sich jetzt zeigt, sollen aus dem Digitalpakt keine Endgeräte für Schüler finanziert werden.

Aber auch Deutschlands Berufsschulen drohen nach einer Analyse des Bundeswirtschaftsministeriums, den Anschluss zu verpassen: "So ist zum Beispiel in 40 % der Berufsschulen kein W-LAN vorhanden. Nur 23 % der

Berufsschulen haben eine Strategie zur Digitalisierung entwickelt. In 50 % der Berufsschulen mangelt es an externer Betreuung der IT-Technik. Auch fehlt es an innovativen Ansätzen zur besseren Vernetzung der Lernorte Berufsschule und Betrieb sowie weiterer Bildungseinrichtungen und der regionalen Wirtschaft."

Im aktuellen Bildungsmonitor der INSM wurde erstmals vertieft der Bereich Digitalisierung untersucht. Im internationalen Vergleich hätten deutsche Schulen bei der Computernutzung Nachholbedarf, ebenso bei den IT-Kompetenzen der Schüler und in der Forschung. Zu oft fehlen den Schulen die technische Ausrüstung zur Vermittlung von Digital-Kompetenzen. Und wo sie vorhanden sei, werde diese zu oft nicht sinnvoll genug eingesetzt. Zwar haben laut Umfrage so gut wie alle Schulen einen Internetzugang. Doch häufig wird der nur für Verwaltungszwecke genutzt - und die Schüler warten noch immer auf einen WLAN-Zugang.

Im internationalen Vergleich landet das deutsche Schulsystem nur auf einem Mittelfeldplatz. Schon bei der grundlegenden Ausstattung mit digitaler Lerntechnik konstatiert der Bericht Nachholbedarf und verweist unter anderem auf das Schüler-Computer-Verhältnis. Bei den Achtklässlern in Deutschland müssen sich demnach rein rechnerisch 11,5 Schüler einen Computer teilen. Das entspricht ziemlich genau dem EU-Durchschnitt, liegt aber sehr weit hinter den Spitzenreitern Norwegen, Australien, Dänemark und Niederlande. Nur 6,5 % der deutschen Achtklässler besuchen Schulen, in denen Tablets für den Unterricht zur Verfügung stehen - in der EU-Vergleichsgruppe sind es mit 15,9 % der Schüler deutlich mehr. Selbst dort, wo ausreichend Technik vorhanden ist, wird diese zu oft nicht sinnvoll genug eingesetzt. Es fehlt an pädagogischen Konzepten und Kompetenzen der Lehrkräfte.

Wie weit die Bildungseinrichtungen in verschiedenen Ländern beim digitalen Unterrichtsalltag auseinander liegen, zeigt sich an einem Detail: Die Forscher haben ausgewertet, wie viele Schüler von ihrer jeweiligen Schule ein E-Mail-Konto zur Verfügung gestellt bekommen. Deutschland landete hier zusammen mit der Türkei abgeschlagen am Ende der Tabelle (Abb. 20070).

Die IT-Ausstattung allein führt nicht zu positiven Effekten auf die Lernerfolge der Schüler. Ohne entsprechende Unterrichtskonzepte zum Einsatz der digitalen Medien bringt die IT-Ausstattung nicht die erhoffte Wirkung. Dringend müssen demnach methodische Konzepte entwickelt werden, wie sich Informations- und Kommunikationstechnologien gewinnbringend und zielführend einsetzen lassen. Sonst drohe die Gefahr, dass die digitalen Geräte einfach nur traditionelle Unterrichtsmethoden ersetzten.

Die mangelhafte digitale Ausstattung der deutschen Schulen hat Folgen für die Berufsorientierung. In Deutschland bleibt die Nachfrage nach Leistungskursen in Naturwissenschaften, Technik und Informatik (MINT-Fächer) nach dem "MINT Nachwuchsbarometer" der Deutschen Akademie der Technikwissenschaften und der Körber-Stiftung von 2017 gering. PISA 2015 zeige zudem: In den Naturwissenschaften trauten sich junge Menschen immer weniger zu. Nur in Indonesien und Dänemark wollten noch weniger Jugendliche eine naturwissenschaftliche Karriere einschlagen als in Deutschland. Der Anteil der Studienanfängerinnen und -anfänger in MINT-Fächern stagniere bei 39 %. Auch gebe es weiterhin nicht genug MINT-Lehrkräfte; eine Verbesserung sei nicht in Sicht. Besonders für die Berufsschulen bleibe die Lage kritisch: Hier ließen sich lediglich rund 20 % der angehenden Lehrkräfte für MINT-Fächer ausbilden.

Fazit: Schäubles und jetzt Scholz' "schwarze Null" torpediert (zusammen mit Merkels verhängnisvoller Migrationsentscheidung von 2015) unser Bildungssystem und damit die Zukunftsfähigkeit unseres Landes. Die Mängel im Schulsystem werden die soziale Aufspaltung weiter vertiefen und sich so bitter rächen.

global news 3689 01-10-18: Abmarsch ins Prekariat? Die Angst der Mittelschicht vor dem Elfmeter

Prekariat ist ein allgemeiner und wenig definierter Sammelbegriff. Er umfaßt vor allem Menschen in niedrig entlohnten oder unsicheren Beschäftigungen, Menschen mit mangelnder sozialer Absicherung oder Menschen in prekären Haushaltslagen, wie Armut oder schlechten Wohnbedingungen. Je mehr sich Leih- oder Werksarbeit, Befristungen und Solo-Selbständigkeit ausbreiten, desto mehr Menschen leben in dieser gesellschaftlichen Zwischenzone. Ein Forscherteam vom Wissenschaftszentrum Berlin und der Universität Nürnberg-Erlangen hat jetzt auf der Basis des Sozioökonomischen Panels für den Zeitraum bis 2012 berechnet, daß gut vier Millionen Menschen in Deutschland dauerhaft unter solchen prekären Umständen leben und arbeiten. Das sind mehr als zwölf Prozent aller Erwerbstätigen in Deutschland.

1. Prekariat und Zuwanderung

Es sind diese vier Millionen, an die Merkel nicht gedacht hat, als sie 2015 die Millionenzuwanderung von meist wenig gebildeten und damit weitgehend von deutschen Sozialleistungen abhängigen Migranten zuließ und sogar noch durch vielfältige Willkommensgesten zur Migration einlud. Mir schrieb eine Leserin zum letzten Rundbrief:
"Ausgezeichnet und erschreckend, und dabei sind wir lt. Merkel und der politischen Klasse ein reiches Land. Auch ich gehöre, trotz abgeschlossenem Unistudium und Berufsausbildung zu den armen Rentnern in diesem Land, zu viele Lücken in meiner Biographie, sicher auch mein Fehler, aber nicht nur. In diesem Land gab es für mich keine Hilfe. Umso erstaunter war ich über diese "Willkommenskultur" und die finanziellen und sonstigen Unterstützungen für Fremde, häufig Analphabeten aus aller Welt. Dafür überschlagen sich die Deutschen, die gleichzeitig für ihre eigenen Landsleute kein Gefühl haben."
Tatsächlich sind die Deutschen, die sich durch den Vorzug für Migranten diskriminiert fühlen müssen, weit zahlreicher, als ein paar Rechtsradikale in Chemnitz oder sonst wo, mit denen sich die Medien seit Wochen beschäftigen und so gleichzeitig Kritiker der "Willkommenskultur" unterschiedslos mundtot machen wollen. Ende vergangenen Jahres waren unter den H4-Beziehern bereits 2,03 Millionen Ausländer (34,3 %). Fast die Hälfte von ihnen (959.000)

stammen aus nichteuropäischen Flüchtlingsländern; deren Zahl nimmt noch weiter zu, weil erst die Asylanträge abgearbeitet werden. Weitere größere Gruppen kommen aus der Türkei (259 Tsd.), sowie aus Bulgarien und Rumänien (150 Tsd.). Der Anteil aller Menschen mit Migrationshintergrund der ersten und zweiten Generation, einschließlich derer mit deutschem Paß, an allen H4-Beziehern lag im September letzten Jahres schon bei 52 %. Auch die Kindergeldzahlungen an Ausländer für im Ausland lebende Kinder haben sich gewaltig erhöht, seit 2010 fast eine Verzehnfachung, wobei es zu sehr viel Mißbrauch kommt.

Und wenn jetzt Migranten mit Asyl im Rahmen der Familienzusammenführung ihre alten Eltern nachholen, können die ins Flugzeug steigen und erhalten in Deutschland sofort Sozialleistungen, die denen der 52 % der deutschen Rentner entsprechen, die nur eine Rente noch unter dem durchschnittlichen Alters-Grundsicherungsbedarf von 795 Euro erwarten können.

2. Prekariat und Lohnentwicklung

Immer wieder werden wir mit Meldungen von Medien und Gewerkschaften über erfolgreiche Tarifabschlüsse mit schönen Lohnsteigerungen überschüttet. Die Gewerkschaften haben ein Interesse an solchen Meldungen, schon um ihre Mitglieder bei Laune zu halten. Leider sind diese Meldungen voller Lügen, vor allem für die Beschäftigten, die im Prekariat arbeiten und leben müssen. Man muß sich diese Lügen vor Augen halten.

Die Tariflöhne sind über die fast 9 Jahre seit Beginn 2010 nominal um 19 % gestiegen. Doch die Verbraucherpreise stiegen ebenfalls, wenn auch nur halb so stark. Real ergab die eine Lohnsteigerung von gerade einmal 1 % pro Jahr. Über die letzten zwei Jahre waren es jahresdurchschnittlich sogar nur 0,9 % und in den letztberichteten 12 Monaten bis August fraß die Inflation die Steigerung der Tariflöhne um 2 % sogar voll auf. Nichts blieb vom Triumpf der Gewerkschaften übrig (Abb. 19590).

Es kommt aber für die unteren Lohngruppen, die weitgehend zum Prekariat zu zählen sind, noch schlimmer, weil deren Hauptkosten in Bereichen stattfinden, wo die Preissteigerungen weit höher als für den Durchschnitt aller Waren im statistischen Warenkorb ausfallen, wie bei Nahrungsmitteln und Mieten (Abb. 19045).

Hinzugekommen ist noch die fortschreitende soziale Aufspaltung der Arbeitnehmer in sogenannte Leistungsgruppen. So stiegen in zehn Jahren seit 2007 die Löhne der Arbeitnehmer in leitender Stellung verbraucherpreisbereinigt um etwas über 18 %, die normaler Fachkräfte jedoch nur halb so stark um 8,5 % und die angelernter Arbeitnehmer nur um 7,6 Prozent (Abb.18732).

Die von den Gewerkschaften ausgehandelten Tariflöhne sind zudem längst nicht mehr repräsentativ für die Lohnentwicklung insgesamt. Nur noch 49 % der Beschäftigten in W-Deutschland und ganze 33 % in O-Deutschland sind durch Tarifbindungen geschützt (Abb. 19969).

Das ist das Ergebnis einer Tarif- und Verbandsflucht sehr vieler Arbeitgeber. Schließlich spiegeln die Tarifverträge vor, daß alle Betriebe und alle Beschäftigten, die in solche Verträge eingebunden werden, gleichbehandelt werden. Doch unter starkem politischem Druck schlossen Gewerkschaften Tarifverträge mit Öffnungsklauseln ab, die wirtschaftlich schwachen Betrieben ein vorübergehendes Unterschreiten der Standards ermöglichen sollten. Bundeskanzler Schröder drohte in seiner Rede zur "Agenda 2010" gesetzliche Öffnungsklauseln an, wenn die Tarifverträge nicht "flexibler" gestaltet werden. In der Praxis kam es dadurch vielerorts zu einer dauerhaften Absenkung der Löhne.

Insgesamt sind so die Löhne je Arbeitnehmer über die letzten 15 Jahre kaufkraftbereinigt pro Jahr nur noch um mickrige 0,5 % gestiegen, was noch die starke Einkommensentwicklung der leitenden Angestellten einschließt (siehe oben), ohne die es praktisch ein Stillstand gewesen sein dürfte. Die Unternehmens- und Vermögenseinkommen mehr als verdoppelten sich dagegen ebenfalls kaufkraftbereinigt mit jährlichen Steigerungsraten von durchschnittlich 7,5 % (Abb. 19921).

3. Prekariat in einem reichen Land

Das Prekariat ist umso bedrückender, als gleichzeitig mit dessen Zunahme der Reichtum in Deutschland unaufhörlich steigt und inzwischen perverse Größenordnungen annimmt. Deutschland hatte 2017 in Europa mit etwas über 15.000 Menschen die meisten Superreichen mit einem Vermögen von zusammen geschätzt 1.800.000.000.000 US$ (1,8 Billionen), 16 % mehr als noch im Jahr zuvor. Das sind Menschen, die alle netto mindestens über 30 Mio. US$ verfügen. Der durchschnittliche Reichtum dieser 15.000 lag 2017 bei 120 Mio. US$ (Abb. 20102). Darunter sind in Deutschland 152 Milliardäre, die zusammen über ein Vermögen von 466 Mrd. US$ verfügen, wobei sich dieses Vermögen allein über ein Jahr um 27 % erhöht hat. Das Vermögen dieser 152 Milliardäre ist fast doppelt so hoch wie das Gesamtvermögen der unteren Hlfte aller deutscher Haushalte von 214 Mrd. Euro (2014, Abb. 20105) mit ca. 40 Mio. Menschen. "152 = 40.000.000 x 2" auch das ist deutsche Realität zwischen den sozialen Rändern von Ultrareich und Prekariat. Oder anders verglichen: Das reichste 1 % hat 15-mal mehr Vermögen als die ganze untere Hälfte der Haushalte zusammen, das oberste Tausendstel immer noch 8-mal mehr.

Die entsprechend der zur Steuer gemeldeten Einkommen obersten 10 % der Haushalte in Deutschland verfügen, wenn man die letzten 5 Jahre hochrechnet, über etwa 43 % aller Einkommen, ein seit 1970 ständig wachsender Anteil (Abb. 19494).

4. Das Prekariat strahlt Ängste aus: Abmarsch ins Prekariat?

Das Prekariat der vier (und vielleicht auch mehr) Millionen hat im deutschen Kapitalismus eine sehr nützliche und von den Eliten hoch geschätzte Funktion Die weit verbreitete Angst dorthin abzusteigen, hält nämlich weitere Millionen von Beschäftigten, denen es bisher besser geht, unter disziplinierendem Druck. Nur so ist die geringe Streikbereitschaft der Deutschen oder - anders als z.B. in Frankreich - die mangelnde Bereitschaft, für die eigenen Interessen auf die Straße zu gehen, zu erklären. Dazu der Kölner Politik-Professor Christoph Butterwegge: "Die Gesellschaft braucht Armut als Abschreckung. So entsteht eine Drohkulisse, die die Leistungsgesellschaft zusammenhält."

Dabei beugen die herrschenden Kreise dem Widerstand der Betroffenen oder auch nur Angstgeplagten vor, indem sie den Menschen im Prekariat oder den über 12 Mio. Armen in Deutschland vorwerfen, selbst daran schuld zu sein, nicht aber die Gesellschaftsform, die diesen Zustand eingerichtet hat.

Der Abstieg ist nicht nur befürchtet. Er findet seit vielen Jahren tatsächlich statt. So hat vor staatlicher Umverteilung der Anteil der Unterschicht am Einkommen - nach Berechnungen auf der Grundlage des sozio-ökonomischen Panels von 2015 - zwischen 2000 und 2013 von 32,8 % auf 34,7 % zugenommen (Abb. 20103) und ist über die letzten fünf Jahre weiter gestiegen, zumal seit 2015 Merkels Millionenzuwanderung meist in die Unterschicht stattfindet. Selbst nach staatlicher Umverteilung war es bis 2013 noch ein Anstieg von 10,5 % auf 14,2 % oder auf 11,5 Mio. Menschen (Abb. 20104). Dabei entspricht die Unterschicht der Armutsdefinition.

Automatisierung/Digitalisierung/künstliche Intelligenz werden auch typische Mittelschichtsberufe weiter in das Prekariat verdrängen, vor allem unter den Älteren, die nicht mehr umlernen können.

Natürlich stellt sich immer wieder die Frage, warum die herrschenden Eliten so abheben, daß sie die echten Probleme des Prekariats in ihrer ganzen Größe nicht mehr erkennen. Wertvolle Antworten liefert der Soziologe Prof. Michael Hartmann in einem Interview von 22 Minuten, das Sie hier finden.

Es tut mir leid, daß ich in den Rundbriefen immer wieder über so viele Schweinereien in der deutschen Soziallandschaft berichten muß. Doch die Regierung und die beiden Regierungsparteien beschönigen die Lage ständig bis zur phantasievollen Unkenntlichkeit, die meisten Medien folgen dem gehorsam und auf den sozialen Medien werden Sie, wie mir immer wieder von Lesern der Rundbriefe bestätigt wird, keine so ausführlichen und faktenorientierten

Analysen finden. Ich kann mit meinen Rundbriefen derzeit zwar nur 1350 Leser/innen erreichen und einige, hoffentlich viele, werden sie weiterverteilen. Doch das ist immer noch besser als nichts zu tun, obwohl man es tun kann.

global news 3688 24-09-18: Perspektiven auf das Alter: Fit oder fertig?

Die meisten von uns hoffen auf ein langes und schönes Leben jenseits der Arbeitszeit. Leider macht vielen Menschen die Gesundheit oder die finanzielle Situation oder beides oder gar die Einsamkeit einen Strich durch die Rechnung. Ein Teil von ihnen ist schon vor dem gesetzlichen Rentenalter ausgebrannt, ein großer Teil mit chronischen Krankheiten belastet. Andere können sich ausrechnen oder müssen befürchten, daß die Rente für ein gutes Altersleben nicht reichen wird. Dazu kommt dann noch die Sorge vor Pflegeheimen mit zu wenig oder unzureichend qualifiziertem Personal. Wie berechtigt sind solche Sorgen?

1. Fit oder fertig?

Die Techniker Krankenkasse (TK) überschreibt ihren neuesten Gesundheitsreport mit "Fit oder fertig? Erwerbsbiografien in Deutschland". Tatsächlich scheidet in Deutschland mehr als jeder zweite Erwerbstätige schon vor dem offiziellen Renteneintrittsalter aus dem Arbeitsleben aus. Besonders betroffen von einer Frühverrentung sind Beschäftigte mit körperlich belastenden Berufen wie im Bau- und Holzgewerbe, gefolgt von Verkehrs- und Lagerarbeitern sowie den Beschäftigten aus der Metallbranche.

Bei Berufstätigen im Alter ab 60 Jahren ist innerhalb von fünf Jahren bei mehr als der Hälfte mit einem Eintritt in den Altersrentenbezug zu rechnen (Abb. 20051). Dabei sind hier nur die eher Leistungsfähigen erfaßt, die durchgängig sozialversicherungspflichtig beschäftigt waren. Dementsprechend steigt der Altersrentenbezug noch vor 60 steil an (Abb. 20052, 20053).

Viele sind gesundheitlich schwer angeschlagen. So sind im Alter von 65 Jahren bereits fast 8 % in Schwerbehinderten-, Berufs- oder Erwerbsunfähigen-Renten gegangen (Abb. 20054).

TK-Chef Jens Baas warnt daher zurecht:

"Es nützt nichts, das Renteneintrittsalter immer weiter hochzuschrauben, wenn schon heute nicht einmal jeder Zweite so lange arbeitet. Politik, Unternehmen, aber auch Krankenkassen müssen Lösungen finden, damit die Menschen leistungsfähig bleiben und überhaupt bis zum Rentenbeginn arbeiten können."

2. Die Belastungen bremsen den Anstieg der Lebenserwartung

Lange haben uns Wissenschaftler und Medien vorgegaukelt, wir könnten unbegrenzt immer älter werden. So werden auch die Forderungen nach einem immer späteren Renteneintrittsalter begründet. Doch die Wahrheit sieht anders aus. Die Verlängerung der Lebenserwartung hat sich in den letzten Jahren, etwa seit 2011 in sehr vielen Ländern deutlich abgeschwächt. Steigender Alltags- und Arbeitsstreß, zunehmende Luftverschmutzung und die soziale Aufspaltung (Armut läßt früher sterben, siehe unten) fordern einen immer höheren Preis zusätzlich zu den alten Übeln von falscher Ernährung und Bewegungsarmut. Das gilt vor allem für die kapitalistischen Führungsländer USA, Deutschland und Großbritannien und hier besonders für die verbleibende Lebenserwartung im Alter.

Lebensverkürzend wirkt auch die hohe Feinstaubbelastung der Luft in den Großstädten, wobei Deutschland eine der höchsten Belastungen in W-Europa hat (Abb. 20086) und 87% aller Meßstationen die Grenzwerte der Weltgesundheitsorganisation überschreiten. Ähnliches gilt für die hohen Stickoxidbelastungen in den Innenstädten, vor allem durch Diesel-Fahrzeuge. An mehr als der Hälfte der verkehrsnahen Stationen überschreiten auch 2018 die gemessenen Stickstoffdioxid-Konzentrationen den seit 2010 einzuhaltenden Grenzwert. Nach einer neuen Mitteilung des Umweltbundesamts starben 2014 6.000 Menschen vorzeitig an Herz-Kreislauf-Krankheiten, die auf die Langzeitbelastung mit Stickstoffdioxid zurückzuführen seien. Diese

Belastung war für 8 % der Typ-2-Diabetes- und 14 % der Asthmaerkrankungen verantwortlich. Rund eine Million Krankheitsfälle seien in Deutschland auf Stickoxid in der Außenluft zurückführen. Laut EU-Kommission halten in Spanien drei Regionen die Grenzwerte nicht ein, in Italien zwölf, in Großbritannien 16, in Frankreich 19 und in Deutschland 28 Regionen.

Nach einer neuen Untersuchung des britischen Amtes für Statistik hat die Lebenserwartung bei Frauen im Alter von 65 Jahren in den letzten 6 Jahren bei den meisten Ländern wesentlich weniger zugelegt als in den 6 Jahren zuvor. Bei Deutschland waren es nur noch 2,4 Wochen gegenüber 9,0 Wochen in der davorliegenden 6-Jahres-Periode. Der deutsche Zuwachs war der zweitniedrigste unter den 20 Vergleichsländern (Abb. 20067). Auch bei den Männern dieser Altersgruppe sah es ähnlich aus, bei Deutschland ein fast halbierter Zuwachs von nur noch 5,8 Wochen gegenüber 10,2 Wochen (Abb. 20066).

Experten halten diese Entwicklung der Lebenserwartung in westlichen Ländern für besonders überraschend, weil in vielen Ländern die üblichen Negativ-Determinanten für die Lebenserwartung ausfallen, indem die Zahl der Raucher gesunken ist, der Alkoholkonsum zurückgeht und auch keine größere Grippe-Epidemie, die früher die Lebenserwartung drastisch kürzte, beobachtet wurde. Vermutet wird dagegen, daß die etwa um das Jahr 2009/10 einsetzende Austeritätspolitik der Regierungen (Abb. 20069), bei der nicht zuletzt an Sozialleistungen gespart wurde, an dieser Entwicklung mitschuldig ist.

In diesem Sinne müssen sich die Regierungen für vorzeitige Tote in größerer Zahl verantwortlich fühlen. Auch die von der Bundesregierung stolz als Vorbild vergötterte "schwarze Null" tötet. Der britische "Guardian" setzt über seine Daten-Auswertung die bezeichnende Überschrift: "Austerity kills". Es fällt zudem auf, daß der Rückgang an Zuwachs bei der Lebenserwartung die Frauen mehr noch als die Männer trifft. Dazu dürfte der zunehmende Verschleiß in der Doppelbelastung von Haushalt und Arbeit, oft in besonders belastenden Teilzeitbeschäftigungen beitragen, in Deutschland fast eine Verdopplung des Anteils der in Teilzeit Beschäftigten an allen Frauen der Altersgruppe 20-64 Jahre von 18,7 % (1993) auf 35,1 % (2017).

Insgesamt ist die soziale Aufspaltung ein wichtiger Faktor für weniger Lebenserwartung, wobei sie einseitig die sozial Benachteiligten trifft. Nach Berechnungen des DIW Berlin vom Oktober 2017 für westdeutsche Männer im Alter von 65 Jahren beträgt die Gesamtdifferenz an Lebenserwartung beim Jahrgang 1947/49 zwischen den Einkommensstärksten und den Einkommensschwächsten bereits rund 7 Jahre und ist von Jahrgang zu Jahrgang immer weiter gewachsen (Abb. 20057, 20077). Nur knapp ein Viertel der Differenz liegt nach Berechnungen des Robert-Koch-Instituts an mehr Rauchen, mehr Fettleibigkeit und mehr sportlicher Inaktivität bei Menschen mit niedrigem sozialen Status.

Sollte sich dieser Trend schrumpfenden Zuwachses der Lebenserwartung fortsetzen, so wird in einigen Jahren in den besonders betroffenen Ländern, zu denen Deutschland zählt, die Lebenserwartung selbst und nicht nur deren Zuwachs schrumpfen.

3. Alt und arm dran

Nach Auskunft des Bundesministeriums für Arbeit und Soziales erhielten Ende 2016 rund 8,6 Millionen Rentner eine Rente von weniger als 800 Euro im Monat (nach Sozialversicherungsbeiträgen, jedoch vor Abzug von Steuern). Das betrifft mit 48 % schon fast jeden zweiten Rentner. Das Ministerium versucht die Situation mit dem Hinweis zu beschönigen, daß weitere Einkommen nicht berücksichtigt wurden, etwa die anderer Haushaltsmitglieder.

Schuld an dieser Situation sind mehrere Faktoren. Dazu zählen die über viele Jahre stagnierende Lohnentwicklung, die in Deutschland besonders weit verbreitete Lohndiskriminierung der Frauen, ein im internationalen Vergleich hohes Niveau an Langzeitarbeitslosigkeit, der in Deutschland besonders wuchernde Niedriglohnsektor, ein hoher Anteil an befristeten Arbeitsverträgen, die zu häufigen Unterbrechungen der Arbeitseinkommen und damit der Beiträge in die Rentenversicherung führen, und die Riesterformel, die die Rentenentwicklung seit vielen Jahren von der Lohnentwicklung nach unten abgekoppelt hat (Abb. 17862).

Nach den neuesten Modellrechnungen der OECD zum Verhältnis der Renten zu den letzten Arbeitseinkommen liegt Deutschland in W-Europa mit 38 % auf dem drittletzten Patz nur noch von Grossbritannien und Irland unterboten und weit hinter den Spitzenreitern mit fast 100 % (Abb. 20073); deutsche Frauen kommen sogar nur auf 28 %. Schlimmer noch sieht es für Deutschland mit dem allerletzten Platz bei Renten nach halbem Durchschnittseinkommen aus, also bei den Renten der unteren Einkommensgruppen (Abb. 20074). Dänemark erreicht hier mit seinen vom Staat gestützten Mindestrenten 123 %. Man beachte das glückliche Öster-reich, wo die Sätze etwa doppelt so hoch als in Deutschland sind!

Zu den Ursachen gehört weiter ein viel zu tief angesetz-ter Mindestlohn. Berechnungen der Bundesregierung zufolge müsste der Mindestlohn massiv angehoben werden, damit Betroffene im Alter wenigstens eine Rente oberhalb der Grundsicherung bekommen. Um dies zu erreichen, müssten anstelle des derzeitigen Mindestlohns von 8,84 Euro mindestens 12,63 Euro pro Stunde gezahlt werden.

Nach einer etwas älteren Datenübersicht der Bundesre-gierung sowie des Statistischen Bundesamts vom Dezember 2016 ist ein monatliches Bruttogehalt von 2330 Euro nötig, um im Laufe eines durchschnittlich langen Arbeitslebens (immerhin 38 Jahre in Vollzeit) eine Rente auf Grund-sicherungsniveau von 795 Euro monatlich zu erhalten. 2014 verdienten von den 37 Mio. Beschäftigten 19,5 Mio. Men-schen weniger als 2330 Euro. Damit bekämen 52 % im Alter eine Rente noch unter dem durchschnittlichen Alters-Grundsicherungsbedarf von 795 Euro.

Hinzu kommt dann noch, daß Ersparnisse für das Alter so niedrig verzinst werden, daß sie derzeit real nach Abzug der Verbraucherpreisinflation jedes Jahr etwa 2 % verlieren. Draghis EZB hat gerade wieder den Nominal-Zins von null % bestätigt. Seit 2011 haben die Sparer auf diese Weise real bereits mehr als 10 % ihrer Ersparnisse verloren (Abb. 19675).

Schon das ist eine Riesen-Schweinerei auf dem Rücken

der ärmeren Menschen in Deutschland, die das Risiko des Aktienmarktes nicht auf sich nehmen können. Doch den Goldman-Sachs-Abkömmling Draghi mit einem Jahresgehalt von 397.00 Euro (3.050 Euro für jeden seiner 2-3 Arbeitstage in Frankfurt/Woche), einer üppigen Aufwands-entschädigung, einer kostenlosen Residenz in Frankfurt, hoher Krankenversicherung und Pension sowie einem privaten Schloß in Italien schert das wenig. Sicher denkt er nicht über das Schicksal der Rentnerin nach, die von 26 Euro Rente pro Tag und ihren Ersparnissen leben muß (wie die Hälfte aller Rentner) und der er seit bereits fast 8 Jahren Monat für Monat mit Zinsentscheidung der EZB die Kauf-kraft ihrer Ersparnisse weiter kürzt. Und überhaupt wäre ihm deren Schicksal egal, ebenso wie der Bundeskanzlerin, die bisher kein einziges Wort zur Enteignung durch die EZB gefunden hat.

Auch nach dem von der großen Koalition verabschiede-ten Rentenpaket sehen 89 % aller Befragten die Rentenver-sicherung vor großen bis sehr großen Probleme. Laut ZDF-Politbarometer fühlen sich nur 52 % der Befragten gut abgesichert, 46 % sehen sich nicht so gut bis überhaupt nicht gut versorgt. Es gab kleinere Änderungen, doch die echten Probleme wurden vertagt.

Zwar soll das Rentenniveau bis 2025 bei 48 % der Arbeitseinkommen stabilisiert werden. Doch bis dahin wird es wegen der Wirtschaftslage ohnehin nicht absinken, während danach die Generation der Babyboomer in die Rente geht und die eigentlichen Probleme der Renten-finanzierung beginnen werden. Dann wird es, so prognosti-zierten die Experten im vergangenen Herbst, bis 2030 auf 45 Prozent sinken. Nach Berechnungen des Statistischen Bundesamts werden im Jahr 2040 30,5 % der Bevölkerung 65 Jahre oder älter sein. Dabei unterstellten die Statistiker, daß jedes Jahr etwa 100.000 Menschen nach Deutschland einwandern. Kämen doppelt so viele Menschen nach Deutschland, läge der Anteil der Alten im Jahr 2040 nur etwa einen Prozentpunkt niedriger. Diese Entwicklung hat drastische Folgen für das Rentensystem in Deutschland: Heute kommen auf 100 Menschen, die Beiträge in die

Rentenversicherung einzahlen, 60 Rentner - im Jahr 2030 wird dieses Verhältnis bei etwa 1:1 liegen.

Deutschland bräuchte daher zur Stabilisierung des Rentenniveaus ohne Erhöhung des Beitragssatzes bis 2050 nach Berechnungen des Instituts für Wirtschaftsforschung in Halle pro Jahr 528.000 Menschen zwischen 20 und 35 Jahren, die quasi sofort mit Grenzübertritt in die Rentenkasse einzahlen müssten und im Schnitt so viel verdienen wie gleichaltrige deutsche Beschäftigte, insgesamt fast 17 Mio. zusätzlich - eine völlig unrealistische Erwartung. Die ganz überwiegend nur für Helferberufe geeigneten Zuwanderer seit 2015 werden das Loch in der Rentenversicherung eher noch vergrößern.

Hier rächen sich jetzt bitter, die unter Schröder eingeführten und dann unter Merkel beibehaltenen verschiedenen Lohnbremsen vom H4-Druck bis zur Verweigerung des Mindestlohns. Sie haben mit der besonderen Benachteiligung der Frauen zu dem höchsten Anteil an kinderlosen Frauen in W-Europa beigetragen (Abb. 20078, 19752, 19749), der die Geburtenrate pro Frau entscheidend bestimmt. Sie haben weiter zu niedrigeren Beitragszahlungen geführt. Bei höheren Löhnen und höheren Beiträgen hätte man einen Reservetopf für schlechte Zeiten der Rentenversicherung schaffen können, der nun fehlt. Schlimmer noch: Wir bekommen per demografische Entwicklung nicht nur eine stark vergreiste und entsprechend ängstlich-unbewegliche Bevölkerung, bei diesem hohen Niveau an Kinderlosigkeit wird in Westdeutschland ein ganzes Viertel der Bevölkerung kinder- und enkelkinderlos mit "Nach mir die Sintflut!" auf den Lippen aussterben. Was für eine Perspektive! Wie gut hat es da wieder Dänemark.

Die jetzt beschlossenen sehr kleinen und partiellen Verbesserungen bei der Mütterrente werden an den besonderen Rentenproblemen der Frauen wenig ändern. Alle Mütter mit vor 1992 geborenen Kindern sollen einen halben Rentenpunkt zusätzlich bekommen. Das sind 15,35 Euro im Osten und 16,04 Euro im Westen.

4. Noch zur Diskriminierung der Frauen

Deutschland verzeichnet im internationalen Vergleich den größten Unterschied in den Alterssicherungseinkünften von Männern und Frauen (Abb. 17876). Nach Angaben der Rentenversicherung lag der monatliche Zahlbetrag 2016 für Männer bei 1006 Euro, für Frauen dagegen nur bei 583 Euro, eine Differenz von 42 %. Hinzu kommt eine Rentenschichtung, die wieder bei den Frauen besonders stark ausfällt: 70 % aller Frauen beziehen eine Monatsrente, die 2014 unter 750 Euro lag, und das sind allein etwa 35 % der deutschen Bevölkerung im Rentenalter (Abb. 17864).

Nirgendwo in Westeuropa ist der Anteil von armutsbedrohten Frauen so hoch wie in Deutschland (Abb. 20055). Das Wort "Skandal" ist zu milde dafür.

Übrigens ist auch fast nirgendwo in W-Europa die Lebenserwartung von Frau so gering wie in Deutschland, fast drei Jahre weniger als im Spitzenland Spanien (Abb. 20087).

5. Rentennahe Jahrgänge mit großer Lücke in der Sicherung des Lebensstandards

Nach neuen Berechnungen des Deutschen Instituts für Wirtschaftsforschung ist bei mehr als der Hälfte der erwerbstätigen 55- bis 64-Jährigen der aktuelle Konsum größer als die bisher erworbenen Rentenanwartschaften. Die potentielle Versorgungslücke beträgt durchschnittlich 650 Euro monatlich, wenn alle drei Säulen der Alterssicherung (gesetzlich, betrieblich, privat) herangezogen werden. Nur die Hälfte kann im Rentenfall ihren Konsum mit allen drei Säulen der Alterssicherung mehr als fünf Jahre decken. Privates Vermögen kann die potentielle Versorgungslücke reduzieren, aber selbst unter Einsatz des gesamten privaten Vermögens zusätzlich zur gesetzlichen Rente kann nur bei 67 % der Haushalte der bisherige Konsum nach 10 Jahren noch gedeckt werden (Abb. 20099). Dabei ist berücksichtigt, daß der einkommensschwächere Teil der Haushalte ohnehin wesentlich weniger konsumiert als der einkommensstärkere (Abb. 20100).

Es ist traurig und unerträglich, daß so viele Menschen in Angst um ihre Situation im Alter gehalten werden. Das war in Deutschland mal anders. Hier sind heute wirklich gravierende Probleme von empörender Diskriminierung in Deutschland (auch wenn man dazu bei Twitter - anders als bei den Vorwürfen der Diskriminierung von Migranten - nichts findet). Was sollen die in sehr großer Zahl besorgten Menschen denken, wenn die Regierung das Rentenproblem auf eine Kommission verschiebt und viele Tage lang über die Rolle eines ihrer Beamten streitet, der mit seinem hohen Einkommen und entsprechender Pension keine finanziellen Probleme im Alter haben wird.

global news 3687 17-09-18: Deutschland lernt nicht aus seinen schweren Krisen oder Echo-Signale aus Weimar

Deutschland hat aus den finstersten Kapiteln seiner neueren Geschichte reiche Erfahrungen zu den Folgen, wenn sich wachsende Teile der Bevölkerung abgehängt fühlen und gleichzeitig die Medien ein falsches Spiel spielen.

1. Die drei Gipfel der Ungleichheit

Der Aufstieg der Nationalsozialisten an die Macht erklärt sich vor allem durch die bis dahin aufgebaute enorme soziale Ungleichheit in der deutschen Gesellschaft und deren Verschärfung durch die Weltwirtschaftskrise. Der von Juli 1930 bis Mai 1932 amtierende Reichskanzler Brüning erhöhte dann noch zum Haushaltsausgleich die Steuern und verringerte die Ausgaben (prozyklische Fiskalpolitik), was sich fatal auf die Konjunktur auswirkte und die Arbeitslosigkeit in die Höhe trieb. Die Produktion von Investitionsgütern lag 1932 um 65 % unter der von 1928, die von Produktionsgütern um 55 %, die Zahl der Beschäftigten um 30 % mit einem Anstieg der Arbeitslosen auf 6 Millionen. Der Reallohn fiel um 15 %, die Lohnquote am Volkseinkommen stürzte dramatisch ab (Abb. 20088, 20098). Die NSDAP war nicht mehr aufzuhalten.

Nach dem Zweiten Weltkrieg versuchten die neu geschaffenen Parteien, Konsequenzen aus dem Desaster zu ziehen. Für die CDU geschah dies mit dem Ahlener Programm von 1947:

"Das kapitalistische Wirtschaftssystem ist den staatlichen und sozialen Lebensinteressen des deutschen Volkes nicht gerecht geworden. Nach dem furchtbaren politischen, wirtschaftlichen und sozialen Zusammenbruch als Folge einer verbrecherischen Machtpolitik kann nur eine Neuordnung von Grund aus erfolgen. Inhalt und Ziel dieser sozialen und wirtschaftlichen Neuordnung kann nicht mehr das kapitalistische Gewinn- und Machtstreben, sondern nur das Wohlergehen unseres Volkes sein. Durch eine gemeinwirtschaftliche Ordnung soll das deutsche Volk eine Wirtschafts- und Sozialverfassung erhalten, die dem Recht und der Würde des Menschen entspricht, dem geistigen und materiellen Aufbau unseres Volkes dient und den inneren und äußeren Frieden sichert."

Spätestens nach 25 Jahren gegen Anfang der 70er hatten jedoch die deutschen Volksparteien die bitteren Lehren total vergessen und traten sie mit Füßen, als sie die "soziale Marktwirtschaft" wieder abzubauen begannen. Heute nun haben wir wieder eine extrem ungleiche Einkommens- und Vermögensverteilung, noch extremer als je zuvor. Die obersten 10 % der deutschen Steuer gemeldeten Einkommen verzeichneten seit 1891 drei Gipfel: 1917 vor Ende des 1. Weltkriegs mit 42 %, 1932 vor Beginn des Dritten Reiches mit 38 % und dann wieder 2013, der letzten verfügbaren Statistik, mit über 40 %; doch dürfte dieser Anteil in den letzten fünf Jahren weiter gestiegen sein und mit einem einsamen Rekord bereits über dem Wert von 1917 liegen (Abb. 19494). Deutschland hat nun in W-Europa den höchsten Einkommensanteil der obersten 10 % der Haushalte und liegt damit nicht mehr viel hinter den USA (Abb. 20093).

Dabei wurden die Lasten der 2008 ausgebrochenen Weltfinanzkrise hemmungslos den ärmeren Bevölkerungskreisen aufgelastet, während die Vermögen der Reichen auf den Finanzmärkten zusammen mit denen der Banken über staatliche Haushaltsmittel und Bürgschaften gerettet wurden, so daß der Anteil der obersten 10 % an den Einkommen nur um einen Prozentpunkt zurückging und schon 2013 wieder höher lag als bei Ausbruch der Krise (Abb. 20090). Insgesamt schätzt die Bundesregierung die Kosten der öffentlichen Haushalte bis 2017 auf 59 Milliarden Euro. Neue Zahlen weisen darauf hin, dass die Verluste auf mehr als 68 Milliarden Euro steigen werden (entspricht 20 % aller Haushaltsausgaben des Bundes in 2018). Nach der Einschätzung des Grünen-Finanzexperten Gerhard Schick hat eine vierköpfige Familie mehr als 3000 Euro für die Pleitebanken bezahlt. Hinzu kämen die indirekten Kosten der Bankenkrise, also Entlassungen und Konjunkturpakete, Eurokrise und Streit in Europa, Nullzinsen und Probleme bei der Altersvorsorge und steigende Mieten.

Der Anteil der unteren Hälfte am Einkommen hat sich seit den 60er Jahren auf nur noch knapp 17 % halbiert (Abb. 20089). Die Vermögensverteilung ist noch ungleicher als die der Einkommen, weil sie sehr stark von Erbschaften beeinflußt wird. Hier entfielen schon 2014 nach Angaben des Deutschen Instituts für Wirtschaftsforschung auf die oberen 10 % der Haushalte nicht weniger als 64 % des gesamten deutschen Vermögens und auf das oberste Fünftel zusammen sogar 79 %, während für die untere Hälfte ganze 2,3 % übrig blieben - eine katastrophale Bilanz, die nichts mehr mit Sozialer Marktwirtschaft zu tun hat (Abb. 20097).

2. Die Wählerwanderung in die rechte Mitte und rechts davon

In den Jahren des nationalsozialistischen Aufstiegs wanderten sehr viele von denjenigen, die bis dahin SPD-Wähler gewesen waren, in ihrem Frust direkt zur NSDAP durch. Der Wähleranteil der SPD (mit USPD) sackte von 29,9 % 1928 auf nur noch 20,4 % 1932 ab, der der NSDAP stieg von 2,6 % auf 33,1 %. In der letzten freien Reichstagswahl kämpfte die SPD trotz der schweren Wirtschaftskrise mit ihrem Slogan "Schlagt den Kapitalismus" schon auf verlorenem Posten. Ihr wurde auch nachgetragen, daß sie von 1930 bis 1932 die Minderheitsregierung von Brüning und damit dessen falsche Austeritätspolitik unterstützt hatte und so für die Verschärfung der Krise mitverantwortlich war (wie die SPD jetzt seit Jahren in der GroKo die "schwarze Null" unterstützt).

Die amtlich ausgewiesene Arbeitslosigkeit ist zwar derzeit verglichen mit 1932 niedrig. Doch sind sehr viele Menschen auf gering entlohnten und unsicheren Arbeitsplätzen beschäftigt. Die Angst vor sozialem Abstieg und Altersarmut bei unsicheren Renten hat sich bis weit in die Mittelklasse hinein ausgebreitet. Es wurde also über die letzten Jahrzehnte wieder sehr viel sozialer Sprengstoff zusätzlich angehäuft, der sich nun auch in der Angst vor der Konkurrenz von Migranten um Sozialleistungen und in Straßendemonstrationen zeigt, bei denen sich nicht nur Rechtsextreme versammeln. Wieder wandern Wähler der SPD direkt nach rechts (AfD) durch. Die SPD sackte im vergangenen Jahr auf ihr schlechtestes Ergebnis ab (Abb. 20004) und nähert sich in den Umfragen den Ergebnissen für die AfD an.

Ähnlich geht es in anderen EU-Ländern. Bei den letzten zwei parlamentarischen Wahlen während der Migrationskrise erlitten die Mitte-Links-Parteien die größten Verluste, während die Mitte-Rechts-Parteien die größten Gewinne einstrichen (Abb. 20091). Das jüngste Beispiel ist Schweden.

Hinzu kommt für die in Deutschland sozial Benachteiligten - anders als 1932 - noch die Konkurrenz des Millionenheers der Zugewanderten, die oft aus ganz fremden Kulturen mit sehr wenig Bildung zu uns gekommen sind und in großem Umfang von Sozialleistungen abhängen, die anerkannten Asylbewerbern in gleicher Höhe wie Einheimischen gewährt werden. Sollte sich die Konkurrenz bei einbrechender Wirtschaftsentwicklung in den kommenden Jahren noch verschärfen, so würde der hohe Migrantenanteil wie ein "Brandbeschleuniger" die sozialen Konflikte weiter aufheizen können.

3. Hugenberg ist wieder da

Der wirtschaftliche und soziale Druck der Weltwirtschaftskrise und der ewige Streit der Parteien unter der Weimarer Verfassung kamen damals mit einer Presse zusammen, die weitgehend einseitig war und von dem damaligen Pressezar Hugenberg gesteuert wurde (Abb. 20092). Hugenberg kontrollierte mit seinem Medienkonzern die Hälfte der deutschen Presse. Er war kurzzeitig Wirtschaftsminister in der ersten von Hitler geführten Regierung.

Auch der Begriff "Lügenpresse" kam damals schon auf. Die Nationalsozialisten benutzten ihn zusammen mit der Behauptung einer Steuerung der Presse durch ein "Weltjudentum". Aber auch die Organisationen der Arbeiterbewegung nutzten diesen Begriff zur Abwertung von als bürgerlich oder kapitalistisch wahrgenommenen Teilen der Presse. Die ab August 1945 erscheinende Frankfurter Rundschau verstand sich später explizit als Gegenentwurf zu "Hugenbergs Lügenpresse".

Heute haben wir von fast allen Printmedien und ihren Online-Ablegern bis zu den öffentlich-rechtlichen Anstalten wieder ein weitgehendes Meinungskartell, wenn auch politisch anders als seinerzeit von Hugenberg orientiert. Es unterstützt die Regierenden in aller Regel voll und hebt bei den wirtschaftlich-sozialen Problemen ständig das angebliche deutsche Wohlergehen, vor allem verglichen mit anderen Ländern, hervor. In Zeiten Großer Koalitionen und angesichts der politischen Ambitionen von Journalisten ist das nicht einmal ungewöhnlich. Beim derzeit innenpolitisch wichtigsten Thema der Migrationskrise stützt das Kartell uneingeschränkt und ohne jeden Vorbehalt die Politik der Bundeskanzlerin und hetzt gegen deren Kritiker, derzeit vor allem mit ständigen haßvollen Tiraden gegen den Bundesinnenminister, der auf der neuesten Titelseite des SPIEGEL als "Gefährder" bezeichnet und damit den islamistischen Terroristen gleichgestellt wird - ein geradezu unglaublicher Vorgang. Die Süddeutsche bezeichnet ihn schlicht als "Parteichef auf Abruf". Insgesamt brachte allein der Spiegel online über die letzten 10 Tage ein Trommelfeuer von mehr als 50 Artikeln, in deren Überschrift Maaßen negativ erwähnt wurde; ähnlich erging es Seehofer. Noch "schlagkräftiger" ist die ZEIT mit rund 60 Artikeln, und bei der Süddeutschen sind es ähnlich viele. Es ist, als wären die Medien bei diesem Thema total ausgerastet, bis das Opfer erlegt ist.

Um die Folgen für unsere Demokratie scheren sie sich in ihrer Arroganz jedenfalls nicht.

So maßen sich jetzt auch die Verbände der Migranten an, mitzubestimmen, wer in Deutschland Innenminister sein darf. In einem offenen Brief heißt es: "Ein Heimatminister für alle sollte die Gesellschaft nicht weiter spalten, sondern klar Haltung beziehen für die Grundwerte in unserem Land. Oder abtreten und das Amt jemandem überlassen, der das tut." Und das, obwohl nach Umfragen die meisten Migranten Deutschland gar nicht als Heimat betrachten, in die sie sich integrieren müßten, und eigentlich dankbar sein sollten, daß sie hier überhaupt in so großer Zahl aufgenommen wurden.

In Politik und Medien kommt leichtsinnig und ohne Geschichtsbewußtsein mit dem auf die Ereignisse in Chemnitz angewandte Wort "Pogrom" ein total falsches Echo auf die schrecklichen "Novemberpogrome" von 1938, als etwa 400 Menschen ermordet oder in den Suizid getrieben und ungefähr 30.000 Juden in Konzentrationslagern inhaftiert wurden. Der SPIEGEL erinnerte im vergangenen Jahr daran, daß "die Hetzjagd im November 1938 mehrere Tage dauerte". Es war 1938 nicht - wie jetzt in Chemnitz - ein einzelner Mensch, der hinter einem anderen einzelnen Menschen 5 bis 10 Meter pöbelnd herlief, nachdem es vorher einen Streit und Provokationen zwischen ihnen gegeben hatte.

An diese finsteren Zeiten von 1938 sollten wir Deutschen denken, wenn wir einen leichtfertigen Umgang mit den Begriffen "Pogrom" und "Hetzjagd" vermeiden wollen. Das gilt erst recht für eine Bundeskanzlerin. Wer sich anders orientieren will, sollte das Bundesjagdgesetz aufschlagen, wo die "Hetzjagd" verboten wird. Bei der verbotenen Hetzjagd wird die potenzielle Beute so lange verfolgt (gehetzt), bis sie nicht mehr entweichen kann. Dabei ist die Beute entweder erschöpft und damit gestellt, so daß sie erlegt werden kann, oder sie ist eingeholt und wird gefangen oder zu Boden gebracht und überwältigt. Man konnte den Eindruck gewinnen, daß hier eine "Hetzjagd" herbeigeschrieben wurde, um den Mord an einem Deutschen durch zwei Afghanen in den Hintergrund treten zu lassen und gleichzeitig die äußerst unbeliebte AfD wegen der

Teilnahme an Demonstrationen als rechtsextrem anzuschwärzen, was dem Medienkartell und seiner Bundeskanzlerin auch fast perfekt gelungen ist (wer spricht noch von dem grausamen Mord?). Die Hugenberg-Presse hätte es nicht besser gemacht.

Allerdings lassen sich die Verbrechen von Migranten nicht mehr so leicht vertuschen. Insgesamt kam es im vergangenen Jahr zu 447 Fällen von Tötungen oder Tötungsversuchen durch Asylsuchende und Flüchtlinge; in 27 dieser Fälle handelte es ich um abgelehnte oder sonst illegal in Deutschland lebende Migranten. Gleich nach Chemnitz, wo einer der Täter ein abgelehnter Asylbewerber war, kam es zum noch nicht voll aufgeklärten Vorfall in Köthen, wo ebenfalls ein abgelehnter Asylbewerber beteiligt war und wo nach Polizeiangaben dem deutschen Opfer mit der Faust ins Gesicht geschlagen wurde, so daß er zu Boden stürzte (und dann an einer Herzerkrankung gestorben sein soll), zu einem Mordversuch an einer 17-Jährigen in Duisburg durch vier Täter, von denen drei einen türkischen und einer einen irakischen Hintergrund haben, und in Hamm wurde jetzt eine Frauenleiche gefunden und ein Syrer als vermuteter Täter verhaftet. Man muß allerdings nach Chemnitz vermuten, daß nun Behörden und Medien noch mehr bemüht sein werden, in dieser Hinsicht keine Aufmerksamkeit zu schaffen.

4. Die Stimmung im Bundestag beginnt, an Weimar zu erinnern

Der Fraktionsvorsitzende der Grünen Hofreiter nennt den Chef der CSU und Bundesinnenminister Seehofer öffentlich ein "Sicherheitsproblem". Und SPD-Vorstandsmitglied Midyatli erklärt: "Wie es aussieht, ist Seehofer entschlossen, sich weiter wie eine wilde Sau aufzuführen." Besonders der im Bundestag immer brutaler ausgetragene Streit zwischen SPD und AfD klingt vor dem Hintergrund der deutschen Vergangenheit wie ein Echo auf die Schlußzeiten von Weimar. Was soll man davon halten, wenn der gescheiterte SPD-Ex-Vorsitzende Schulz dem Fraktionsvorsitzenden der AfD Gauland zuruft: "Auf den Misthaufen in der deutschen Geschichte gehören Sie!" oder in derselben Bundestagssitzung der SPD-Abgeordnete Kahrs in Richtung der AfD-Abgeordneten sagt: "Hass macht hässlich, schauen Sie in den Spiegel. Schauen sie in den Spiegel, dann sehen sie, was diese Republik in den Zwanzigern und Dreißigern ins Elend geführt hat"? So warnt man nicht vor 1933, sondern holt diese Zeiten zurück. Die SPD sollte statt dessen endlich ihre unsäglich blinde Merkelgefolgschaft ändern, so daß ihre angestammten Wähler zurückfinden, statt AfD zu wählen (Ich schreibe das besorgt und ohne jede Sympathie mit der AfD).

5. Nach dem Krieg sind alle gleich

Walter Scheidel, ein österreichischer Historiker, der an der Stanford University in Kalifornien Geschichte mit den Schwerpunkten antike Sozial- und Wirtschaftsgeschichte, vormoderne historische Demographie sowie komparative und transdisziplinäre Ansätze zur Weltgeschichte lehrt, hat die Entwicklung der Ungleichheit in größeren geschichtlichen Zusammenhängen untersucht. In seinem neuen Buch "Nach dem Krieg sind alle gleich: Eine Geschichte der Ungleichheit" kommt er zu einem bedrückenden Ergebnis. Über die gesamte Geschichte, wurde wirtschaftliche Ungleichheit nur durch einen der vier "Reiter der Apokalypse" korrigiert: Krieg, Revolution, Staatszusammenbruch oder Seuche. Die Grafik aus seinem Buch zeigt sehr deutlich die Einbrüche nach dem Ersten Weltkrieg, der Weltwirtschaftskrise und dem Zweiten Weltkrieg (Abb. 20095). Ebenso brach nach jeder dieser Krisen die Geburtenrate dramatisch ein (Ann. 20096).

Nach Scheidel braucht es für eine mehr in die Tiefe gehende Angleichung der Vermögensverhältnisse einen Schock in der vorhandenen gesellschaftlichen Ordnung. Je größer der Schock im System, umso leichter werde es, Privilegien an der Spitze zu reduzieren. Der wahrscheinlichste Schock für Deutschland und vergleichbare Länder dürfte von einer neuen Weltwirtschaftskrise zu erwarten sein, zumal wenn die Regierungen erneut versuchen sollten, die Lasten bei den schwächeren Bevölkerungsteilen abzuladen und das bei noch mehr Ungleichheit zu sozialen Unruhen führen sollte.

Die Verschuldung der Welt hat seit Ausbruch der letzten globalen Krise um weitere 60 Billionen US$ zugenommen (Abb. 20094), entspricht damit derzeit dem deutschen Volkseinkommen von 81 Jahren oder den Ausgaben aller deutschen Haushalte in 120 Jahren und steigt immer weiter. Claudio Borio, der Chef des Monetary and Economic Department bei der Bank for International Settlements, ist besonders besorgt, weil die Möglichkeiten der Krisen-bekämpfung, die 2008 eingesetzt wurden, heute wesentlich begrenzter sind: die Zinsen können nicht weiter gesenkt werden und die meisten Regierungen können nicht erneut über hohe Ausgaben zur Rettung von Banken etc. einstei-gen. Wann sich diese Lawine wieder in Bewegung setzt und das mit noch mehr zerstörerischer Gewalt als 2008, dürfte nur noch eine Frage der Zeit sein. Es ist wahrscheinlich schon zu spät, um auf rechtzeitige Einsicht der Regierenden für ein Bremsen der Zunahme an Ungleichheit zu hoffen.

Und während diese Uhr tickt und sich auch sonst in der Welt schwierige Zeiten andeuten, streiten in Deutschland seit Wochen die Spitzen von Politik und die meisten Medien über die Folgen einer ziemlich belanglosen Videosequenz von 11 Sekunden, die Semantik, die daraus folgt, sowie darüber, ob es einer der linksextremen Antifa-Gruppen, die wegen ihrer Gewaltbereitschaft vom Verfassungsschutz beobachtet werden, mit dem von ihr verbreiteten Video gelingen soll, den obersten Verfassungswächter zu Fall zu bringen. Macht mal weiter so. Ihr werdet die mühsamst wiederaufgebaute Demokratie schon kaputt kriegen. Deutschland im Herbst 2018.

global news 3685 03-09-18: Die Mär von der gelingenden Integration (eine Zwischenbilanz 3 Jahre nach "Wir schaffen das"

Es rauscht wieder mächtig im Blätter- und Online-Wald der gutbürgerlichen Medien, oft gespeist von einseitigen Meldungen aus dem Regierungslager. Die Integration der jüngsten Welle an Migration entwickele sich angeblich gut:

"Immer mehr neue Ausbildungsverträge bei jungen Männern, immer mehr sozialversicherte Beschäftigte". Und zur Kriminalität von Migranten: "Opfer schwerer Straftaten von Zuwanderern sind meist selbst Zuwanderer", also Ihr besorgten Deutschen regt auch nicht auf! "Wir schaffen das schon!" Merkels vorschnelles Credo ist nun drei Jahre her. Zeit für eine Zwischenbilanz.

1. Öffentliche Leistungen statt eigenem Arbeitseinkommen

So meldet das Statistische Bundesamt: "Bei Männern aus den Asylherkunftsländern Afghanistan und Syrien hat sich die Anzahl der Neuabschlüsse von Ausbildungsverträgen von 3.000 im Jahr 2016 auf 10.000 im Jahr 2017 mehr als verdreifacht." Doch was sind 10Tsd. Ausbildungsverträge bei insgesamt 188 Tsd. Arbeitssuchenden oder arbeitslosen Zuwanderern unter 30 Jahren aus diesen beiden Ländern? Und was das Amt nicht meldet: Männer in Ausbildungsverträgen können seit August 2016 nicht abgeschoben werden. Das wissen auch die jungen Männer und nehmen schon deshalb verstärkt Lehren auf. Selbst wenn das Asyl abgelehnt wird, können die Betreffenden drei Jahre lang in die Lehre gehen und dann für weitere zwei Jahre in Deutschland arbeiten, damit die Arbeitgeber ihren Einsatz in die Lehre nicht verlieren. Die Aufnahme von Lehrverträgen sagt also wenig über den Erfolg der Integration, zumal sehr viele dieser Verträge erfolglos abgebrochen werden. Und nach fünf Jahren und einigen mehr schon vor Aufnahme der Lehre wird kaum jemand noch abgeschoben werden, Asylrecht hin oder her.

Auch die Bundesagentur für Arbeit zieht eine positive Zwischenbilanz bei der Integration von "Flüchtlingen" auf dem deutschen Arbeitsmarkt. Im Mai 2018 gingen demnach knapp 307 Tsd. Personen aus den acht Haupt-Asylzugangsländern einer Beschäftigung nach und damit 50 % mehr als im Jahr zuvor. Doch es ist ganz normal, daß die Beschäftigung dem Zugang mit Zeitverzug nachfolgt, weil erst Asyl oder subsidiärer Schutz gewährt werden muß und rudimentäre Sprachkenntnisse erworben werden müssen. Das allerdings erklärt die Bundesagentur nicht.

Der Anteil der sozialversicherungspflichtig Beschäftigten an allen 1,2 Mio. Angehörigen aus nichteuropäischen Asylherkunftsändern liegt nur um 20 % (Abb. 19840, die Statistiken der Bundesagentur für Arbeit sind nicht ganz einheitlich und teils schwer zu verstehen). Mit 53 % sind mehr als die Hälfte von ihnen nur als Helfer beschäftigt. Von den Arbeit Suchenden, der weitaus größte Teil, streben 81 % mangels höherer Qualifikation nach Selbstauskunft nur eine Helfertätigkeit an oder machen keine Angaben, was für ein niedriges Niveau spricht. Auch bei Syrern sind es etwas mehr als 80 % (Abb. 20076).

Hier entlarvt sich damit die Propaganda von 2015 als Lüge, mit der man uns weismachen wollte, die Syrer seien hochgebildet, höher noch als die Deutschen. So sind bei den Syrern nur 19 % der Arbeit Suchenden für eine Fachkraft oder höher qualifiziert, bei den Deutschen sind es 55 %. Selbst unter den Syrern, die schon eine sozialversicherungspflichtige Beschäftigung gefunden haben, beträgt der Anteil in der höchsten Qualifikation von Spezialisten und Experten nur 14,5 %, halb so groß wie bei den Deutschen. Auf alle beschäftigten oder Arbeit suchenden Syrer bezogen liegt der Anteil derer, die über dem Niveau eines Helfers beschäftigt werden, mit gerade etwas unter 10 % enttäuschend niedrig und weit unter den Erwartungen von 2015. Man erinnere sich an die damaligen Worte von Daimler Boss Zetsche, der schon eine Grundlage für das nächste deutsche Wirtschaftswunder sah und meinte, genau solche Menschen suchten sie bei Mercedes und überall in Deutschland. Die Bundesregierung räumte später selbst ein, daß das Bildungsniveau der ab 2015 zuwandernden Syrer sich gegenüber der Zeit davor erheblich verschlechtert hatte.

Der Anteil der von öffentlichen Leistungen nach SGBII Abhängenden liegt bereits bei fast zwei Dritteln und damit ähnlich hoch wie vor einem Jahr (Abb. 19722). Auch die Hoffnungen der Bundesregierung, über Leiharbeitsverträge Zuwanderer in den deutschen Arbeitsmarkt integrieren zu können, haben sich nicht erfüllt. 90 Tage nach dem Ende eines Leiharbeitsverhältnisses landen rund 80 % aller syrischen, afghanischen und irakischen Staatsangehörigen nicht in einer sozialversicherungspflichtigen Beschäftigung sondern in der Arbeitslosigkeit (54 %), in geringfügiger Beschäftigung (knapp sechs Prozent) oder in neuer Leiharbeit (20 %. Damit unterscheidet sich der Umgang mit Zuwanderern als Leiharbeiter signifikant von dem mit ihren deutschen Kollegen. Bezogen auf alle beendeten Leiharbeitsverhältnisse werden bei Syrern, Afghanen und Irakern 83 % bereits innerhalb von neun Monaten beendet (danach müssen Leiharbeiter vergleichbare Löhne zur Stammbelegschaft erhalten), während es bei deutschen Staatsangehörigen nur 27 % sind.

Soll so eine erfolgreiche Integration aussehen, nachdem die meisten neuen Migranten schon seit fast drei Jahren im Land sind? Was hier zusammenkommt verspricht, überwiegend eine weitere soziale Unterklasse als abgetrennte Parallelgesellschaft mit sehr viel Unzufriedenen und sehr wenig Integration zu werden.

2. Immer wieder schwere Kriminalität von Zuwanderern

Kriminalität ist eine der wichtigsten, wenn auch bedrückendsten Meßlatten für den Mißerfolg von Integration. Da meldet das Bundeskriminalamt nur vier Tage vor dem Mord in Chemnitz für deutsche Ohren als beruhigend gedacht: "Opfer schwerer Straftaten von Zuwanderern sind meist selbst Zuwanderer". Doch nicht wenige, meist muslimische Migranten scheinen, wie in ihrer Heimat, nur mit dem Messer in der Tasche loszulaufen, so vor einer Woche beim Mordfall in Chemnitz. Bei einigen sitzen die Messer so locker, daß es alle paar Tage oder jedenfalls Wochen zu Angriffen kommt. Noch in der gleichen Woche hatte in Düsseldorf ein aus dem Iran stammender anerkannter Flüchtling eine Frau auf offener Straße erstochen.

Wie man bei FAZ-online nachlesen kann, soll auf das Mordopfer in Chemnitz fünfmal eingestochen worden sein und dabei direkt auf das Herz - ein wahrer Blutrausch, auch wenn eigenartigerweise nur wegen "Totschlags" und nicht wegen "Mordes" ermittelt wird. Beide Täter sollen Messer mit sich getragen haben. Einer von ihnen soll bereits mehrfach wegen Körperverletzung erheblich vorbestraft gewesen sein und unter Bewährung gestanden haben; sein Aufenthalt in Deutschland soll nur geduldet gewesen sein, was eine sofortige und rechtzeitige Abschiebung ermöglicht hätte, und im Asylverfahren soll er gefälschte Papiere vorgelegt haben; eigentlich sollte er nach Bulgarien, wo er schon 2015 auf der Balkanroute registriert worden war, abgeschoben werden, doch das Bundesamt verpaßte die Frist von 6 Monaten (Wer will eigentlich verantworten, daß wir auch solche Menschen unkontrolliert nach Deutschland hereingelassen haben und dann auch noch amtlich bei uns dulden?).

Die Polizei verschweigt mindestens zeitweise die Nationalität der Täter und die Tagesschau berichtet längst nicht mehr über alle Fälle. Von den meisten Gewalttaten Zugewanderter nehmen allenfalls die lokalen Medien Notiz. Im Falle des Mordes von Chemnitz wäre es vielleicht ebenso geschehen, zumal auch hier die Nationalität der Täter lange verschwiegen wurde, hätte es nicht sofort die Demonstrationen gegeben. Dann aber leiteten Bundesregierung und Medien die öffentliche Aufmerksamkeit sehr schnell vom Mord auf die Demonstrationen um, als könne man einen grausamen Mord durch kriminelle Zuwanderer mit Rassismusvorwürfen gegen Demonstranten verdrängen. Das Bedauern über den Mord wurde von den Politikern meist nur in einem Nebensatz ausgedrückt, um anschließend sehr ausführlich die Demonstrationen zu verurteilen. Trotz der Häufung solcher Fälle, fehlten Warnungen an Migranten, keine Messer zu tragen, völlig.

Erst fünf Tage nach dem Mord erschien die Familienministerin als erste Vertreterin der Bundesregierung am Ort der öffentlichen Trauer in Chemnitz - ein peinlich langes Abwarten. Was viele Menschen auch aufregt: Von Merkel sind nicht einmal angemessene Worte der Anteilnahme bekannt, wie sie beispielsweise der Bundespräsident gefunden hat (außer der trockenen Allerweltsformel auf Merkels Webseite: "Sie sprach den Angehörigen des Opfers ihr Mitgefühl aus"). Wäre nicht ein Deutscher sondern ein Zuwanderer in dieser bestialischen Weise ermordet worden, hätte sich die

Bundesregierung, einschließlich der Kanzlerin, ganz anders verhalten.

Selbst die sehr künstlich wirkende Erregung über die illegale Veröffentlichung des Haftbefehls wurde in Politik und Medien weit größer in Szene gesetzt als das Entsetzen über den Mord. Wahrscheinlich sollten die aus dem Haftbefehl zu entnehmenden widerlichen Umstände des Mordes so lange wie möglich geheim bleiben. Dabei hätte vieles davon, wie die Zahl und Richtung der Stiche und der Hintergrund der Täter (anders als die Namen von Tätern und Zeugen) in eine normale Öffentlichkeitsarbeit der Polizei gehört, die hier vermutlich bewußt unterlassen wurde, um Unruhe zu vermeiden. Dabei ist die Unruhe durchaus verständlich und hat der FDP-Vize Kubicki nicht unrecht, wenn er meint: "Die Wurzeln für die Ausschreitungen liegen im 'Wir-schaffen-das' von Kanzlerin Angela Merkel". Wie schon im Teil 1 des Rundbriefs dagelegt, schaffen wir das nach allen Anzeichen eben nicht.

Opfer von Sexualdelikten durch Migranten sind - entgegen der Mitteilung des Bundeskriminalamts - ohnehin fast immer nur deutsche Frauen und nicht Zugewanderte. Und wer bereit ist, sich an anderen Zuwanderern zu vergehen, kann morgen seine Gewaltbereitschaft gegen Deutsche richten. Was sollen da solche amtlichen Beruhigungspillen bewirken? Hat man beim Bundeskriminalamt mal nachgedacht oder soll da nur verharmlost werden? Man darf auch nicht vergessen, daß die meisten dieser Zuwanderer aus Ländern kommen, wo die schlimmsten Formen von Gewalt tagtäglich passieren. Nicht wenige sind zu schweren Straftaten bereit, um den Zugang nach Europa zu erzwingen, wie die brutalen und massenhaften Angriffe afrikanischer Migranten auf spanische Grenzbeamte in Ceuta immer wieder zeigen.

Nach der Polizeilichen Kriminalstatistik (PKS) wurden im vergangenen Jahr rund 167 Tsd. tatverdächtige Zuwanderer gezählt und damit 8,5 % aller Tatverdächtigen, obwohl der Anteil an der Bevölkerung in Deutschland nur bei rund 2 % lag. Dabei sind die Anteile bei Gewaltdelikten wesentlich höher: bei Vergewaltigung und sexueller Nötigung 15,9 %, bei gefährlicher und schwerer Körperverletzung 15,2 % und bei den Raubdelikten 15,1 % (bei allen Gewaltdelikten 15,1 %, Abb. 19998).

Die PKS 2017 von NRW weist eine Tatverdächtigen-belastungszahl pro 100.000 Bevölkerung aus, die bei Gewaltkriminalität für Zuwanderer etwas mehr als fünfmal höher als für Deutsche ist. Selbst verglichen mit der höchsten altersmäßigen Kriminalitätsstufe der Heranwachsenden Deutschen von 18 bis unter 21 Jahre ist die Gewalt-kriminalität der Zuwanderer dieser Altersstufe noch fast doppelt so hoch. Da ist also ein ganz anderes Kriminalitäts-niveau ins Land geholt worden, als wir es bis dahin hatten.

Auch das sind keine erfolgversprechenden Umstände für die Integration des zur Kriminalität neigenden Teils der Zuwanderer. Die Fälle von Gewalt durch Migranten in Deutschland sind umso schwerer zu ertragen, als die Täter nach illegaler Einreise in Deutschland aufgenommen wur-den und von öffentlichen Hilfen leben. Auch kann natürlich heute noch nicht vermutet werden, wie sich die Kriminalität entwickelt, soweit Zuwanderer nicht in den Arbeitsmarkt hineinfinden und ihre Integration scheitert. Dazu Olav Stolze, seit 2015 Leiter einer Hamburger Flüchtlingserst-aufnahme, im SPON-Interview: "Wenn die Geflüchteten scheitern, kann der Weg in den Extremismus oder in die Kriminalität führen." Schweden ist mit hoher Gewalt-kriminalität in der zweiten, nicht integrierten Generation ein böses Beispiel für das geworden, was auch Deutschland droht (siehe hier).

3. Die Grenzen der Aufnahmefähigkeit

Eine erfolgreiche Integration hängt nicht zuletzt davon ab, ob die Infrastruktur für die Aufnahme einer Millionenzu-wanderung vorhanden ist. Schon jetzt dürfte klar sein, daß weder die deutschen Schulen mit ihrem akuten Lehrer-mangel, noch der Markt für preisgünstigen Wohnraum den Herausforderungen entspricht. Hier herrscht ein gnadenlo-ser Wettbewerb, denn Migranten bekommen die gleichen Sozialleistungen für die Anmietung von Wohnraum wie Einheimische. Angesichts der nicht wenigen traumatisierten

Zuwanderer braucht es viel mehr psychiatrisch geschulte Ärzte.

Viele Jahre werden vergehen, bis die Bundesregierung mit ihrem Beharren auf der "Schwarzen Null" im Haushalt die Mängel beheben wird, wenn sie denn überhaupt damit anfängt. Auch hat sie sich als völlig unfähig erwiesen, die Mängel in diesen und vielen anderen Bereichen über beschleunigte Abschiebungen anzugehen. Noch immer wandern weit mehr Menschen zu als abgeschoben werden. Mit der nun anlaufenden Familienzusammenführung, die bei Asylberechtigten keiner zahlenmäßigen Begrenzung unterliegt, werden die Defizite erst recht noch akuter werden.

Andererseits ist dringend geboten, die Ausbeutung, Armut und Ausgrenzung, unter der im global operierenden Kapitalismus ein nicht kleiner Teil der heimischen Bevölkerung leidet, abzubauen, ebenso wie die damit verbundenen bis weit in die Mittelschichten hineinreichenden Ängste. Sonst wird mit immer mehr Widerstand gegen die Fremden zu rechnen sein und werden die Massendemonstrationen in Chemnitz nur als kleines Vorspiel in die deutschen Geschichtsbücher Eingang finden. Das gilt es recht, wenn - wie zu befürchten - ein großer Teil der Zuwanderer lebenslang von öffentlicher Unterstützung abhängen sollte. Sozialpolitisch war und ist Deutschland denkbar schlecht für die Aufnahme in Millionenstärke vorbereitet gewesen. Auch das behindert eine erfolgreiche Integration der Zuwanderer erheblich.

global news 3684 27-08-18: Verlierer der Globalisierung in Deutschland

1. Wo die Verlierer herkommen

Die meisten Verlierer der Globalisierung in Deutschland sind ungezählte Millionen von Arbeitnehmern, deren Löhne durch die explodierenden Importe aus Niedrigstlohnländern, vor allem China und Osteuropa (mit einem Anstieg um 85 % allein in den letzten 10 Jahren, Abb. 20038, 20039, 20040, 20042), gedrückt wurden, wozu auch der rasche

Produktivitätsfortschritt besonders in Osteuropa beitrug (Abb. 20035).

In der Folge sind die Löhne je Arbeitnehmer über die letzten 15 Jahre kaufkraftbereinigt pro Jahr nur noch um mickrige 0,5 % gestiegen, was noch die starke Einkommensentwicklung der leitenden Angestellten einschließt, ohne die es praktisch ein Stillstand gewesen sein dürfte. Die Unternehmens- und Vermögenseinkommen mehr als verdoppelten sich dagegen ebenfalls kaufkraftbereinigt mit jährlichen Steigerungsraten von durchschnittlich 7,5 % (Abb. 19921).

Schröder und dann Merkel haben viele Jahre lang trotz Hartz-IV einen Mindestlohn, wie er sonst meist in Westeuropa schon lange eingeführt ist, verweigert, und er ist nun viel zu tief angesetzt worden. Das wird sich auch in der so abgesenkten Altersversorgung und steigender Altersarmut zeigen. Sehr viele der Verlierer wurden in die bei uns riesig wuchernden Niedriglohnsektoren verschoben, aus denen sie nicht mehr herausfinden. Sehr viele müssen sich mit unsicheren, weil befristeten, Arbeitsverträgen zufriedengeben, wobei 2017 mit 3,15 Mio. solcher Verträge ein Rekordjahr war und die Hälfte davon sogar ohne sachlichen Grund befristet wurde. 4,2 Mio. leben unter dem Diktat von Hartz-IV mit ständigen Strafandrohungen. Diese zusammen 7.4 Mio. Menschen kommen der Zahl nach auf fast ein Viertel der unbefristet Beschäftigten. Nicht zu vergessen die vielen in Armut aufwachsenden Kinder, die der Deutsche Kinderschutzbund auf etwa 4,4 Millionen schätzt. Auch wurden ganze Branchen aus Deutschland verdrängt, was zu einer regional sehr unterschiedlichen Entwicklung der Beschäftigung geführt hat. Hauptziel dieser sozialen Misere unter dem "Kanzler der Bosse" und danach Merkel war und ist es, Deutschland fit für immer weiter steigende Exportüberschüsse aus der von ihnen mitbetriebenen Globalisierung zu machen (Abb. 20075).

Insgesamt war diese rücksichtslose Hyperglobalisierung nichts weniger als ein soziales Verbrechen. Sie hat rücksichtslos schweres Leid bis zur Verzweiflung über Hunderttausende, wenn nicht Millionen in Deutschland gebracht. Jetzt scheint Scholz zu begreifen, daß seine SPD mit ihrer gemeinen Sozialpolitik die Wähler vertreibt. So hat er nun erklärt: "Globalisierung und Digitalisierung schaffen Wohlstand, aber verändern unsere Welt auch im schnellen Tempo. Die Bürgerinnen und Bürger erwarten zurecht, dass wir alles unternehmen, damit sie trotzdem sicher leben können. Tun wir das nicht, schlägt die Stunde der nationalistischen Populisten. Stabile Renten verhindern einen deutschen Trump." Eine viel zu späte Erkenntnis des SPD-Generalsekretärs unter Schröder von 2002 bis 2004, als die Hartz-Gesetze gemacht wurden und bei den Renten der sogenannte "Nachhaltigkeitsfaktor" eingeführt wurde, der die Renten nach unten von der Lohnentwicklung abkoppelte (schon von 53 % der Löhne 2000 auf nur noch 48 % 2016, Abb. 17862).

2. Regionale Unterschiede

Im Saldo gab es ein Plus von fast einer Million Jobs dank Exportboom nach Osteuropa und China auf der einen Seite, aber auf der anderen mehr als eine halbe Million Stellen, die wegen globalisierter Billigkonkurrenz in den altindustriellen Regionen bei uns gestrichen wurden. Diejenigen, die ihre Jobs verloren haben, sind allerdings sehr selten die, die jetzt auf den neuen Stellen arbeiten. Und viele von denen, die Dank Export einen der neuen Jobs ergattern konnten, werden sich beim nächsten Einbruch den Verlierern anschließen müssen. Exportjobs sind besonders unsicher, weil Deutschland auf die Wirtschaftsentwicklung in den Abnehmerländern wenig Einfluß hat und schon gar nicht auf unsichere Partner, wie Trumps USA.

In Deutschland wird das bisher nicht richtig wahrgenommen, weil uns eingeredet wird, wir alle seien unterschiedslos Gewinner der Globalisierung oder können es jedenfalls noch werden. So Merkel in Davos im Januar letzten Jahres: "Machen wir uns nichts vor: Globalisierung ist ein Wort, das viele Menschen verschreckt. Ich bin jedoch überzeugt: Das, was Globalisierung ausmacht, bietet der Welt heute viel mehr Chancen als Risiken. Sie bietet die große Chance zu mehr Frieden, Freiheit und Wohlstand. Damit sich jedoch diese positiven Kräfte der Globalisierung für alle Menschen entfalten können, müssen wir ein neues Gleichgewicht der Kräfte schaffen ..." Das "für alle Menschen" ist schlicht gelogen, weil unerreichbar, solange man der Globalisierung Vorfahrt gibt!

Nun aber haben die Trump-Gewinne in USA und die Brexit-Gewinne in Großbritannien auch deshalb Aufmerksamkeit gefunden, weil sie stark mit den negativen regionalen und globalisierungsbedingten Effekten auf den Arbeitsmärkten beider Länder zusammenhängen. Daher sind ähnliche Forschungen in Italien und jetzt auch in Deutschland angestellt worden, um den Zusammenhängen auf die Spur zu kommen. Denn auch in Deutschland hat sich ein globalisierungskritisches Wählerpotential herausgebildet, das sich allerdings bisher einseitig auf die Migration konzentriert und so die AfD inzwischen zur stärksten Oppositionspartei im Bundestag und fast auf der Höhe der SPD gemacht hat. Es sind die globalisierungsbedingt vom sozialen Abstieg besonders bedrohten Angehörigen der Mittelklasse, die sich durch die Migration nun auch noch kulturell bedroht fühlen und zu Wählern der AfD werden.

In Deutschland hat Prof. Jens Südekum von der Heinrich-Heine-Universität Düsseldorf zusammen mit Kollegen die Entwicklung untersucht. Als Verliererregionen identifizieren die Autoren das Ruhrgebiet, die Pfalz und Oberfranken. Die Gewinnerregionen liegen vor allem in Bayern und Schwaben. Sie ermittelten die Beschäftigungswachstumsraten für eine Auswahl der 325 Landkreise und kreisfreien Städte in den alten Bundesländern (Abb. 20034).

Sichtbar werden gewaltige Unterschiede: In den Spitzenregionen, die abgesehen vom Überraschungssieger Vechta, allesamt in Bayern liegen, ist die Beschäftigung in Vollzeitäquivalenten um nahezu 150% gewachsen. Ganz anders sieht es am unteren Ende aus, wo die Arbeitsmarktprobleme am drängendsten sind: in Nordrhein-Westfalen (NRW). In den Top 100 aller Kreise sind gerade einmal sechs aus NRW. Umgekehrt sind unter den zehn Kreisen mit dem schwächsten Wachstum insgesamt sechs aus dem bevölkerungsreichsten Bundesland (Abb. 20036, 20037).

NRW ist besonders betroffen, weil die Kohle- und Stahlindustrie unter dem Druck billiger Importkohle und russischen Erdgases sowie steigender Stahlimporte vor allem aus China abgebaut hat. Selbst eine neue Autobahnbrücke über den Rhein bei Leverkusen soll zu einem Drittel mit chinesischem Stahl errichtet werden, der trotz der weiten Anreise billiger ist als der aus dem Stahlland NRW.

Ersatzindustrien sind wegen der billigeren Produktion in China und Osteuropa nur schwer anzusiedeln oder zu halten. So hat der finnische Handy-Konzern Nokia vor einigen Jahren die Fertigung von Mobiltelefonen aus dem Bochumer Werk nach Rumänien und Ungarn verlagert. Nach Ansicht von Nokia war Bochum als Standort nicht global konkurrenzfähig zu machen. Die Arbeitslosenquoten liegen in NRW teilweise mehr als doppelt so hoch wie im Bundesdurchschnitt (Abb. 20043).

3. Die doppelte regionale Konzentration von Globalisierungsverlierern und Migranten

Allein über die letzten sieben Jahre hat Deutschland im Saldo von Ein- und Auswanderung etwa 4 Mio. Menschen zusätzlich an Bord genommen, seit 2015 vor allem Migranten aus Armut oder Bürgerkriegen (Abb. 20046).

Dabei sind seit 2015 Migranten bevorzugt und völlig unverantwortlich in die ohnehin wegen der Globalisierung notleidenden Gegenden gestopft worden. Dies hat beispielsweise den Bevölkerungsteil von Menschen mit Migrationshintergrund in Gelsenkirchen auf fast ein Drittel - 31,2 % - hochgeschoben (auch in NRW insgesamt sind es bereits 19 %). Es fällt auf, wie sehr sich der Anteil von seit 2014 aus humanitären Gründen Zugewanderten auf die ärmeren und in dieser Periode meist SPD-regierten Bundesländer konzentriert, während Bayern und Baden-Württemberg vergleichsweise wenig betroffen sind (Abb. 20044). Hat hier die ziemlich blauäugige Willkommenskultur der SPD beigetragen, die viel zu lange in jedem meist muslimischem Migranten ohne oder mit wenig Schul- und Berufsbildung einen Gewinn für Deutschland sah?

Hinzu kommt dann, besonders konzentriert in NRW, die durch die Globalisierung der EU erst ermöglichte massive Armutsmigration aus Südosteuropa meist in die gleichen

Regionen. Man lese dazu das Interview mit dem Oberbürgermeister von Duisburg in der ZEIT vom 19. Juli:

"In Duisburg leben über 18.000 Rumänen und Bulgaren, Sinti und Roma. Die Menschen werden ausgenutzt von kriminellen Schleusern und wohnen hier in Abbruchhäusern in schlimmen hygienischen Verhältnissen. Oft werden Minimalstandards, beispielsweise beim Brandschutz, nicht eingehalten, Löcher in der Elektrik werden mittels Gabeln überbrückt. Ich muss das ernst nehmen, wenn Anwohner sich beschweren, dass Kinder nachts um drei noch auf der Straße herumturnen, vor Autos springen und Mülltüten voll mit Windeln und alten Matratzen auf den Straßen liegen. Wenn Häuser vor lauter Ratten nicht mehr bewohnbar sind, dann darf und will ich das nicht wegwischen. Das EU-Recht sieht vor, dass sie maximal sechs Monate bleiben dürfen, um Arbeit zu suchen. Für Duisburg kann ich sagen: Diese Menschen bleiben länger und sie arbeiten in einer Vielzahl von Fällen nicht, jedenfalls nicht so, dass sie sich davon ernähren können. Sie sind Opfer krimineller Organisationen, die sie dazu anstiften, Sozialhilfebetrug zu begehen, indem sie Scheinarbeitsverhältnisse oder Kinder beim Amt anmelden, die sie nicht haben, oder die nicht bei ihnen leben, um Hartz-IV-Aufstocker-Zahlungen oder Kindergeld einzustreichen. Wenn das EU-Recht Schlupflöcher hat und der deutsche Gesetzgeber akzeptiert, dass man mit einem Minijob Arbeitnehmer ist, fördert er Scheinselbstständigkeit und uns sind die Hände gebunden. Die Menschen haben dann Anrecht auf Hartz-IV-Aufstockerleistungen. Es ist rechtlich extrem aufwendig, das jemandem zu verweigern, und mit viel Personalaufwand verbunden."

So hat sich die Zahl der in Deutschland lebenden Rumänen und Bulgaren über die letzten 7 Jahre auf fast 1 Mio. fast verfünffacht (Abb. 19832). Fast 17 % von ihnen waren im letztgemeldeten Monat März 2018 von deutschen Sozialleistungen abhängig, während bei Deutschen nur wenig mehr als 6 % als arbeitslos gemeldet sind. In Duisburg hatten von den erwerbsfähigen Leistungsberechtigten aus Rumänien und Bulgarien sogar 60 % keine Arbeit. Häufig werden die Menschen von Schleppern ins Land gebracht, die ihnen eine heruntergekommene Wohnung organisieren, damit sie einen amtlichen Wohnsitz haben und Kindergeld auch für Kinder beziehen können, die im Ausland leben, obwohl sie selbst meist gar nicht oder nur sehr wenig ins deutsche Sozialsystem einzahlen. Die vorbehaltlose Aufnahme der beiden Länder in die Sozialordnungen der EU war zu Zeiten von Merkel als Bundeskanzlerin beschlossen worden - ein Fehler, den sie 2015 mit der Willkommenspolitik offener Grenzen für die Millionen-Zuwanderung wiederholte.

Man kann erwarten, daß über den Arbeitsmarkt kombiniert mit der Migration auch bei uns die Globalisierung immer mehr politisches Wasser auf die Mühlen der AfD und ähnlicher Parteien spült oder Menschen in die Wahlenthaltung treibt. Bei der letzten Bundestagswahl erreichte die AfD in Gelsenkirchen mit 17 % ihr für Westdeutschland höchstes Ergebnis. Dort sind über die letzten 35 Jahre 36 % der Arbeitsplätze verlorengegangen und beträgt die Arbeitslosenrate derzeit über 11 %. Die oben abgebildete Ansichtskarte von Gelsenkirchen zeigt sinnigerweise das Arbeitsamt als Sehenswürdigkeit!

Mehr Wahlhilfe als mit ihren verfehlten Hyperglobalisierungs- und Migrationspolitiken konnte die Bundesregierung der AfD kaum leisten, und das nicht nur in Gelsenkirchen (Abb. 20041). Es hat lange gedauert, aber nun kommen die Rechnungen für das unverantwortliche Verhalten unserer politischen Oberschichten und ihrer langjährigen Helfershelfer in den Medien.

Sollte es zu Einbrüchen bei den deutschen Exporten kommen, so wird sich die Wählerwanderung noch viel stärker bemerkbar machen, weil Deutschland wegen seiner extremen Exportabhängigkeit von 8 % im Verhältnis der Leistungsbilanz zur jährlichen Wirtschaftsleistung besonders verwundbar ist (Abb. 20045).

global news 3681 16-07-18: Kohl, Merkel und der Euro: eine Katastrophe

1. Die Rolle von Kohl und Merkel

In Sachen Euro war Kohl absolut fanatisch. Ursprünglich

hatte er jedoch den Euro abgelehnt und war damit der Meinung der Bundesbank, fast aller Sachverständigen und der deutschen Industrie gefolgt. Siegfried Mann, Chef des BDI, hatte in weiser Voraussicht noch im Juni 1989 gewarnt: Die wirtschaftlich und strukturell schwächeren Regionen würden eines für sie wichtigen Steuerungsinstruments, nämlich der Möglichkeit einer Anpassung des Wechselkurses, beraubt. Lokale Nachteile würden erhalten oder sogar verschärft. Dies würde zu Forderungen nach neuen finanziellen Anpassungsmechanismen oder strukturellen Funds führen, um den notwendigen Ausgleich zu sichern.

Kohl hielt daher die auf eine Währungsunion drängelnden Franzosen hin. Es gab auch keine Notwendigkeit, Frankeich eine Zustimmung zur Wiedervereinigung mit Bereitschaft zum Euro abzukaufen, wie oft vermutet wird. Mitterands Beraterin und Generalsekretärin des interministeriellen Komitees für wirtschaftliche Fragen um die Europäische Zusammenarbeit Elisabeth Guigou bestätigte später, daß es nie ein Gespräch zwischen Kohl und Mitterand über einen solchen Deal gab.

Ganz plötzlich wechselte Kohl dann beim EU-Gipfel von Straßburg im Dezember 1989 nach dem Fall der Berliner Mauer seine Ansicht und stimmte der schon lange diskutierten Regierungskonferenz über eine Währungsunion zu. Seine wahren Motive hat er nie offengelegt. Er griff nun alle deutschen Opponenten hart an und brandmarkte sie als "nationalistisch, chauvinistisch und anti-europäisch". Als sich der Gipfel von Maastricht näherte, der den Euro aus der Taufe hob, machte er die Währungsunion sogar zu einer Frage von Krieg und Frieden in Europa, um den neu aufflammenden Widerstand in Deutschland zu ersticken. Da war und ist sie, die blutbefleckte historische Keule, die in Deutschland ausgrenzend gegen Kritiker der amtlichen Politik immer wieder zum Einsatz kommt, um sie mundtot zu machen, anders als in Ländern, in denen die Nation als historischer Wert gilt. Mit großem Stolz erklärte Kohl später gegenüber Journalisten, im Fall des Euro sei er ein Diktator gewesen.

Der Euro war für ihn von nun an alternativlos eine Frage von Krieg oder Frieden in Europa. In seiner Rede zur

Verleihung der Ehrendoktorwürde der Universität von Leuwen fand er dafür im Februar 1996 emphatisch große Worte: "Es gibt keine vernünftige Alternative zu einem immer engeren Zusammenschluß der europäischen Völker. Wir müssen das Haus Europa bauen. Wir alle brauchen das vereinte Europa. Die Politik der europäischen Einigung ist in Wirklichkeit eine Frage von Krieg und Frieden im 21. Jahrhundert. Wir brauchen Europa, damit unser gemeinsames Wort in der Welt Gewicht hat." Übrigens wird das Friedensargument jetzt auch von Freihandelsapologeten gegen Trump gebraucht, wie in der "Süddeutschen" vom 15. Juli unter der Überschrift "Erst kommen Zölle, dann folgt der Krieg". Es ist immer wieder die gleiche ideologische Verdummung.

Tatsächlich hat der Euro das Gegenteil von Frieden bewirkt, sondern einen schweren Dauerstreit ausgelöst und die Eurozone tief gespalten sowie zum Erstarken von Gegenbewegungen in der Bevölkerung vieler Euroländer geführt. Besonders schädlich war die von Kohl gefeierte Begrenzung der Haushaltsdefizite auf 3 % der Wirtschaftsleistung (Maastricht-Formel), weil sie Krisen verstärkt, indem sie Regierungen zwingt, zum Ausgleich des Haushalts bei einbrechenden Steuereinahmen die öffentlichen Ausgaben zurückzufahren, obwohl sie in der Krise genau das Gegenteil tun sollten. Deutschland wurde so in den Krisenländern zum verhaßten Zuchtmeister.

Mit dieser arroganten Selbstsicherheit holte Kohl trotz aller Warnungen auch noch Italien in den Euro, obwohl sich das Land in der Vergangenheit nur über immer neue Abwertungen der Lira hatte über Wasser halten können. Das Land war hochverschuldet und konnte die Beitrittsbedingungen nur über Rechenkunststücke erfüllen. Kohl bestand darauf, Italien würde strukturelle Reformen betreiben und die Schwierigkeiten in den kommenden Jahren überwinden. Ähnlich leichtsinnig betrieb später Schröder die Aufnahme Griechenlands. Noch in seinem TV-Interview von 2003 erklärte Kohl: "Es gab damals viel Gerede. Eine Währung, in der Italiener und Griechen dabei sind, kann niemals eine ordentliche Währung werden". Dabei mußte Kohl lachen: "Wenn sie heute die Wirtschaftteile aufschlagen, müssen sich eine Menge Leute schämen, was sie damals für einen Unsinn geredet haben." Leider kann man Kohl zu den anhaltenden schweren Krisen in beiden Ländern nun nicht mehr befragen.

Bei der Ratifizierung von Maastricht im Bundestag vom April 1998 sagte Kohl: "Der Euro ist das Symbol dafür, wie wir alle, die wir hier sitzen, unseren Kindern die Zukunft unseres Landes und dieser Europäischen Gemeinschaft im 21. Jahrhundert sichern. Wir wollen die dauerhafte Festigung einer europäischen Friedens- und Freiheitsordnung. Nach den vertraglichen Regelungen gibt es keine Haftung der Gemeinschaft für Verbindlichkeiten der Mitgliedstaaten und keine zusätzlichen Finanztransfers. Unterschiede gibt es nicht nur bei uns in Deutschland im Verhältnis der Bundesländer untereinander; diese gibt es auch im Verhältnis der europäischen Staaten untereinander. Trotzdem gilt dieser Satz, der eine große Bedeutung hat; denn damit ist im Vorfeld bereits viel für die Funktionsfähigkeit und die Stabilität der Währungsunion erreicht worden. Lassen Sie uns diese Chance, die eine wahrhaft historische Chance ist, für den Frieden und die Freiheit, für den Wohlstand und für die soziale Stabilität in Europa und in Deutschland nutzen."

2. Und dann Merkel

Ähnlich doktrinär im Sinne von Krieg oder Frieden ist Kohls Schülerin Merkel, die ebenso wenig von Ökonomie versteht, vorgegangen. In ihrer Regierungserklärung vom 26. Oktober 2011 erklärte sie: "Niemand sollte glauben, dass ein weiteres halbes Jahrhundert Frieden und Wohlstand in Europa selbstverständlich ist. Es ist es nicht. Deshalb sage ich: Scheitert der Euro, dann scheitert Europa." In dieser Einstellung kam es zu fortschreitenden Konzessionen in Richtung auf eine Schuldenunion, vor allem Merkels Zustimmung zur Übertragung der Bankenaufsicht auf die EZB kombiniert mit einer Vergemeinschaftung der Einlagensicherungssysteme, zur Finanzierung der Schuldenländer durch das Anleihenaufkaufprogramm der EZB und jetzt zu einem eigenen Haushalt der Eurozone und der Umwandlung des ESM in einen Währungsfonds der Eurozone.

3. Die Folgen des Euro für Länder wie Italien und Griechenland

Die Folgen des unüberlegten und doktrinären Verhaltens bei der Geburt und Aufnahme in den Euro zeigten sich überdeutlich seit Ausbruch der Eurokrise sowohl bei Griechenland wie bei Italien. Ohne sich über Abwertungen einer eigenen Währung retten zu können, verloren beide Länder schnell an Wettbewerbsfähigkeit für ihre klassischen und relativ arbeitsintensiven Exportprodukte gegenüber der Billigproduktion aus China und Osteuropa (Abb. 20031). Italien verlor so über die 10 Jahre bis 2008 kumuliert fast ein Viertel seiner jährlichen Wirtschaftsleistung, Griechenland etwa 16 %. Auch gegenüber Deutschhland kamen sie immer mehr in Schieflage.

Gegen kompensierende Staatsausgaben mauerten in der Krise Merkel und Schäuble. Im Ergebnis kam es in den Krisenländern mangels eines inflationären Auftriebs zu deflationären Entwicklungen, die einen Abbau der Verschuldung über die Inflation verhinderten. Das zeigt sich beispielsweise sehr deutlich an der unterschiedlichen Entwicklung der Immobilienpreise in Italien und Deutschland (Abb. 20032).

Entgegen Kohls Versprechen an das deutsche Volk, daß der Euro noch härter als die DM werden würde und deutsche Steuerzahler nie für andere Euroländer einspringen müßten, waren nun immer wieder neue finanzielle Sondertöpfe und Rettungsfonds nötig, um ein Absaufen der Einheitswährung zu verhindern. Das geschah in Schattenhaushalten, um nicht über den Bundeshalt das gebrochene Versprechen einräumen zu müssen. Deutschland war und ist der Hauptzahler.

Die Targetsalden der Bundesbank sind nun schon auf fast 1 Billion Euro angestiegen (praktisch wie eine Kreditkarte ohne Limit, Abb. 19923) und werden wohl weitgehend nie abgetragen werden. Besonders Italien hat seine Target-Schulden enorm auf fast eine halbe Billion Euro aufgebaut, was auch ein Zeichen von wiederauflebender Kapitalflucht ist (Abb. 20000, 20033). Dabei steigen die Target-Forderungen der Bundesbank praktisch parallel zur Liquiditätsentwicklung in der Bilanz der EZB. Denn wenn die Notenbanken im Auftrag der EZB Staatsanleihen kaufen und dafür über das Konto der Bundesbank zahlen, steigt der Targetsaldo entsprechend. Der neue Europaminister Paolo Savona hatte bereits davon gesprochen, daß Italien im Fall eines Euro-Austritts seine Target-Schulden nicht begleichen werde.

4. Amtliche "Fake News" bei Griechenland

Der Europäische Rat hatte 2001 die Aufnahme Griechenlands in den Euro mit überschwänglichem, aber ebenso verlogenem Lob begrüßt. Er gratulierte zu der "erreichten Konvergenz, basierend auf gesunden ökonomischen und finanziellen Politiken". Nach und nach kamen dann all die Tricks ans Licht, die Griechenland benutzte und die von den Aufpassern geduldet wurden. So halfen die amerikanischen Investmentbanken JP Morgan Chase und Goldman Sachs, den gigantischen Schuldenberg durch komplexe Finanzkonstrukte zu verstecken; im Gegenzug wurden vom griechischen Staat künftige Einnahmen, beispielsweise aus Flughafengebühren und Lotterien, an Goldman Sachs abgetreten. Eine zeitweilige Absenkung der Mehrwertsteuer hatte die Inflationsrate künstlich abgesenkt. Günther Hanreich, Leiter von Eurostat, hatte die künstlich abgesenkten Zahlen über die Rüstungsausgaben, die umgekehrt künstlich erhöhten Zahlen der Einnahmen der Sozialversicherung zusammen mit anderen Unregelmäßigkeiten beklagt. Als die EU-Kommission und die Bundesregierung unter Schröder im Frühjahr 2000 die Aufnahme Griechenlands in die Eurozone befürworteten, lagen ihnen bereits Hinweise auf Manipulationen vor. Vor der deutschen Öffentlichkeit wurde das natürlich geheim gehalten.

Auch heute ist Griechenland längst noch nicht aus dem Schneider. Von der Bundesregierung kürzlich verbreitete Jubel-Meldungen haben die Qualität von "fake news". So meldete die Bundesregierung deutsche Zinsgewinne aus der angeblichen Griechenland-Rettung als Beweis für den Erfolg des Euro-Systems ohne Belastung für den deutschen Steuerzahler, im Gegenteil sogar mit einem Gewinn. Auch die Leitmedien nahmen die so froh erscheinende Botschaft gerne auf. So meldete "SPIEGEL": "Deutschland gilt als Zahlmeister Europas. An der Rettung Griechenlands hat die Bundesrepublik allerdings ganz gut verdient."

Die Nachricht selbst ist korrekt, doch mangels Einordnung in die weiterhin desolate Lage Griechenlands und durch die Verbindung mit den teuren Versuchen zur Reform des Euro-Systems wird sie zur absichtlichen amtlichen Irreführung. Auch der Zusatz im Bericht des "SPIEGEL": "Die Kredite an Griechenland laufen allerdings noch über Jahrzehnte. In dieser Zeit sind weitere Erleichterungen nicht ausgeschlossen und es kann auch zu Ausfällen kommen" ist eine absolute Verharmlosung.

Denn die Wahrheit sieht anders aus. Griechenland wird erst dann aus dem Schneider sein, wenn ein größerer Teil der griechischen Schulden erlassen oder - noch mehr als schon bisher - so über Jahrzehnte gestreckt wird, daß sich die Schulden schon über die Inflation erledigt haben. Deutschland wird dadurch einen sehr großen Teil seines Einsatzes verlieren und alles Geld, was am Ende zurückkommen sollte, wird viel weniger wert sein, als zum Zeitpunkt der Auszahlung.

Mit 179 % seiner jährlichen Wirtschaftsleistung ist Griechenland (Abb. 19713, 19554) das weitaus am stärksten verschuldete Land der Eurozone. Neue Rettungskredite haben immer wieder nur dazu gedient, ältere und fällig werdende Schulden abzulösen. So räumt auch ESM-Chef Regling ein, daß die bisherigen Kredite des ESM über 270 Milliarden Euro zum Ziel haben, Griechenland so zu stützen, daß mindestens bis 2022 alle weiteren Raten an die Eurostaaten und den Internationalen Währungsfonds bedient werden können.

Einen wirklichen Abbau der Schulden auf ein erträgliches Maß wird es also ohne Erlaß oder inflationsbedingte Entwertung bei Streckung bis zum "Sankt-Nimmerleins-Tag" nicht geben. Jetzt wurde erst einmal erneut eine Verschiebung von Kreditrückzahlungen an die offiziellen Gläubiger um weitere zehn Jahre vereinbart. Darüberhinaus hat Scholz im Zuge der Verhandlungen schon in Aussicht gestellt, einen Teil der Zinsgewinne aus den Hilfs- programmen an Athen abzutreten.

Die frohe Botschaft der amtlichen Gläubiger vom Ende der Krise muß besonders bitter in griechischen Ohren klingen. Und auch in dieser Hinsicht verbreiten die jubeln- den Gläubiger, auch Scholz für Deutschland, "fake news" auf dem Rücken der weitgehend in die Armut gedrückten Bevölkerung. Denn die griechischen Renten wurden bereits um 60 % gekürzt und sollen nun auf Diktat der Gläubiger 2019 erneut gekürzt werden. Die Jugendarbeitslosigkeit pendelt immer noch um 45 %, die aller Griechen liegt bei 20 % (Abb. 20019). Mehr als 300.000 junge, qualifizierte Griechen sind ausgewandert. Fast die Hälfte aller Kredite griechischer Banken sind ausfallgefährdet (Abb. 20018).

Was soll da das Triumpf-Geheul von Scholz & Co.? Es soll nur die Bevölkerung in Ländern wie Deutschland über- zeugen, daß jeder Euro für kriselnde Länder ein guter Euro ist und daß die teuren neuen Euro-Reformen in Ordnung gehen. Dabei spalten diese Reformen die Eurozone jetzt ebenso wie die Migrationspolitik die EU insgesamt. Von 19 Euro-Regierungen haben sich 12 inzwischen energisch gegen den Macron-Merkel-Vorschlag eines eigenen Eurozonen-Haushalts ausgesprochen. In diesem Sinne schrieb der niederländische Finanzminister im Auftrag von Belgien, Luxemburg, Österreich, Schweden, Dänemark, Finnland, Malta, Irland und den baltischen Staaten. Sie wollen keine Transferunion zulassen. Deutschland hatte ursprünglich dieselbe Position. Doch ist Merkel unter dem Druck wegen ihrer Flüchtlingspolitik auf die französischen Vorstellungen eingegangen und trägt nun dazu bei, daß ein weiterer tiefer Riß durch die EU läuft.

global news 3678 26-06-18: Weiter bis es kracht: Schlei- chender Verlust der Mittelschicht und räumliche Ab- trennung der Unterschicht

1. Der schleichende Verlust der Mittelschicht

Um die deutsche Schichtenstruktur nach Haushaltseinkommen sehr grob zu formulieren: Die meisten wahren
Leistungsträger befinden sich in der meist gebildeten
Mittelschicht von noch fast der Hälfte der Bevölkerung. In
der großen Unterschicht, zu der in den letzten Jahrzehnten
und vor allem nach 2015 Millionen von Immigranten gesto-
ßen sind, findet sich der größte Teil der auf Sozialleistungen
angewiesenen Bevölkerung, aber natürlich auch das Gros
der Menschen in weniger qualifizierten und damit weniger
gut bezahlten Berufen. Zu der überwiegend sehr wohlhabenden finanziellen Oberschicht gehören nicht zuletzt die
mit ererbten größeren Vermögen, die in den leitenden
Managerberufen und die erfolgreichen Spekulanten.

In den zwanzig Jahren bis zum letzten Mikrozensus zur
sozio-ökonomischen Situation von 2013 ist die Mittelschicht
im Anteil am Haushaltseinkommen ("Markteinkommen" vor
staatlicher Umverteilung) von 56,0 % des Nettoäquivalenz-
Einkommens auf nur noch 48 % geschrumpft, während die
Unterklasse um 4,2 Prozentpunkte auf 34,7 % und die
Oberklasse um 3,7 Prozentpunkte auf 17,2 % zugenommen
haben (Abb. 20006). Das sind von der Struktur her gewaltige Veränderungen in nur zwei Jahrzehnten, zumal der
Trend seit 2013 angehalten haben dürfte.

Deutschland verzeichnet zwar seit einigen Jahren ein
reales Wirtschaftswachstum um 2 % (Abb. 20007), doch
kommt das sehr ungleich in der Bevölkerung an. Vor allem
profitierten jene, die schon vorher gut verdienten. Nach
Berechnungen von Branko Milanovic, des international
bekanntesten Forschers in diesem Bereich, ist der GINI-
Ungleichindex 2015, dem aktuellsten Jahr der Erhebungen,
wieder gestiegen (Abb. 2008). Bei den "Markteinkommen",
also vor Steuern und Sozialleistungen, liegt der Abstand
zwischen Reich und Arm jetzt so hoch wie noch nie in der
Bundesrepublik. Dabei liegen mit einem höheren Indexwert
Besser- und Schlechter-Verdienende in Deutschland sogar
weiter auseinander als in den USA. Der Gini-Koeffizient
liegt bei null, wenn alle Mitglieder einer Gesellschaft gleich
viel verdienen; bekommt ein Mitglied hingegen das gesamte
Einkommen, beträgt er 100.

Wie man in Abb. 20008 sieht, kann die staatliche Umverteilung den Trend zu immer mehr Ungleichheit selbst bei den deutschen Bruttoeinkommen, also nach staatlicher Umverteilung, nicht mehr aufhalten. Das liegt auch daran, daß die Sozialausgaben im Verhältnis zur Wirtschaftsleistung geringer sind als in vielen anderen EU-Ländern (Abb. 20013), und das obwohl Deutschland einen besonders großen Niedriglohnsektor mit staatlicher Lohnaufstockung hat, Migranten in hoher Zahl auf Sozialleistungen angewiesen sind und angesichts der stärkeren Alterung der Bevölkerung auch besonders viele ältere Menschen von Sozialleistungen leben.

Zu ähnlichen Ergebnissen kommt eine neue Untersuchung des DIW auf der Basis der aktuellsten verfügbaren Daten der Längsschnittstudie "Sozioökonomisches Panel". Danach waren zwischen 1991 und 2015 die Haushaltseinkommen bei den zehn Prozent der Personen mit den niedrigsten Einkommen, die monatlich im Durchschnitt über rund 640 Euro verfügen, rückläufig. Demgegenüber stiegen die realen Einkommen der Top-Verdiener im Schnitt um 30 % (Abb. 20010). Dazu haben laut DIW mehrere Gründe beigetragen: die Ausweitung des Niedriglohnsektors, der wachsende Bevölkerungsanteil älterer Menschen, deren Alterseinkommen im Schnitt geringer ist als das Erwerbseinkommen, und außerdem die Zuwanderung, die seit 2007 zugenommen hat (Abb. 2009). Die Armutsrisikoquote stieg dementsprechend von 11 % in den 1990er Jahren auf 16,8 % im Jahr 2015.

2. Die räumliche Abtrennung der Unterschicht

Nach einer Untersuchung des Berliner Wissenschaftszentrums für Sozialforschung wachsen in deutschen Städten die Gettos. Die soziale Architektur unserer Städte ist brüchig geworden. Arme und Reiche leben immer seltener Tür an Tür. Für ihre Studie haben die Autoren die soziale Durchmischung in 74 deutschen Städten für die Jahre 2005 bis 2014 untersucht (Abb. 20011). In rund 80 % dieser Kommunen habe die räumliche Ballung von Menschen zugenommen, die von staatlichen Sozialleistungen wie Hartz IV lebten. In Ostdeutschland sei die Entwicklung mit 23 %

deutlich spürbarer als in westdeutschen Städten mit rund 8 %.

Die höchsten Werte sozialer Ungleichheit beim Wohnen ermittelten die Forscher im Osten für Rostock, Schwerin, Potsdam, Erfurt, Halle und Weimar. Unter den 20 stärkst betroffenen Städten befinden sich aber mehr westdeutsche als ostdeutsche: Erlangen, Wolfsburg, Kiel, Ingolstadt, Krefeld, Saarbrücken, Braunschweig, Köln, Berlin, Bonn, Neuss und Hagen. "Dieses Niveau kennen wir bisher nur von amerikanischen Städten", sagte Forscher Marcel Helbig. Die Dynamik der Veränderung sei vor allem im Osten "historisch beispiellos".

Das habe auch gesellschaftliche Folgen: "Wer die Probleme des Nachbarn mit wenig Geld nicht mehr hautnah erlebe, könne ein Stück Lebenswirklichkeit leichter ausblenden. Und wer im "Armen-Getto" lebt, könnte demnach weniger Aufstiegswillen entwickeln.

In 36 deutschen Städten gibt es inzwischen Quartiere, in denen mehr als die Hälfte der Kinder von staatlichen Leistungen abhängig ist (Abb. 20012).

Viele Sozialwohnungen verstärkten die räumliche Ungleichheit in einer Stadt sogar noch. Denn Sozialwohnungen seien heute vor allem in Stadtteilen zu finden, in denen ohnehin schon die Armen wohnen. In begehrteren Lagen wie Altbauvierteln seien sie hingegen oft aus der sozialen Bindung herausgefallen.

3. Nur noch geringe Klassenmobilität

Die Klassenmobilität ist in Deutschland ohnehin gering. Im Saldo profitieren davon nach Feststellungen der OECD in Deutschland nur noch ein Viertel der Kinder im Verhältnis zur Elterngeneration, während es in den skandinavischen Ländern noch 30 % und mehr sind (Abb. 20014). 42 % der Kinder von Vätern deutscher Geringverdiener werden ebenfalls Geringverdiener. Bei den anderen beschränken sich die Aufstiegsmöglichkeiten hauptsächlich nur auf die nächsthöhere Einkommensgruppe.

In Deutschland dauert es etwa sechs Generationen, ehe die Nachkommen einer armen Familie das Durchschnittseinkommen erreichen können. Damit wird Deutschland nur noch von Ungarn übertroffen, während der Wert für die nordischen Länder lediglich bei zwei bis drei Generationen liegt (Abb. 20015).

Der andauernde Abstieg eines Teils der deutschen Mittelschicht und die mangelde Mobilität tragen zu immer mehr Armut und immer mehr räumlicher Trennung bei. Diese hier bis 2015 aufgezeigte Entwicklung zu segregierten Parallelgesellschaften wird seitdem durch die Millionen-Migration von Menschen, die schon aus kulturellen Gründen unter sich bleiben wollen, erheblich verstärkt.

Was sich hier sozial und auch räumlich in deutschen Städten und sonst im Lande vorbereitet, verspricht keine gute Zukunft. Verhältnisse wie in USA, Großbritannien oder jetzt Italien mit dem Protest gegen selbstsüchtige Eliten warten auch auf Deutschland!

global news 3675 11-06-18: Macron und Merkel: Träumen von einem Europa, dessen Zeit längst vorbei ist

(Um es brutal zu sagen: Die neoliberale Globalisierung hat seit vielen Jahren die EU übernommen und von innen heraus zerstört.

1. Der Globalisierungswahnsinn

Es war ein Globalisierungswahnsinn, der die EU unter dem Druck der Exportkonzerne nach immer neuen Absatzmärkten streben ließ und damit die endlose Erweiterung nach Osteuropa und in den Balkan hinein beförderte. Europa sollte unbedingt der größte Binnenmarkt und Handelsblock der Welt werden. So hat sich die EU über die Jahre seit ihrem Entstehen 1957 von gerade einmal sechs Mitgliedsländern mit 186 Millionen Menschen auf 28 Mitgliedsländer und 512 Millionen Menschen, fast das Dreifache, ausgebreitet. Heute muss die EU-Kommission mit 24 Amtssprachen und 23.000 Beamten arbeiten. Schon jetzt ist der Apparat viel zu gross, um noch effizient und sparsam funktionieren zu können.

Und dieser Block ließ die zu Niedrigstlöhnen und Lohndumping in den Beitrittsländern produzierten Waren frei herein, vereinbarte immer neue Freihandelsabkommen mit dem Rest der Welt und stimmte der Aufnahme Chinas in die neoliberal gewandelte Welthandelsorganisation (WTO) zu, ohne auf die sehr unterschiedlichen Sozialverhältnisse Rücksicht zu nehmen und nicht einmal darauf, ob in den Partnerländern staatsunabhängige Gewerkschaften und Streiks erlaubt waren (nicht in China).

Selbst die Gewerkschaften in der EU ließen sich vor diesen Karren spannen, vor allem die exportsüchtigen in Deutschland. Nun meldet sich Gustav Horn, Direktor des Instituts für Makroökonomie und Konjunkturforschung der gewerkschaftsnahen Hans-Böckler-Stiftung, mit einem Artikel unter der Überschrift "Eine Globalisierung für Menschen, nicht Business" und beklagt, daß in neuerer Zeit das Konzept des Freihandels über die Beseitigung der Zölle hinaus ausgedehnt worden sei und so die Schutz-Regularien für Arbeitsmärkte, Umwelt und Verbraucherschutz beseitigt würden. Diese Darstellung ist barer Unfug. Denn immer schon hat das GATT und danach die WTO auf Arbeitsmarkt- und Umweltregeln keine Rücksicht genommen, und Horns deutsche Gewerkschaften und Horn selbst hatten sich damit total abgefunden. Schließlich waren wir so unter dem Jubel auch der Gewerkschaften Export-weltmeister geworden. Neu ist indessen der wachsende Protest der Menschen, die sich zunehmend und außerhalb der Gewerkschaften und der SPD, die ihre Interessen verraten haben, organisieren. Dieser Gustav Horn hat also ein sehr kurzes Gedächtnis. Seine Forderung nach einer Globalisierung für die Menschen kommt Jahrzehnte zu spät.

Ebenso wahnsinnig und unverantwortlich war - durch die Globalisierung vermittelt - der Aufbau riesiger Exportüber-schüsse durch Deutschland, die die EU aus dem Gleichge-wicht gebracht und das Land total abhängig gemacht haben, nicht nur von Konjunktureinbrüchen bei Abnehmer-ländern, von aller Art Diktatoren, sondern auch von total unberechenbaren "Partnern", wie Trump. So hat Deutsch-land seit dem Jahr 2000 mit den USA insgesamt mehr als 556 Mrd. Euro an Überschüssen angesammelt (Abb. 20005) und muß nun bei Trump um gut Wetter betteln, um seine wichtigen Auto-Exporte zu retten. Und diese Exportleistung ist auch noch auf dem Rücken einer ungünstigen, die Arbeitnehmer schädigenden und die Binnenkonjunktur schwächenden Lohnentwicklung aufgebaut worden.

2. EU-Dauerkrise

Die so um viele neue Mitglieder aufgeblasene EU ist in vielerlei Hinsicht stark zerstritten, von der Migrationspolitik und der Verteilung des durch den Brexit gestreßten Haushalts bis zu den außenpolitischen Orientierungen gegenüber Putins Rußland und neuerdings Trumps USA, wo die Bundesregierung weit mehr als die EU-Partner einen Handelskrieg fürchten muß. Die neue italienische Regierung stellt sich beispielsweise jetzt gegen die Rußland-Sanktionen. Die Zerstrittenheit ist der Fluch der bösen globalisierungsvernarrten Tat.

In diesem Globalisierungswahn der EU mußte eine Einheitswährung her, die auf die sehr unterschiedlichen Finanz- und Haushaltskulturen der Mitgliedländer keine Rücksicht mehr nahm. Ergebnis war und ist die Dauerkrise Griechenlands und die sich nach der letzten Regierungsbildung zuspitzende Dauerkrise Italiens. Zwar haben die Regierungsparteien ihre Forderung nach Schuldenerlaß durch die EZB zurückgelegt und auch das Verlagen nach einem speziellen Fonds zur Finanzierung von Ausstiegslasten und wollen wohl derzeit im Euro bleiben. Doch planen sie einen enormen Zuwachs der Staatsverschuldung durch soziale Ausgaben, Steuersenkungen, ein Grundeinkommen und eine Rücknahme des späteren Renteneintritts. Es ist abzusehen, daß das die Zinsen für italienische Staatsanleihen hochtreiben wird, während die EZB diese Anleihen nicht unbegrenzt weiter kaufen kann und überhaupt ihre Niedrigzinspolitik wird verlassen müssen, weil die an vielen Stellen ein neues Strohfeuer, das zur Krise werden kann, anfacht. Die Folge ist schon jetzt ein erheblicher Anstieg der Zinsen für italienischen Staatsanleihen, auch eine weitere Last auf den Haushalt (Abb. 16811).

In dieser Lage wird Italien Finanzhilfen der Partner, vor allem Deutschlands, erwarten. In ihrem gemeinsamen

Regierungsprogramm kündigten die neuen Regierungsparteien unter anderem eine Neuverhandlung der EU-
Verträge an. Die Schulden des Landes müssten über das
Wirtschaftswachstum verringert werden. Dieses wiederum
müsse über die Haushaltspolitik und öffentliche Ausgaben
sichergestellt werden. Die Regeln in der Euro-Zone sollten
deshalb darauf ausgerichtet sein, "den Bürgern zu helfen".

3. Macrons Traum

Und da beginnt der Traum von Macron, dem sich Merkel
nun schrittchenweise anschließt. Noch in diesem Monat
sollen auf einem EU-Gipfel die Weichen für Reformen der
Eurozone gestellt werden. Merkel hat jetzt öffentlich dem
Ausbau des Europäische Rettungsschirms ESM zu einem
Europäischen Währungsfonds (EWF) zugestimmt. Dieser
Fonds, an dem Deutschland das größte Haftungsrisiko trägt,
soll einerseits langfristige Kredite auf der Grundlage von
Strukturprogrammen vergeben. Andererseits soll er auch
kürzere Kredite, z.B. von fünf Jahren, bei plötzlichen Krisen
gewähren können. Merkel meint zwar "immer gegen Aufla-
gen natürlich", doch bleibt die Art solcher Auflagen offen.
Italien wird jedenfalls nicht mehr bereit sein, deutsche
Auflagen zu akzeptieren, und kann dabei auf die Partner im
"ClubMed", vor allem Frankreich, setzen.
Doch Macron träumt noch weiter, vor allem von einem
gemeinsamen Haushalt, der Investitionen in den Krisenländern finanziert. Bisher hat er von einigen Prozentpunkten
der jeweiligen Wirtschaftsleistung gesprochen, also in der
gigantischen Größenordnung von 200 Mrd. Euro, etwa noch
einmal so viel wie der gesamte derzeitige deutschen Staats-
haushalt. Merkel spricht dagegen bisher von einem
"Investivhaushalt im unteren zweistelligen Milliarden-
bereich". Doch dabei wird es nicht bleiben. Weiter träumt
Macron von einer raschen Vergemeinschaftung der Banken-
sicherungssysteme und damit einer Schuldenunion der
Banken, während Deutschland bisher hier auf Zeit spielt,
aber im Grundsatz längst zugestimmt hat. Diese Mittel
sollen natürlich zusätzlich zu denen für den nächsten
Finanzplan der EU aufgebracht werden, bei dem der deut-

sche Beitrag über den bisherigen von einem Prozent der
Wirtschaftsleistung (rund 33 Mrd. Euro) ansteigen wird.

4. Auch Merkel träumt

Auch Merkel träumt ihren eigenen, wenig realistischen
Europa-Traum weiter. Sie sieht die Themen Grenz-
sicherung, gemeinsame Asylpolitik und Bekämpfung der
Fluchtursachen als "wirkliche Existenzfragen" für Europa.
Sie will eine echte EU-Grenzschutztruppe mit erweiterten
Kompetenzen, die das Recht haben müsse, "an den Außengrenzen eigenständig zu agieren", während sie das heute
nur in Ergänzung zu den Mitgliedstaaten und auf deren Bitte
hin darf. Sie will auch einen "Marshallplan für Afrika". Und
wie Macron meint Merkel: "In der Endausbaustufe brauchen
wir eine gemeinsame europäische Flüchtlingsbehörde, die
an den Außengrenzen alle Asylverfahren durchführt, auf der
Grundlage eines einheitlichen europäischen Asylrechts." Da
werden sich Merkel/Macron an den störrischen Partnern die
Zähne ausbeißen können.

Vielleicht sollte Merkel erst einmal an den deutschen
Grenzen legale Zustände herstellen, indem Menschen
wieder entsprechend der Dublin-Vereinbarung schon an der
Grenze abgewiesen werden, die bereits in einem anderen
EU-Land als Flüchtlinge registriert wurden. Im vergangenen
Jahr waren das immerhin 64.267 Asylbewerber, von denen
nur 7.000 nachträglich wieder abgeschoben werden konnten. Merkel beruft sich zwar für die Legalität ihrer Entscheidung von 2015 immer gern auf das Urteil des Europäischen
Gerichtshofs vom 26. Juli 2017 und hat das jetzt wieder in
der Fragestunde des Bundestages getan. Doch hat der
EuGH nur entschieden, daß EU-Länder Migranten freiwillig
aufnehmen könnten, für die nach der Dublin-Verordnung
eigentlich ein anderes Land zuständig wäre. Das war keine
Entscheidung über die Legalität nach deutschem
Verfassungsrecht, also ob die für eine Massenein-
wanderung offen gehaltenen Grenzen mit den Grundrechten
der Deutschen vereinbar sind, darunter das Recht auf
Leben und körperliche Unversehrtheit, das im Schatten des
von der Bundesregierung zu vertretenden Migrationschaos

immer wieder von Migranten, vor allem durch schwere Sexualdelikte, verletzt wird.

Zum jüngsten gerade bekannt gewordenen derartige Fall in Erbenheim bei Wiesbaden gibt es von der Kanzlerin am Rande des G6-Treffens ein ziemlich hilfloses Gestammel: "Der Fall ist eine Aufforderung, Integration ernst zu nehmen und für gemeinsame Werte einzustehen. Wir können nur zusammenleben, wenn wir uns gemeinsam an unsere Gesetze halten." Diese mahnenden Worte an das "Wir" klingen so, als hätte jeder von uns gemordet. Dabei läßt Merkel noch immer zu, daß Migranten an der Grenze nur Asyl rufen müssen, um hereingelassen zu werden und dann nach Asylablehnung mit einfacher Klageerhebung trotz schwerer Gewalttaten nicht außer Landes gebracht werden können (die Asylablehnung des Irakers geschah schon 2016 und insgesamt lebte er mit seiner achtköpfigen Familie fast drei Jahre zu Lasten der Sozialkassen in Deutschland!).

Zudem sind die noch immer offenen Grenzen eine ständige Ermunterung für Migranten, trotz der lebensgefährlichen Mittelmeerpassage nach Deutschland aufzubrechen. Eigentlich sind solche Signale unverantwortlich, worauf der britische "Spectator" schon 2015 mit einem Cartoon aufmerksam machte.

5. Nichts als Träume

Macrons und Merkels Träume von einem neuen Europa und einer weiterentwickelten Eurozone werden an der Lage in der EU und Eurozone wenig ändern und die populistischen Gegenkräfte nicht eindämmen können, außer daß Deutschland mit erheblichen zusätzlichen Belastungen wird rechnen müssen, was wiederum die Gegenkräfte in Deutschland stärken wird. Wie wenig dieses Macron-Merkel-Europa selbst in Deutschland begeistert, hat sich zuletzt bei den Bundestagswahlen gezeigt, als die SPD in ihrem Europa-Dusel und mit dem Europaenthusiasten Schulz an der Spitze mit nur 20 % ihr jemals schlechtestes Wahlergebnis verzeichnete (Abb. 20004). Europa geht nur mit den Menschen, nicht über ihre Köpfe hinweg und nur, wenn es ihnen mehr bringt, als Lasten und Kosten.

global news 3673 28-05-18: "Digital Sein" oder "Nicht-sein"?

Wer meint, bei diesem Thema würde nur Panik betrieben, sollte nicht weiterlesen. Doch es geht um eine Analyse der Herausforderungen und darum, wie die Bundesregierung bisher bei deren Bewältigung versagt.

Die Computer-Leistung ist schon heute etwa eine Million Male stärker als noch in den 70er Jahren. Die Menge an Rechenleistung, mit der lernende Systeme arbeiten, steigt nach einer neuen Berechnung von Amodei und Hernandez exponentiell: Von 2012 bis 2017 um den Faktor 300.000. Die Maßzahl für die eingesetzte Rechenleistung verdoppelte sich also in diesem Zeitraum im Schnitt alle dreieinhalb Monate (Abb. 20002).

Die Digitalisierung hat längst begonnen, die mühsam und mit blutigen Revolutionen über Jahrhunderte aufgebauten demokratische Spielregeln zu untergraben. Zuckerberg hat mit seinem Facebook und weltweit 700 Mrd. Facebook-Freunden bei täglich 1,4 Mrd. Nutzern eine Konzentration an sozialer Macht zur Beeinfussung von Meinungen aufgebaut, von der die meisten demokratisch gewählten Regierungen nur träumen können. Über WhatsApp und den Messenger werden jeden Tag 100 Milliarden Nachrichten verschickt. Facebook zeigt, wie sich die pazifisch-asiatische Region mit 37 % der täglichen Nutzer deutlich von der nordamerikanisch-europäischen mit 32 % abgesetzt hat.

In den weltweit 52 Schlüsselländern besitzen schon 66 % der Menschen ein Smartphone, in Deutschland sogar 81 %. Sehr viele sind damit fast dauerhaft am Internet oder in sozialen Netzwerken. Immer mehr an noch freier Zeit der in die Digitalisierung nachwachsenden Generationen wird so in Anspruch genommen. Immer weniger bleibt für Ruhe und eigenes Nachdenken übrig. Immer mehr Denke wird meist unkritisch aus den sozialen Netzwerken übernommen. Diese Konsequenzen der Digitalisierung sind eigentlich schlimm genug. Doch in der Zukunft wird es besonders um den Konflikt zwischen Digitalisierung und den verbleibenden Chancen menschlicher Arbeitskraft, die in Deutschland schon durch das Lohndumping aus Asien (China) und Osteuropa leiden, gehen.

Nach relativ übereinstimmenden Voraussagen, soweit es die derzeit zitierfähig überhaupt geben kann, werden wir in den kommenden Jahrzehnten etwa 40 bis 50 % der heutigen Jobs an die Digitalisierung verlieren. Niemand weiss, wie schnell das gehen wird. Doch der Prozess hat längst begonnen, und die künstliche Intelligenz macht nun rasante Fortschritte. Bereits in den 20 Jahren bis 2015 hat Deutschland 8,2 % der Jobs mit geringer Qualifikation verloren (Abb. 19982).

Schon wird mit der Einführung der Dampfmaschine verglichen, die seinerzeit zu einem dramatischen Absturz der Löhne für Handarbeit führte. Wir wissen, daß es gute Ersatzjobs auf der Welle der Digitalisierung geben wird. Doch die werden weit weniger zahlreich als die verlorenen sein und vor allem sehr hohe Anforderungen stellen, denen sehr viele Menschen mit ihrer angeborenen Intelligenz und Schulbildung nicht gerecht werden können. Dabei wird die Automatisierung schneller voranschreiten als der mühsame digitale Bildungsprozeß durch unsere Schulen, zumal erst einmal die Schulen mit viel Geld ausgerüstet und vor allem die Lehrer selbst ausreichend geschult werden müssen.

Die Pseudodigitalisierung der Schulen

Die deutschen Schulen sind bisher auf die Digitalisierung miserabel vorbereitet. Der Berliner Landesschulsprecher Mensah spricht von einer "Pseudodigitalisierung": "Wenn zwar in den Klassenzimmern moderne Smartboards hängen, die aber nicht anders genutzt werden als klassische Tafeln, statt damit weiterführende Programme zur Unterrichtsgestaltung auszuprobieren. Tatsächlich sind viele Lehrer ganz nachvollziehbar überfordert, weil die Geräte oft ohne gute Schulung und Wartung eingeführt worden sind." Dass sich an unseren Schulen Digitalisierung jahrelang mühsam dahingeschleppt hat, liegt nicht nur an nicht funktionierender Infrastruktur, sondern auch an einer Skepsis gegenüber der "neuen Technik", die im deutschen Lehrkörper tiefer sitzt als anderswo. Ein Drittel der 14-Jährigen wird laut "ICILS digital" zurückgelassen; sie "können nicht mehr als Klicken". Die Kinder aus bildungsfernen Familien werden auch beim digitalen Wissen abgehängt. Ursprünglich war die Hoffnung, der neue Bundesfinanzminister Scholz würde rasch die geplanten, ohnehin unzureichenden fünf Milliarden Euro für die Schulen freigeben. Doch wie sich jetzt zeigt, sollen aus dem Digitalpakt keine Endgeräte für Schüler finanziert werden.

Aber auch Deutschlands Berufsschulen drohen nach einer Analyse des Bundeswirtschaftsministeriums, den Anschluss zu verpassen: "So ist zum Beispiel in 40 % der Berufsschulen kein W-LAN vorhanden. Nur 23 % der Berufsschulen haben eine Strategie zur Digitalisierung entwickelt. In 50 % der Berufsschulen mangelt es an externer Betreuung der IT-Technik. Auch fehlt es an innovativen Ansätzen zur besseren Vernetzung der Lernorte Berufsschule und Betrieb sowie weiterer Bildungseinrichtungen und der regionalen Wirtschaft."

In Deutschland bleibt die Nachfrage nach Leistungskursen in Naturwissenschaften, Technik und Informatik (MINT-Fächer) nach dem "MINT Nachwuchsbarometer" der Deutschen Akademie der Technikwissenschaften und der Körber-Stiftung von 2017 gering. PISA 2015 zeige zudem: In den Naturwissenschaften trauten sich junge Menschen immer weniger zu. Nur in Indonesien und Dänemark wollten noch weniger Jugendliche eine naturwissenschaftliche Karriere einschlagen als in Deutschland. Der Anteil der Studienanfängerinnen und -anfänger in MINT-Fächern stagniere bei 39 %. Auch gebe es weiterhin nicht genug MINT-Lehrkräfte; eine Verbesserung sei nicht in Sicht. Besonders für die Berufsschulen bleibe die Lage kritisch: Hier ließen sich lediglich rund 20 % der angehenden Lehrkräfte für MINT-Fächer ausbilden.

Nicht überraschend sieht es auch in der deutschen Bevölkerung beim Wissen um Regeln und Mechanik der Automatisierung ziemlich trübe aus. So sind "Algorithmen" nötig, um viele digitale Aufgaben zu lösen, denn diese mathematischen Formeln enthalten eine Reihe für die Problemlösung notwendiger Anweisungen, die Schritt für

Schritt ausgeführt werden müssen. Doch nach einer neuen Allensbach-Umfrage der Bertelsmann-Stiftung kann fast die Hälfte der Deutschen mit dem Begriff "Algorithmus" nichts anfangen. Drei Viertel der Befragten haben das Wort zwar schon einmal gehört, aber nur jeder Zehnte kann erklären, was Algorithmen eigentlich sind. Dabei sind die Befragten gegenüber automatisierten Entscheidungen äußerst mißtrauisch, was teilweise mit dem mangelnden Wissen zusammenhängen dürfte. Fast drei Viertel von ihnen forderten ein Verbot von sogenannten vollautomatisierten Entscheidungen, die ohne menschliche Beteiligung getroffen werden (naiv?).

Die Wirtschaft startet digital durch

Während die digitale Bildung nur sehr langsam vorankommt, steht unsere Wirtschaft unter enormen Konkurrenzdruck in Richtung auf Digitalisierung. Vor allem rüstet Asien digital auf, ganz vorn China, wobei Asiaten mit der Digitalisierung besser zurechtzukommen scheinen. Automaten haben auch den Vorteil, zu den steigenden Sozialasten aus der fortschreitenden Alterung der deutschen Bevölkerung nicht beitragen zu müssen. Zudem sind sie total gewerkschaftsfrei und damit in ihren Kosten besser kalkulierbar. Mit Automaten lassen sich auch die Mindestlohnregeln sehr einfach unterlaufen. In vielen Einsätzen sind sie inzwischen nicht nur billiger, sondern sehr oft einfach schneller und besser als der Mensch.

Von 2017 bis 2022 soll der Anteil der hoch digitalisierten gewerblichen Wirtschaft in Deutschland nach Aussagen des Bundeswirtschaftsministeriums von 25 % auf 36 % ansteigen (Abb. 19661). Jedes fünfte deutsche Grossunternehmen soll dann dazu gehören, und in vielen Branchen wird der Digitalisierungsgrad noch weit höher liegen. Dazu kommt die Vernetzung: Schon jetzt sind rund 60 % der Unternehmen mit ihren Geschäftskunden digital vernetzt. Die Fähigkeiten der Roboter nehmen ständig zu. Inzwischen kommen Roboter auf den Markt, die ihrerseits lernen können und dabei von riesigen Netzwerken lernender Roboter gegenseitig unterstützt werden, also ihren Lernfortschritt vernetzt austauschen.

Die Verdrängungseffekte in der Arbeitswelt

Es gibt bereits zahlreiche Schätzungen zum Verdrängungseffekt der Automaten. Für Grossbritannien sehen Forscher der Universität von Oxford etwa 35 % der Jobs über die nächsten 20 Jahre in Gefahr, von 95 % für Buchhalter bis zu 33 % für Friseure. In USA sollen 47 % betroffen sein. Für Deutschland hatten schon 2015 Volkswirte der ING-Diba Bank geschätzt, dass mittel- und langfristig in einem schleichend langsamen aber kontinuierlichen Übergang mehr als die Hälfte aller Arbeitsplätze bedroht sind (Abb. 19669). Ebenso sieht die OECD ein hohes Risiko des Jobverlusts durch Automatisierung in den kommenden 10 bis 20 Jahren von 12 % der vorhandenen Jobs und von weiteren 31 % mit einem mittleren Risiko, die nach Itallien höchsten Quoten (Abb. 19666).

Der renommierte schwedische Ökonom Carl Frey von der University of Oxford hat ausgerechnet, dass in Deutschland bis zu 42 Prozent der Jobs durch Automatisierung, Software und Roboter ersetzt werden könnten; betroffen seien vor allem Männer mit mittlerer Bildung. Seit 1993 sei die Anzahl der mittelqualifizierten Jobs (Buchhalter, Sekretäre, Fabrikarbeiter) bereits um elf Prozentpunkte gesunken. Dagegen habe die Zahl der hochqualifizierten Arbeitsplätze aber nur um vier Prozentpunkte zugenommen. Frey: "Niemand wird aus 50-jährigen Buchhaltern und Sekretären Ingenieure und Informatiker machen."

Gesellschaftspolitische Folgen

Zusammengenommen versprechen all diese Umstände der Digitalisierung eine schwierige Zukunft für die deutsche Gesellschaft mit deren weiterer sozialen Aufspaltung in einen kleineren Teil hochqualifizierter Arbeitnehmer mit sehr hohen und stark steigenden Einkommen und einen großen, bei dem die Einkommen fallen werden. Dazu werden gerade in Deutschland in erheblichem Umfang Menschen mit

Migrationshintergrund und entsprechend meist niedriger Bildung gehören, deren Gesamtanteil an den deutschen Schulen schon vor zwei Jahren bei einem Drittel der Schüler lag. Vor allem die seit 2015 aus muslimischen Ländern Zugewanderten verfügen meist über besonders wenig schulische und berufliche Qualifikation.

Erstmals werden zu den Absteigern sehr viele Menschen aus der Mittelklasse gehören und vor allem Ältere, denen die schwierige Anpassung an das digitale Zeitalter nicht mehr gelingen wird. Bei einer stark alternden Bevölkerung wird Deutschland von diesem Effekt besonders betroffen sein. Es ist zu erwarten, daß die Absteiger aus der Mittelklasse ihr Schicksal auf der Verliererseite der Arbeitseinkommen nicht so geduldig hinnehmen werden, wie das in der Vergangenheit meist in der Unterklasse unter Hartz-IV geschehen ist. Wenn die Politik nicht Lösungen findet, wird die Demokratie in Gefahr sein.

Man wird sich wahrscheinlich weniger vor Arbeitslosigkeit durch Digitalisierung als vor der weiteren sozialen Aufspaltung fürchten müssen. Da die schon jetzt das gesellschaftliche Gefüge und die demokratische Ordnung erheblich bedroht, wird das digitale Obendrauf an sozialen Verwerfungen besonders gefährlich werden können.

Was tun?

Es wird deshalb notwendig werden, einerseits für wachsende Arbeitszeitverkürzung zu sorgen, so dass mehr Menschen auf den gleichen verbleibenden und gut bezahlten Arbeitsplätzen beschäftigt werden können. Andererseits wäre der Einzug des Kollegen Roboter durch Steuern, die mindestens den Sozialabgaben entsprechen, zu bremsen. Dafür hat sich bereits Bill Gates eingesetzt. Praktisch wäre das eine Steuer auf das Kapital der Unternehmen. Eine solche Robotersteuer hätte den weiteren Vorteil, dass sie dort erhoben würde, wo der Roboter eingesetzt wird und also nicht durch Gewinnverlagerung umgangen werden könnte. Die Verlagerung in das Ausland wäre mit handelspolitischen und steuerliche Maßnahmen zu verhindern. Die

Politik wird in grossem Umfang mit öffentlichen Mitteln gemeinnützige Strukturen schaffen müssen, die ausreichend interessante Beschäftigung, vor allem in den sozialen Bereichen, bieten. Ausserdem wird für die hoffentlich nicht so zahlreichen definitiv Abgehängten längerfristig ein bedingungsloses Grundeinkommen ohne den Hartz-IV-Geruch unausweichlich, selbst wenn das allein die Betroffenen meist nicht zu glücklichen Menschen machen wird. Alle Maßnahmen werden in der EU und vor allem mit Frankreich eng abzustimmen sein. Allein wird sich keine Regierung den Kräften der Digitalisierung mitgestaltend in den Weg stellen können.

Schlimm ist, wenn die Bundesregierung bisher zu glauben scheint, den Prozeß fast allein mit einer digitalen Nachrüstung der Schulen beherrschen zu können, zumal die dafür in den kommenden vier Jahren im Bundeshaushalt vorgesehen Zuschüsse nur als Witz bezeichnet werden können. Nach dem Koalitionsvertrag von 2018 will die neue Bundesregierung in dieser Legislaturperiode mit 3,5 Milliarden Euro die Länder- und Kommunalinvestitionen in Schulen ergänzen und für Investitionen in Ganztagsschul- und Betreuungsangebote zwei Milliarden Euro zur Verfügung stellen. Zusammen sind das pro Jahr jedoch nur 0,2 Prozent der für die Legislaturperiode geschätzten jährlichen Steuereinnahmen von Bund und Ländern - nicht mehr also als ein Tropfen auf einen sehr heissen Stein.

Mit "Augen zu und durch", einem fröhlichen "Wir schaffen das" und einer "schwarzen Null" im Haushalt wird die digitale Zukunft jedenfalls nicht zu bewältigen sein, ebensowenig mit Steinmeiers Forderung nach einer "Ethik der Digitalisierung". Die hier schon jetzt verspielten Chancen kann man nur im Zorn registrieren.

global news 3669 30-04-18: Unzufriedenheit mit Einkommensverteilung kaum irgendwo größer als in Deutschland

Nach der Umfrage von Eurobarometer der EU-Kommission vom Dezember 2017 befanden 92 % der Befragten

Deutschen, daß die Einkommensunterschiede in Deutschland zu groß sind. Das ist nach Portugal der größte Anteil an Unzufriedenen in Westeuropa (Abb. 19991). In den skandinavischen Ländern und den Niederlanden liegen diese Anteile mit 59 % bis 72 % viel niedriger. 84 % der Befragten in Deutschland fordern, daß die Bundesregierung Maßnahmen trifft, um die Einkommensunterschiede zu verkleinern. Auch das ist nach den Euro-Krisenländern Portugal, Spanien, Italien und Griechenland der höchste Anteil in West-Europa.

Der deutsche Mindestlohn ist viel zu tief angesetzt, um in diesem schlimmsten Bereich der Niedriglöhne die Einkommensunterschiede ausreichend zu vermindern. Obwohl er spätestens parallel zu den Hartzgesetzen hätte eingeführt werden müssen, kam erst zehn Jahre später und wurde dann viel zu tief angesetzt und wird viel zu wenig auf Einhaltung kontrolliert. Nur in den Euro-Krisenländern ist er noch niedriger als in Deutschland (Abb. 19145).

Das Ergebnis ist entsprechend enttäuschend. In 15 von 20 deutschen Großstädten wäre ein Mindestlohn von 9,50 Euro pro Stunde (statt derzeit 8,84) notwendig, um nicht auf zusätzliche Hartz-IV-Leistungen angewiesen zu sein, so eine neue Studie der Hans-Böckler-Stiftung. So müßte er in München 45 % höher liegen, in Stuttgart immer noch 17 % (Abb. 19992). Dabei sollte der Mindestlohn gerade verhindern, daß Lohnempfänger weiter auf zusätzliche öffentliche Unterstützung angewiesen sind und der Staat praktisch durch solche Zuzahlungen die Arbeitgeber subventioniert. Die Anzahl der sogenannten Aufstocker ist zwar nach Einführung des Mindestlohns gefallen, liegt aber immer noch bei 193.000. Mit in den Großstädten stark steigenden Mieten und anderen Kosten hat sie 2017 erstmals wieder um 2,5 % zugenommen.

Außerdem hat die Bundesregierung - anders als in anderen Ländern - nur eine Anpassung alle zwei Jahre beschlossen, so daß die Verbraucherpreissteigerungen den Mindestlohn schneller entwerten als anderswo.

Nach den jüngsten Zahlen von Ende 2016 verdienten rund 3,7 Millionen Beschäftigte weniger als 2.000 Euro brutto im Monat. Das waren rund 18 Prozent aller sozialversicherungspflichtig Vollzeitbeschäftigten. Im Westen betrug der Anteil rund 15 %, im Osten sogar etwas über 31 %. Auch das ist ein Ergebnis des zu niedrig angesetzten Mindestlohns.

global news 3667 23-04-18: Die Hyperglobalisierung und die deutsche Lohnentwicklung

Unter dem enormen Druck der neoliberal aufgerissenen Waren-, Finanz- und Arbeitsmärkte und der lohn-bremsenden Politiken der Bundesregierungen sowie einer fortschreitenden Automatisierung haben sich die Löhne in Deutschland seit vielen Jahren kaum entwickeln können. Kennzeichen sind ein wuchernder und von der Bundesregierung gesetzlich geöffneter Niedriglohnsektor, ein viel zu spät und viel zu niedrig eingeführter gesetzlicher Mindestlohn ohne ausreichende Kontrolle, von schwachen Gewerkschaften unzureichend ausgehandelte Tariflöhne und ein riesiger tariffreier Sektor.

Über 27 Jahre kaum Lohnzuwachs (nach Inflation)

Von 1991, dem ersten statistischen Datum im wiedervereinigten Deutschland, bis zu den Werten für 2017 sind die Nettolöhne je Arbeitnehmer inflationsbereinigt über 27 Jahre um 7,5 Prozent gestiegen, was einem Jahresdurcschnitt von gerade einmal 0,27 Prozent entspricht. Dagegen hat die Produktivität je Erwerbstätigenstunde über diese Jahre um fast 44 Prozent zugelegt (Abb. 19920). Den Gewerkschaften ist es also nicht einmal gelungen, mehr als einen verschwindend kleinen Bruchteil des Produktivitätsfortschritts in die Taschen der Arbeitnehmer zu steuern.

Bei einer ehrlichen Bestimmung der realen oder verbraucherpreisbereinigten Lohnentwicklung ist schließlich noch zu berücksichtigen, dass Haushalte mit niedrigeren Arbeitseinkommen einen anderen Korb an Waren mit einer anderen Preisentwicklung verbrauchen als die mit höheren Arbeitseinkommen. Seit dem Jahr 2000 wird aber nur noch ein einheitlicher Verbraucherpreisindex für alle Typen von

Haushalten ausgewiesen. Der verzerrt die Situation und weist für Haushalte mit niedrigerem Einkommen eine zu geringe Inflationsrate aus. Denn die für diese Haushalte in ihrem Verbraucherverhalten besonders wichtigen Preise für Nahrungsmittel und Mieten sind über die letzten Jahre erheblich stärker gestiegen als der Verbraucherpreisindex insgesamt. Allein über die letzten fünf Jahre waren es etwa 2,5 Prozent mehr als für alle Waren und Dienstleistung (Abb. 19045). Bei Anlegung einer spezifischen Inflationsrate wäre die reale Entwicklung der Löhne besonders für die unteren Gehaltsklassen noch ungünstiger.

Man erinnere sich: In den zwanzig Jahren zwischen 1970 und 1990 waren die Nettolöhne und -gehälter im Jahresdurchschnitt und inflationsbereinigt noch um etwas mehr als 3,7 Prozent gestiegen, obwohl auch in diesem Zeitraum einige Krisen die Lohnentwicklung gebremst hatten. Der Anstieg des Arbeitnehmerentgelts lag im Durchschnitt pro Jahr um 1,8 Prozent über dem der Unternehmens- und Vermögenseinkommen, während es in den Jahren 1991 bis 2017 umgekehrt mit einem um 0,4 Prozent höheren Anstieg der Unternehmens- und Vermögenseinkommen lief. Die sozialen Gewichte haben sich also total verändert. Die Abbildung (Abb. 19970) sagt eigentlich alles und ich füge sie daher hier direkt ein.

Enttäuscht haben sich die Mitglieder der DGB-Gewerkschaften massenhaft verabschiedet. Von Anfang der neunziger Jahre zehn Millionen und um die Jahrtausendwende noch fast acht Millionen sind nur weniger als sechs Millionen übriggeblieben (Abb. 19431). Das hat die Schlagkraft der Gewerkschaften weiter geschwächt. Ausserdem sind die Gewerkschaftsmitglieder unter Hartz IV-Druck weniger kampfbereit (mit der Ausnahme des jobgesicherten und nicht verlagerungsgefährdeten öffentlichen Dienstes). Selbst im für die Gesamtwirtschaft relativ guten Jahr 2017 haben die Tariflöhne und -gehälter nach dem Tarifarchiv des Wirtschafts- und Sozialwissenschaftlichen Instituts der Hans-Böckler-Stiftung im Durchschnitt nominal nur um 2,4 Prozent zugelegt. Nach Abzug des Verbraucherpreisanstiegs von 1,8 Prozent ergab sich daraus ein realer Zuwachs um nicht mehr als 0,6 Prozent. Im nicht-tarifären

Bereich ist die Lohnentwicklung noch verhaltener. Waren in Westdeutschland 1996 nur 30 Prozent der Beschäftigten ausserhalb einer Branchentarifbindung, so sind es heute schon 49 Prozent; in Ostdeutschland sind es sogar bereits 64 Prozent (Abb. 19969). Das zunehmende Ausscheiden der Unternehmen aus der Tarifbindung gehört zu den harten sozialen Realitäten im Deutschland der letzten Jahrzehnte.

Der Mindestlohn, der spätestens parallel zu den Hartzgesetzen hätte eingeführt werden müssen, kam erst zehn Jahre später und wurde dann viel zu tief angesetzt. Nur in den Euro-Krisenländern ist er noch niedriger als in Deutschland (Abb. 19145). Ebenfalls wenig überraschend hat Deutschland nach den Krisenländern Italien und Spanien in Westeuropa den grössten Anteil an auch nach Sozialtransfers noch armutsbedrohten Arbeitnehmern (Abb. 18246). Der Lohn holt sie nicht mehr aus der Armut.

Seit 1995 hat sich der Niedriglohnanteil in Deutschland erheblich erhöht (Abb. 19265). Er ist auch im internationalen Vergleich mit fast 23 Prozent der Beschäftigten sehr hoch und der höchste in West-Europa (Abb. 18504).

Hinzugekommen ist die soziale Aufspaltung der Arbeitnehmer in Leistungsgruppen. Die Entwicklung der Löhne und Gehälter wird in der Regel nur pauschal für alle Arbeitnehmer verkündet. Tatsächlich aber muss man die Entwicklung nach sogenannten Leistungsgruppen unterscheiden. Erst dann entdeckt man die starke soziale Spaltung, die selbst unter den Arbeitnehmern stattfindet. So stiegen in zehn Jahren seit 2007 die Löhne der Arbeitnehmer in leitender Stellung verbraucherpreisbereinigt um etwas über 18 Prozent, die normaler Fachkräfte jedoch nur halb so stark um 8,5 Prozent und die angelernter Arbeitnehmer nur um 7,6 Prozent (Abb.18732).

Man darf auch nicht vergessen, wie negativ die schlechte Lohnentwicklung auf das Rentenniveau gewirkt und damit die weit verbreitete Angst vor Altersarmut hochgefahren hat.

Alles zusammengenommen sind hier also geradezu dramatische soziale Veränderungen gelaufen, die hätten verhindert werden können, wenn die Bundesregierung rechtzeitig die Hyperglobalisierung gebremst hätte, wenn sie besonders in der EU für eine Abwehr von Dumpingeinfuhren gekämpft hätte, wenn sie den Zustrom billigster Arbeitskraft aus Osteuropa gebremst hätte, wenn sie rechtzeitig einen ausreichenden Mindestlohn eingeführt hätte, wenn sie auf die Hartzgesetze verzichtet hätte und auf einiges mehr, wie die Deregulierung der Leiharbeit.

Auch der angeblich "fette" Tarifabschluß im öffentlichen Dienst bringt keine Trendwende

Eigentlich hatte Ver.di eine phantastische Ausgangsposition für die letzten Tarifverhandlungen. Die Streikbereitschaft der Mitglieder war bei erheblichem Nachholbedarf sehr hoch, die öffentlichen Kassen viel voller als in der Vergangenheit, die Arbeitgeber in Sorge um genug qualifizierten Nachwuchs an den teilweise durch bessere Angebote des Privatsektors leergefegten Arbeitsmärkten und die Bundesregierung daran interessiert, den kritischen Kräften in USA und der EU zu zeigen, daß über mehr Binnennachfrage auch die deutsche Handelsbilanz weniger einseitig werden würde.

Herausgekommen ist eine Lohnsteigerung von 7.5 %, die eigentlich eine Mogelpackung ist, weil sie die ungewöhnlich lange Laufzeit von 30 Monaten hat und im dritten Jahre nur noch eine Steigerung von 1,1 % vorsieht, also mit der Anfangssteigerung beeindrucken soll, die sich aber über die Laufzeit deutlich und sogar verbraucherpreisbereinigt in den negativen Bereich abbaut. Nach Abzug der derzeitigen Inflationsrate von 1,6 % pro Jahr (Abb. 19988) bleiben real über die 30 Monate nur noch knapp 3,6 % übrig und damit auf das Jahr gerechnet real gerade einmal 1,4 %. Und dabei geht das erhebliche Risiko über einen so langen Zeitraum höherer Inflationsraten voll zu Lasten der Arbeitnehmer. Legt man die gerade veröffentlichte Gemeinschaftsprognose der führenden Wirtschaftsforschungsinstitute zur Verbraucherpreissteigerung von 1,7 % für 2018 und 1,9 % für 2019 an und unterstellt 2 % für die restlichen 8 Monate des Tarifvertrags in 2020, so errechnet sich eine gesamte Verbraucherpreissteigerung von 4,7 % für die 30 Monate, die dann nur eine reale Lohnsteigerung von 2,85 % oder auf das Jahr gerechnet gerade einmal von 1,1 % übrig läßt.

Auch konnte für die unteren Lohngruppen die Forderung von mindestens 200 Euro pro Monat nicht durchgesetzt werden. Der seit 1996 aufgelaufene Rückstand, beispielsweise gegenüber dem Maschinenbau von 12,3 % oder dem produzierenden Gewerbe insgesamt von fast 7 % kann so nicht überwunden werden. Dennoch schwärmt Ver.di-Chef Bsirske vom "besten Verhandlungsergebnis seit vielen Jahren" und titelt beispielsweise die "ZEIT": "Ein richtig fetter Abschluß".

Internationale Umfrage zeigt kritische Haltung zur Globalisierung

Nach einer neuen Umfrage von YouGov im Auftrag der Bertelsmann Stiftung, bei der gut 14.000 Personen in zwölf Industrie- und Schwellenländern befragt wurden, werden nun auch endlich die Deutschen globalisierungskritischer, obwohl ihnen ständig von Regierung und Wirtschaft eingeredet wird, daß sie zu den großen Gewinnern der Globalisierung gehören. Auf die Frage, ob die Globalisierung einen guten oder schlechten Einfluß auf die Welt hat, sahen 31 % einen schlechten, nach Frankreich mit 32 % der höchste Anteil unter allen Industrieländern. Nur 40 %, also wenig mehr sahen einen guten Einfluß.

Dabei waren hohe Anteile der Meinung, daß die Globalisierung die soziale Ungleichheit erhöht, in Deutschland 55 %, während nur 26 % die Gegenmeinung vertraten. Besonders hoch war der Anteil der Zustimmung in Frankreich mit 68 % zu nur 18 %. Viel weniger kritisch sind da die Amerikaner mit 39 % zu 28 %. Daß die Globalisierung die Löhne stärke, glauben in Deutschland 57 % nicht (bei 23 % Zustimmung); in Frankreich sind es sogar 67 % zu 16 %.

Daß der internationale Handel Arbeitsplätze im eigenen Land sichert, glauben in Deutschland nur 37 % gegenüber 42 %, die Arbeitsplätze in Gefahr sehen. In Frankreich sind es sogar nur 20 % gegenüber 63 % für die Gegenmeinung. Deutschland hat hier nach Frankreich den höchsten Anteil unter den Kritikern.

Übernahmen durch ausländische Firmen werden in Deutschland von 63 % zu 16 % abgelehnt, ein internationaler Spitzenwert noch vor Frankreich mit 59 % zu 22 %.

Daß die eigene Regierung nicht genug tut, um ihre Bürger vor den negativen Folgen der Globalisierung zu schützen meinen in Deutschland 52 % zu 25 %. In Frankreich sind es sogar 66 % zu 19 % (Abb. 19987).

Man sieht an dieser Umfrage, wie sehr sich über die letzten Jahre die Meinung zu den Ergebnissen der Globalisierung für das eigene Land nicht nur in Trumps USA, sondern mehr noch in Frankreich und Deutschland von überwiegend positiv zu überwiegend negativ verändert hat. Und dennoch wollen die Regierungen, auch die Bundesregierung, mit der Hyperglobalisierung weitermachen, z.B. Komplett-Vergemeinschaftung aller Euro-Risiken (einschließlich eines nicht mehr vom deutschen Parlament kontrollierten Stabilitätsmechanismus, der zu einem europäischen Währungsfonds werden soll, und eines eigenen Haushalts der Eurozone mit eigenem Finanzminister), EU-Aufnahme der Westbalkan-Länder, Offenhalten der Beitrittsoption für Türkei und Ukraine, und Abschluß weiterer sogenannter "Freihandelsabkommen", wie jetzt mit Japan und Mexiko. Nichts gelernt? Wieviel Entfremdung zwischen Regierung und Regierten will man so noch hochfahren? Schon jetzt haben Mehrheiten der Bürger von dieser ziemlich undemokratischen Form an Globalisierung die Schnauze voll.

global news 3662 19-03-18: Die Agenda 2010, die Hartzgesetze und die schlimmen Folgen für Deutschland

Der bei weitem schlimmste und zerstörerischste Anschlag auf den deutschen Sozialstaat kam unter dem "Kanzler der Bosse" Gerhard Schröder (SPD) mit seinen angeblichen Sozialreformen. Sie wurden verlogen mit der Globalisierung begründet, die die Schröder-Regierung ja selbst betrieb. Zitat Schröder: "Man darf ja nicht darüber hinwegsehen, dass die Globalisierung uns zu bestimmten Massnahmen zwingt." Als Teil der Agenda 2010, die

Schröder mit seiner Regierungserklärung vom März 2003 verkündete, traten die Gesetze zwischen 2003 und 2005 in Kraft. Vorrausgegangen war die Einsetzung der "Kommission für moderne Dienstleistungen am Arbeitsmarkt" unter dem Vorsitzenden Peter Hartz (SPD, IG Metall und Mitglied des Vorstandes der Volkswagen AG).

Arbeitslose konnten nun nicht mehr zwei Jahre lang Arbeitslosengeld beziehen, sondern mussten sich bereits nach einem Jahr auf dem Fürsorgeniveau der Hartz-4-Bezüge notdürftig einrichten und mussten fortan unter Androhung von weiteren drastischen Absenkungen praktisch fast jeden Job annehmen. Es war gleichgültig, wie lange die Arbeitnehmer in die Arbeitslosenversicherung eingezahlt hatten. Das verbleibende eine Jahr Arbeitslosengeld wurde eine der kürzesten Fristen in der EU und ist es noch (Abb. 18082). Für den grössten Teil der Betroffenen war es eine schlimme Schweinerei, und die SPD kostete es einen grossen Teil ihrer Wähler: zwischen 2002 und 2009 stürzte ihr Wähleranteil bei Bundestagswahlen von 38,1 % auf nur noch 22,7 % dramatisch ab (Abb. 19960). Seitdem lebt ein grosser Teil Deutschlands in einer besonderen Form von Angst und bedrückender, staatlich verordneter Disziplin.

Die Agenda 2010 kam, wie so oft bei angeblichen Reformen in der deutschen Politik, mit falschen Versprechungen, in diesem Fall eines Wirtschaftsaufschwunges und der Halbierung der Arbeitslosenzahl. Dazu Hartz im Juni 2002: "Sollten meine Vorschläge umgesetzt werden, wird es in drei Jahren nur noch zwei Millionen Arbeitslose geben - vorsichtig kalkuliert". Tatsächlich stürzte der private Konsum der verängstigten Arbeitnehmerhaushalte erheblich ab. Hatte er zwischen 1991 und 2001 noch im Jahresdurchschnitt bei einem Plus von 1,1 Prozent gelegen, so waren es zwischen 2001 und 2010 nur noch 0,4 %. (Abb. 18823). Die deutsche Industrie musste auf den Export ausweichen, was die heute im Aussenhandel zu beobachtenden enormen Ungleichgewichte und Abhängigkeiten schuf.

Die Zahl der Arbeitslosen stieg entgegen den Versprechungen in den drei Jahren bis 2005 noch auf fast 5 Mio. (!) weiter an, statt auf 2 Mio. zurückzugehen und lagen auch noch 6 Jahre später 2008 bei 3,3 Mio. (Abb. 19964). Hartz hatte grob phantasiert. Auch nahm das Arbeitsvolumen entgegen seinen Versprechungen bis 2005 weiter ab und stagnierte in den Folgejahren; im Jahr 2013 lag es immer noch auf dem Niveau des Jahres 2000 (Abb. 19965).

Der Rückgang der Arbeitslosenzahlen seit 2005 wurde also nur durch einen wuchernden Niedriglohnsektor mit viel Teilzeitarbeit erreicht. Zudem verkürzte sich die besonders bedrückende Zahl der Langzeitarbeitslosen kaum. Alle Arbeitslosenzahlen mussten in den Folgejahren mit statistischen Manipulationen, wie das Herausrechnen derer über 57 Jahre, künstlich zurechtgestutzt werden.

Im Ergebnis hat Hartz-4 trotz der enormen sozialen Belastungen und weitverbreiteten Ängste längst nicht gebracht, was davon erwartet wurde, sondern eher das Gegenteil bewirkt. Hätte man ohne den negativen Lohndruck aus Hartz-4 den Binnenverbrauch gestützt, statt sich extrem vom Export abhängig zu machen, wäre die deutsche Wirtschaft heute auf einem wesentlich gesünderen Fundament. Statt Hartz-4 hochzuhalten, sollte sich die SPD schämen. Ich bin damals im Protest aus der SPD ausgetreten und kann auch heute nur im Zorn zurückblicken.

Ein weiterer Teil der Arbeitsmarktreformen unter der Agenda 2010 führte zu einer Liberalisierung der bis dahin streng reglementierten Leiharbeit. Damit breitete sich diese besonders unsichere Art von Arbeit, bei der die betreffenden Arbeitnehmer schlechter bezahlt und als erste entlassen werden, erheblich aus. Deren Zahl verdreifachte sich seit dem Jahr 2000 auf rund eine Million (Abb. 17118).

Doch die SPD hat aus diesen Erfahrungen und auch aus den existenzbedrohenden Wählerverlusten wenig bis nichts gelernt. Fast das gesamte Führungspersonal ist noch unter Schröder großgeworden. So hat sich der derzeitige Bundespräsident Frank Walter Steinmeier immer wieder als prominenter Vertreter der Agenda-Reformen "geoutet". Seine politische Entwicklung folgte eng der von Gerhard Schröder. Er war zunächst Leiter von dessen persönlichem Büro und danach Staatssekretär und Leiter der niedersächsischen Staatskanzlei. Mit der Wahl von Schröder zum Bundeskanzler folgte er ihm nach Bonn und wurde dort Staatssekretär im Bundeskanzleramt. 2013 hielt er als Fraktionsvorsitzender der SPD auf dem Arbeitgebertag eine für ihn sehr bezeichnende Rede, die durch ihre einseitige Anbiederung an die Arbeitgeber besonders auffällt. Daraus hier Auszüge:

"Deshalb sage ich jetzt ohne Larmoyanz, und die Entscheidungen liegen ja zehn Jahre hinter uns, wenn Sie sich in gerechter Weise zurückerinnern, dann hat es aber die entscheidenden Steuersenkungen und zwar in einem Volumen von mehr als 60 Milliarden Euro unter einer sozialdemokratischen Regierung gegeben: Mit der Senkung des Spitzensteuersatzes, mit der Senkung des Eingangssteuersatzes, mit der Senkung der Unternehmenssteuern. Sie haben bis dahin Ihre Kapitalzinsen nach dem Einkommensteuergesetz bezahlt, und seit der Zeit nur noch für die Hälfte ungefähr versteuert nach dem Abgeltungssteuergesetz. Das war damals immerhin sozialdemokratische Steuerpolitik und ich finde bis heute ist das nicht so ganz schlecht. Ich sage mal dabei, daß auch die Reform der Arbeitsverwaltung, die Flexibilisierung der Arbeitszeiten, die Aufhebung der Spaltung am Arbeitsmarkt, die Halbierung der Beiträge zur Arbeitslosenversicherung - auch das waren Entscheidungen, die wir damals getroffen und durchgesetzt haben, mit denen wir miteinander - nicht Sie alleine - unter ökonomischen Gesichtspunkten ganz gut leben - miteinander."

Natürlich hat auch der gerade zum Bundesminister aufgestiegene Hoffnungsträger der CDU Jens Spahn nichts gelernt, wenn er gleich nach der Bildung der neuen Bundesregierung im März 2018, exakt fünfzehn Jahre nach Schröders Ankündigung der Agenda 2010, öffentlich erklärt:

"Auch ohne die Tafeln muss hierzulande niemand hungern. Deutschland hat eines der besten Sozialsysteme der Welt. Mit Hartz IV hat jeder das, was er zum Leben braucht. Hartz IV bedeutet nicht Armut, sondern ist die Antwort der Solidargemeinschaft auf Armut."

Absichtlich unterschlagen hatte er mit diesem zynischen Hinweis, dass die Hartz IV-Sätze ein Einkommen noch weit unterhalb der amtlichen und überall in der EU geltenden Armutsschwelle bedeuten.

global news 3660 05-03-18: Immer mehr Armut in einem reichen Land und die Konkurrenz der Migranten

1. Armut in Deutschland

Die Kanzlerin erklärte peinlich wohlgefällig und ebenso gefühlslos an der Wahrheit vorbei am 23. November vergangenen Jahres im Bundestag:
"Den Menschen in Deutschland ging es noch nie so gut wie im Augenblick."
Doch Deutschland ist zwar ein sehr reiches Land mit vielen sehr reichen Menschen, doch ist es auch - von Merkel unterschlagen - eines mit sehr vielen armen Menschen. Nach einer Neu-Berechnung der Ruhr-Universität lag das Armutsrisiko schon 2015 mit 17,8 % erheblich höher als die amtlich ausgewiesenen 13,4 % und trifft damit schon jeden Fünften bis Sechsten (Abb. 19949). Bei Ein-Eltern-Haushalten mit einem Kind sind es sogar 62 % statt 41,6 % (Abb. 19948).

Selbst nach der offiziellen Statistik ist der Armutsanteil nach Sozialleistungen seit dem Jahr 2000 um zwei Drittel gewachsen, ein gewaltiger Sprung in die Armut, und das die meiste Zeit unter Merkels Regierung (wobei die Migrations-welle seit 2015 noch kaum erfaßt ist, weil für die Befragung noch nicht in separaten Wohnungen, Abb. 19784).

Besonders stark ist beginnend in 2010 die Armut unter alten Menschen gestiegen (Abb. 19865). Bis auf die Krisen- und Armutsländer Portugal, Griechenland und Italien hat Deutschland bei den von 65 Jahren und älter den höchsten Armutsanteil (dopelt so hoch wie in Dänemark, Abb. 19055).

Aber auch bei den unter 18-Jährigen ist der Armutsanteil vor Sozialleistungen mit 34 % bedrückend hoch, auch wenn er sich durch die öffentlichen Hilfen auf 15 % verkürzt (Abb. 19860). Im Jahr bis September 2007 hat die Bundesagentur für Arbeit fast eine Million Leistungskürzungen gegen Hartz-IV-Empfänger verhängt, wobei fast in einem Drittel der Fälle Haushalte mit Kindern betroffen sind, unter ihnen rund ein Drittel Haushalte mit nur einem alleinerziehenden Elternteil. Diesen Kindern wird also selbst das amtlich definierte Existenzminimum verweigert.

Ebenso bedrückend ist der hohe Anteil von Erwerbs-
armut, also Armut bei Menschen mit einem Arbeitsplatz, bei
dem Deutschland nur noch von den Krisenländern Italien
und Spanien übertroffen wird (Abb. 17073). Seit 2005 ist
das mit fast einer Verdoppelung einsam der größte Anteils-
zuwachs in W-Europa (Abb. 19783).

Erst recht bedrückend: Die Armutsgefährdungsquote von
Arbeitslosen ist seit 2005 von 41 % auf 71 % steil angestiegen und nun bei weitem die höchste in Europa (Abb. 19958,
19957). Gründe liegen bei der Verkürzung des Arbeitslosen-
geldes durch die Schröder'schen Hartz-Gesetze auf nur
noch 12 Monate, eine der kürzesten Fristen in der EU (Abb.
18082), bei dem hohen Anteil an Langzeitarbeitslosen und
dem hohen Anteil von Niedriglohnbeschäftigten und Leih-
arbeitnehmern mit unsicheren Arbeitsverhältnissen.

Nach einer Studie der Bertelsmann-Stiftung ist bis 2036
mit einem Anstieg der Armutsquote auf sehr hohe Anteile
vor allem bei alleinstehenden Frauen (52 %!), Menschen mit
niedriger Berufsqualifikation (37 %) und solchen mit
Migrationshintergrund (34 %) zu rechnen (Abb. 19711).

Der deutsche Mindestlohn ist der niedrigste in Westeuropa, von den Krisenländern Spanien, Portugal und Griechenland abgesehen (Abb. 19145); 2017 wurde er - anders
als in den meisten anderen EU-Ländern - nicht an die
Preisentwicklung angepaßt, da bei uns Anpassungen nur
alle zwei Jahre vorgesehen sind, was immer Kaufkraft-
verluste bedeutet. Da der Mindestlohn in Deutschland sehr
unzureichend überwacht wird und durch viele Tricks umgangen werden kann, arbeiten vielen Menschen noch darunter.
Das gilt vor allem für die große Zahl an Ausländern ohne
Arbeitserlaubnis.

2. Die Konkurrenz der Migranten

Armut wird in Deutschland durch die Konkurrenz der
Zuwanderer in Millionenstärke besonders in Ballungsräumen für die davon Betroffenen noch unerträglicher. Es
fehlt an bezahlbarem Wohnraum, an Kita- und Schulplätzen
und an vielen anderen öffentlicher Leistungen. Schon in 138

Städten und Kreisen liegt die Nachfrage nach Wohnraum drastisch über dem bestehenden Angebot, und das hat immer die Folge: steigende Mieten.

Nach Erteilung von Asyl oder sekundärem Schutz haben Zuwanderer Anspruch auf finanzielle Unterstützung bei der Anmietung einer angemessenen Wohnung in gleicher Höhe wie deutsche Arbeitslose oder andere Bedürftige, konkurrieren also zu gleichen Bedingungen. Mit der von Merkel unterstützten Aufnahme des Westbalkans in die EU (siehe letzter Rundbrief) wird sich die Konkurrenz weiter steigern.

3. Die Rolle der Tafeln

Die Zahl der Tafeln für die Ärmsten hat sich von 330 im Jahr 2003 auf 934 in 2017 verdreifacht (Abb. 18041). Dazu gehören mehr als 3.000 Tafel-Läden und Ausgabestellen bundesweit mit ca. 60.000 ehrenamtlichen Helferinnen und Helfern. Die deutschen Tafeln unterstützen regelmäßig ca. 1,5 Millionen bedürftige Personen, davon 30 % Kinder und Jugendliche, 53 % Erwachsene im erwerbsfähigen Alter (vor allem ALG-II- bzw. Sozialgeld-Empfänger, Spätaussiedler und Migranten) und 17 % Rentner. Mit Sorge beobachten die Tafeln vor allem die steigende Anzahl der bedürftigen Kinder und Jugendlichen. 23 % der Tafel-Gäste sind im Rentenalter - Tendenz steigend.

Auch bei den Tafeln macht sich die Konkurrenz der Zuwanderer immer stärker bemerkbar. Das hat nun dazu geführt, daß eine erste Tafel, die in Essen, den Neu-Zugang von Nicht-Deutschen zeitweise gesperrt hat, bis wieder "ein ausgewogenes Verhältnis" hergestellt ist. Mit 75 % Migranten als Tafel-Kunden und knappen Mitteln ist die Situation dort extrem. Der Vorsitzende der Tafel in Essen Sartor, erklärte weiter, gerade ältere Tafelnutzerinnen sowie alleinerziehende Mütter hätten sich von den vielen fremdsprachigen jungen Männern in der Warteschlange abgeschreckt gefühlt, bei denen er teilweise auch "mangelnden Respekt gegenüber Frauen" beobachtet habe. Zuletzt seien weniger Alleinerziehende und Rentner gekommen. Unter den Syrern und Russlanddeutschen gebe es "ein Nehmer-

Gen". Einige würden drängeln und schubsen, es fehle an "einer Anstellkultur".

Der Vorsitzende der Tafeln in Deutschland verlangt im Kampf gegen Armut mehr Hilfe aus der Politik:

"Seit Jahrzehnten hat Deutschland ein gravierendes Armutsproblem, das stetig wächst. Dafür scheint sich niemand zu interessieren. Aber wenn eine Tafel, die ganz offensichtlich an ihre Belastungsgrenze stößt, eine solche Entscheidung trifft, wird daraus ein Riesenskandal gemacht. Es ist nicht die Aufgabe einer Ehrenamtsorganisation, das Armutsproblem zu lösen. Das muss der Staat tun. Stattdessen wird es auf die Tafel übertragen, eine Organisation von Ehrenamtlichen, die Tag für Tag ihr Bestes geben. Aber statt das Armutsproblem zu diskutieren, wird die Entscheidung in Essen skandalisiert. Nicht wir Tafeln sind für das Versagen des Sozialstaats verantwortlich. Politik muss endlich etwas tun, damit sich die Situation ändert.

Ich kann jedem nur empfehlen, mal zu einer Tafel zu gehen. Da erlebt man, daß viele Menschen sich abgehängt fühlen. Viele unserer Kunden sind Kinder und Jugendliche. Die Zahl der Rentner, die zu Tafeln gehen, hat sich verdoppelt. Wir haben Menschen, die in zweiter oder dritter Generation zur Tafel gehen. Wie können wir Armut bekämpfen? Und wie verhindern wir, daß sie vererbt wird? Auf diese Fragen müssen Politik und Gesellschaft endlich Antworten finden."

Dazu Augstein im SPON nach Merkels ungerechte Kritik an der Essener Entscheidung: "Merkels Regierung versagt sowohl bei der Versorgung als auch bei der Integration als auch bei der Rückführung. Und wenn in Berlin die Politik versagt, rangeln an der Tafel in Essen die Ärmsten der Armen um einen Teller Suppe."

Auch den Leitmedien der Willkommenskultur dämmert langsam, wie wenig Deutschland auf die Aufnahme von Millionen vorbereitet war und ist und wie sehr das die ohnehin schlechte Situation der ärmeren deutschen Bevölkerung noch zusätzlich verschlechtert hat. Einerseits wird der Essener Tafel Diskriminierung von Ausländern vorgeworfen, andererseits aber werden Ausländer nun zunehmend ganz amtlich diskriminiert, indem ihnen der Zuzug zu bestimmten Städten mit einem relativ hohen Ausländeranteil gesperrt wird, zuletzt Pirmasens, ohne daß es dazu die geringste Diskussion gibt. Und wenn demnächst die von den Leitmedien herbeigewünschten Familien per Nachzug eintreffen, wird es an den Suppenküchen noch enger werden.

4. Abstiegsängste breiten sich bis weit in die Mittelschicht aus

Einer Studie der Universität Paderborn zufolge äußerten 47 % die Befürchtung: "Ich befürchte, meinen Lebensstandard nicht dauerhaft halten zu können." Die Studie beruht auf einer Befragung des Meinungsforschungsinstituts "Policy Matters" von 4892 Bürgern ab 18 Jahren im Januar 2017. Demnach reichen die Abstiegsängste bis weit in die Mittelschicht hinein und betreffen auch Menschen mit relativ hohem Nettoeinkommen. Am stärksten sind die Befürchtungen natürlich bei Menschen mit geringem Einkommen und solchen mit Sorgen um ihren Arbeitsplatz. Doch auch viele Beschäftigte, die ihren Job für sicher halten, sorgen sich um ihren Lebensstandard oder die Alterssicherung und empfinden zunehmenden Druck und Kontrolle bei der Arbeit als belastend.

Besonders gravierend sind neben den Ängsten um den Lebensstandard auch Sorgen hinsichtlich der Alterssicherung. Nur 25 % äußerten dagegen Sorgen um den Arbeitsplatz. Von denjenigen, die über ein geringes Einkommen verfügen und sich am unteren Rand der Gesellschaft verorten, sorgen sich jedoch fast alle, nämlich 90 % um ihre finanzielle Situation.

Doch selbst 38 % der Top-Verdiener sorgen sich um ihren Lebensstandard, um ihre finanzielle Lage sogar 47 % (Abb. 19956). Die Werte sind dabei höher als in der oberen Mittelschicht. Bei Wohlhabenderen spielen Ängste wegen wachsenden Drucks am Arbeitsplatz und zunehmender Arbeitsverdichtung eine stärkere Rolle als bei Einkommensschwachen.

Diejenigen, die sich "ganz unten" in der Gesellschaft einordnen, geben zu über 90 % an sich "große oder sehr große finanzielle Sorgen" zu machen. Dies nimmt mit dem Ansteigen der sozialen Selbsteinordnung kontinuierlich ab, wobei finanzielle Sorgen auch noch bei den Personen, die sich der unteren Mittelschicht zuordnen, weit verbreitet sind und auch dort immer noch gut die Hälfte der befragten Personen betreffen. Auffällig und unerwartet ist, so Kohlrausch, daß finanzielle Sorgen am oberen Rand der Gesellschaft wieder steigen. Von denen, die sich "ganz oben" in der Gesellschaft einordnen, geben immerhin fast 48 % an, sich große oder sehr große finanzielle Sorgen zu machen (Abb. 19955).

Besonders in mittleren Schichten sorgen sich viele Menschen (mehr als 50 %) wegen Auswirkungen der zunehmenden Digitalisierung. Ausgeprägt ist dabei die Befürchtung, dadurch könnten sich Kontrolle und Überwachung am Arbeitsplatz verstärken. Dazu die Leitautorin der Analyse, die Soziologin Prof. Kohlrausch:

"Abstiegsängste speisen sich auch aus dem Gefühl, den gesellschaftlichen Veränderungen, die Digitalisierung oder Globalisierung mit sich bringen, ausgeliefert zu sein. Dabei ist das Gefühl, die Kontrolle über die Gestaltung des eigenen Lebens verloren zu haben, weitgehend unabhängig von der Einkommenssituation vorhanden. Besonders stark ist es aber in der Mittelschicht."

Bei dieser Ausbreitung an Sorgen haben populistische Bewegungen ein reiches Reservoir an Anhängern und erklärt sich auch so der enorme Abstieg der SPD, die immer vorgab, für soziale Gerechtigkeit einzutreten, dabei aber wenig Fortschritte machte oder sogar erhebliche Rückschritte zu verantworten hat, wie mit den Hartz-"Reformen", der Altersarmut programmierenden Rentenformel, der Aufgabe der Vermögenssteuer, den Steuersenkungen bei Spitzeneinkommen und Kapitaleinkommen sowie mit mangelnden Investitionen in die sozialen Infrastrukturen, besonders das Bildungssystem. Die SPD-Führung gehörte auch zu den Vertretern einer weit übertriebenen Willkommenskultur zu Lasten ihrer traditionellen Wähler. Eine Partei, die seit Schröder 16 Jahre lang regiert oder mitregiert und dabei ihr soziales Programm zunehmend verraten hat, kann nur verlieren.

global news 3654 29-01-18: Immer weniger Vertrauen in Regierungen, Medien und Eliten

1. Der verräterische Gleichklang von Medien, Regierungen und Eliten hat in sehr großen Teilen der Bevölkerungen der meisten Länder der Welt dazu geführt, allen drei nach den Erfahrungen der letzten Jahre dramatisch das Vertrauen zu entziehen und teilweise stattdessen den sozialen Netzwerken zu vertrauen. Der bekannte britische Journalist Robert Peston hat in seinem neuen Buch "WTF", das u.a. die Entwicklung zum Bexit analysiert, geschrieben:
"Der Strom der sozialen Medien bestätigt, daß die Standardantwort auf Fakten, die unsere Weltsicht infrage stellen, nicht ist, unsere Auffassung zu ändern, sondern zu behaupten, die Fakten seien erfunden oder in irgendeiner Weise von persönlichen Interessen verfälscht worden."
In dieser Situation finden soziale Medien und Netzwerke bei ihren Anhängern mehr Vertrauen als die Normalmedien, auch wenn sie genauso oft oder sehr oft ihre Konsumenten täuschen. Von Mark Twain soll das Zitat stammen: "Es ist leichter die Menschen zu täuschen, als sie zu überzeugen, dass sie getäuscht worden sind." In ihrer Unsicherheit, wem sie noch Glauben schenken können, klammern sich viele Menschen an Meldungen, die selbst auch nur Falschmeldungen sind.
2. Die nach eigenen Angaben weltgrößte unabhängige Kommunikationsagentur Edelman untersucht mit über 5.600 Mitarbeitern und 67 Repräsentanzen in aller Welt seit vielen Jahren international das Vertrauen des Publikums in Regierungen, Wirtschaftsunternehmen, Medien und Nichtregierungsorganisationen. In einer Sonderumfrage in Deutschland wurde ein weiterer Abbruch des Vertrauens in Medien und Regierung von 2016 auf 2017 von 44 % auf 34 % (Medien) bzw. 39 % auf 36 % (Regierung) festgestellt.
Besonders wenig Vertrauen bei weniger gebildetem und weniger verdienendem Massenpublikum
Bei der Frage nach ihrem Vertrauen in die grundlegenden Säulen des politischen Systems, tat sich eine breite Kluft zwischen der informierten Öffentlichkeit auf der einen

und der breiten Masse der Bevölkerung auf der anderen Seite auf. Während von überdurchschnittlich gut ausgebildeten, informierten und verdienenden Deutschen immerhin mehr als jeder Zweite (54 %, Vorjahr 51 %) dem politischen System grundsätzlich vertraut, und das noch zunehmend, ist das Vertrauen in der breiten Masse der Bevölkerung weiter erodiert - auf nur noch 39 % (Vorjahr 42 %).

54% der Befragten konsumieren kaum je Informationen, die nicht ihrer Überzeugung entsprechen

Nach Edelman wird der Kreislauf des Mißtrauens zudem durch das Entstehen von "Medien-Echokammern" vergrößert. Diese verstärken persönliche Überzeugungen und schalten Standpunkte, die nicht der eigenen Meinung entsprechen, aus. 54% der Befragten konsumieren kaum je Informationen, die nicht ihrer Überzeugung entsprechen. So bleibt die Chance, dass sie ihre Meinung auch mal ändern, eher klein.

Heute vertrauen Menschen den Ergebnissen von Suchmaschinen mehr (59%) als menschlichen Redakteuren (41%). Die Menschen sehen Medien als Teil der Eliten. Sie ziehen sich zu Gleichgesinnten in ihre Peer-Groups zurück und sind empfänglich für die direkte (populistische) Ansprache von Politikern, wie Beispiele aus vielen Ländern, nicht zuletzt Trumps USA, zeigen.

Weltweit ist das Vertrauen in die traditionellen Medien zwischen 2012 und 2017 laut Edelman mit minus 5 Prozentpunkten besonders stark gefallen (Abb. 19914). Sie genießen als Informationsquellen nun nur noch bei 57 % der Befragten Vertrauen. Dagegen ist das Vertrauen in Suchmaschinen um 3 Prozentpunkte auf 64 % gestiegen und das in Nur-online-Medien um 5 Prozentpunkte auf 51 %.

Verdienst und Bildung haben einen hohen Einfluß auf das Vertrauen in die Institutionen und in die Zukunft

Die Vertrauensdifferenz zwischen einem informierten Publikum und dem Massenpublikum hat nach Edelman fast überall und auch in Deutschland um 3 Prozentpunkte erheblich zugenommen (Abb. 19915). Das Gleiche gilt für die Vertrauensdifferenz zwischen Hochverdienern einerseits und Niedrigverdienern andererseits, für Deutschland eine Differenz zwischen 44 % und 37 % (Abb. 19916). Ähnlich sieht es bei dem Optimismus in die Zukunft aus, für Deutschland 28 % beim informierten Publikum gegen nur noch 24 % beim Massenpublikum (Abb. 19917).

Besonderer Vertrauensverlust von Bundesregierung, politischen Parteien und vor allem der Bundeskanzlerin

3. Nach einer neuen Forsa-Umfrage, bei der 2307 Personen im Zeitraum vom 15. bis zum 20. Dezember 2017 befragt wurden, ist vor allem das Vertrauen in die Bundeskanzlerin in den letzten vier Jahren seit der Bundestagswahl 2013 dramatisch gefallen, aber auch das Vertrauen in die Bundesregierung und die politischen Parteien sank auf neue Tiefststände (Abb. 19919). Allein der Bundespräsident konnte auf 79 % zulegen.

4. Eine besondere Schwierigkeit bei der Information weltweit und in Deutschland ist der Rückgang der Medienvielfalt, indem sich einige Großkonzerne herausgebildet haben, die auch zunehmend mit online-Ausgaben das Internet beherrschen. Unter den 10 größten deutschen bestritt 2015 allein Bertelsmann einen Umsatzanteil von 43 % (Abb. 19399). Der Umsatz der Tageszeitungen hat sich seit 1991 bereits fast halbiert (Abb. 19918). Entsprechend ist die Bedeutung des Internets als Informationsquelle gestiegen. Doch unter den Nachrichtenportalen am Internet befanden sich im Ranking von 2016 die Medienkonzerne wieder an der Spitze: Nummer 1 am Kiosk ("BILD") war auch hier die Nummer 1 (Abb. 19400).

Für das Vertrauen in die Medien war in Deutschland deren Verhalten während der Millionen-Zuwanderung ab 2015 verheerend

5. Michael Haller hat 2017 im Auftrag der Otto Brenner Stiftung eine Studie über die "Flüchtlingskrise in den Medien - Tagesaktueller Journalismus zwischen Meinung und Information" vorgelegt. Sie zeigt, wie sehr in den Leitmedien entgegen den journalistischen Regeln Information und Meinung durcheinander gingen, und wie sehr sich die Medien den Meinungen der Wirtschaftsverbände und der

Bundesregierung im Sinne der Willkommenskultur anschlossen.

Dabei war diese Kultur ursprünglich von der Wirtschaft schon Jahre vor 2015 vorbereitet worden, weil man mehr Fachkräfte nach Deutschland bringen wollte. Als Flüchtlinge und Wirtschaftsmigranten dann in großer Zahl aus arabischen Ländern und Afghanistan kamen, richtete die Wirtschaft ihr Konzept auf diese aus und verbreitete, die Neuankömmlinge könnten nun das Problem mangelnder Fachkräfte lösen. Im Laufe des Jahres 2017 stellte sich jedoch heraus, daß die Integration dieser Menschen in den Arbeitsmarkt meist sehr viele Jahre dauern würde, wenn sie überhaupt möglich wäre, und stattdessen in wachsendem Umfang öffentliche Hilfen notwendig würden.

Und hinzu kam noch die Fehl- oder Falschinformation über Fälle kriminellen Verhaltens von Flüchtlingen. So vertraut kaum jemand in Deutschland bei diesem Thema den Medien mehr, genauso wenig wie den Erklärungen der Bundesregierung und der meisten Parteien. Auch verstehen die Menschen nicht, warum in den anderen Ländern bei der Migration so viel mehr Rücksicht auf die Stimmung der eigenen Bevölkerung genommen wurde (noch offene Asylanträge in Deutschland nach letzten Zahlen pro Bevölkerung achtmal höher als im Durchschnitt aller anderen EU-Länder, Abb. 19928).

6. Wer vertraut noch einer GroKo? Nur Flucht vor den Wählern?

Besonders verheerend dürfte sich auf das Vertrauen in Regierung, Parteien, Medien und Eliten auswirken, falls nun mit viel Medienzustimmung eine neue GroKo aus der Taufe gehoben werden sollte. Selbst wenig politisch Aufgeklärte haben längst den Eindruck gewonnen, daß hier erneut die falschen Partner zusammenkommen würden und daß ihnen, den Bürgern, die Eintracht nur vorgespielt werden würde. Schon das Gerangel um die Sondierung und ihr Ergebnis und der tief spaltende SPD-Parteitag haben weiter Vertrauen zerstört. Auch hat sich bei sehr vielen Menschen der bittere Geschmack breit gemacht, daß Gabriel, Nahles und selbst Schulz vorrangig an ihren eigenen Karrieren basteln und das sie panisch auf der Flucht vor den Wählern sind und deshalb unbedingt Neuwahlen vermeiden wollen.

Schon in der Vergangenheit haben GroKos besonders viel Vertrauen zerstört, weil sie bei wenig parlamentarischer Opposition relativ prinzipienlos handeln. Ein schlimmes Beispiel ist der Rüstungsexport. Die letzte GroKo hatte Einschränkung versprochen. Herausgekommen ist jedoch ein neuer Exportrekord, darunter auch die auflagenfreie Lieferung von 354 Leopard-2-Panzer in die Türkei, die jetzt von Erdogan gegen Kurden in Syrien eingesetzt werden.

7. Wenn die Dummheit sich selbst schlägt

Menschen, die ohne viel eigene Bildung und Verständnis das Vertrauen in Regierungen, Medien und Eliten verloren haben, glauben in der Regel auch den ausgewiesenen Experten nicht mehr. Mangels selbst der einfachsten Bildung in volkswirtschaftlichen und sozialen Zusammenhängen, ist ihnen selbst eine oberflächliche Überprüfung solcher Expertisen unmöglich. Im Ergebnis fallen sie stattdessen sehr oft Vordenkern zum Opfer, deren Ansichten ihnen sympathisch sind, auch wenn sie total in die Irre führen und die vorgeschlagenen Politiken für diese Menschen sehr nachteilig sind. So war es beim britischen Referendum zum Brexit oder bei den letzten amerikanischen Präsidentschaftswahlen und so ist es bei sehr vielen aus dem linken Spektrum übergewanderten Wählern der AfD in Deutschland, deren soziales Programm noch rechts von der CDU angesiedelt ist.

Vor dem Brexit-Referendum machte ausgerechnet der Kraft Amtes zur Korrektheit verpflichtete Justizminister Gove als einer der Brexit-Anführer die Experten pauschal lächerlich: "Die Menschen dieses Landes haben genug von Experten aus Organisationen mit Abkürzungen, die sagen, sie wüßten, was am besten ist, und es doch immer falsch bekommen." Trump ist erst recht ein Feind von Expertise, die nicht seine eigene eingebildete ist. Natürlich gibt es in unserer komplizierten Welt immer wieder Experten, die mit einigen ihrer Aussagen absichtlich oder unabsichtlich falsch liegen (in Deutschland würde ich die meisten Mitglieder des Sachverständigenrats der Bundesregierung zur Begutachtung der gesamtwirtschaftlichen Entwicklung dazurechnen). Doch kann man deswegen nicht jedwede Expertise verwerfen.

Die von solchen Vordenkern vertretenen Politiken verstehen viele der Betroffenen nicht oder erst, wenn es viel zu spät ist. Leider haben die Eliten dafür gesorgt, daß die Breitenbildung in wirtschaftlichen und sozialen Fragen fast überall sehr niedrig ist. Man dachte, dann ungestört durchregieren zu können, und solche Bildung war für den Arbeitsprozeß ohnehin entbehrlich. Was für ein Irrtum!

global news 3653 26-01-18: Die immer perversere deutsche Vermögensverteilung: 45 = 41 Millionen

(Rechtzeitig zum Treffen des Weltwirtschaftsforums in Davos hat Oxfam wieder seine Bilanz der immer ungleicheren Verteilung des Weltvermögens vorgelegt. Vom im vergangenen Jahr zusätzlich erzeugten Reichtum gingen danach 82 % an das reichste 1 % der Weltbevölkerung. Es war der größte Zuwachs an Milliardären, einer mehr alle zwei Tage. Dagegen ging nichts an die 3,7 Mrd. Menschen, die die untere Hälfte der Weltbevölkerung darstellen.

Für Deutschland und Europa hat das Deutsche Institut für Wirtschaftsforschung zwei neue Analysen vorgelegt. Bei uns besitzt die untere Hälfte der Bevölkerung gerade einmal 2,3 % des deutschen Vermögens. Die superreichsten 10 % sitzen dagegen auf 64 %, darunter 45 superreiche Deutsche auf so viel wie die Hälfte der Bevölkerung (Abb. 19934).

Bei den Superreichen hatte die Statistik bisher einen blinden Fleck: Ihre Vermögen wurden systematisch unterschätzt, weil die Statistiken auf freiwilligen Befragungen basieren - und die Bereitschaft zur Teilnahme nachweislich sinkt, je reicher der Befragte ist. Ein Forschergruppe beim Deutschen Institut für Wirtschaftsforschung hat die Daten der EZB-Vermögenserhebung um die Angaben aus den verfügbaren Reichenlisten erweitert und für drei Eurostaaten, nämlich Deutschland, Frankreich und Spanien die Ergebnisse veröffentlicht, eine nicht ganz fehlerfreie

Technik, für die es allerdings mangels einer Vermögenssteuer keinen Ersatz gibt. Danach ist das Vermögen in Deutschland auch im europäischen Vergleich besonders ungleich zugunsten der Superreichen verteilt (Abb. 19933). So besitzt den DIW-Berechnungen zufolge in Spanien die ärmere Hälfte der Bevölkerung immerhin knapp 12 % des Vermögens, in Frankreich noch mehr als 6 %, in Deutschland dagegen nur 2,3 %. Die reichsten 10 % der Haushalte besitzen dagegen in Frankreich und Spanien jeweils weniger als die Hälfte des Vermögens, während es in Deutschland annähernd zwei Drittel sind.

Das DIW ist auch der historischen Entwicklung nachgegangen. So ist der Vermögensanteil des obersten einen Prozents vor allem seit der Wiedervereinigung gestiegen, nachdem er zuvor seit Kriegsende jahrzehntelang im Rückgang war. Der Anteil der unteren 50 % sinkt seitdem deutlich (Abb. 19931, 19932).

Der Skandal ist einer der SPD: Das lange Sündenregister

Erstaunlich ist eigentlich nur, daß solche Erkenntnisse ohne große Aufregung in Deutschland verbreitet werden können, und selbst an der SPD abtröpfeln. Dabei wäre diese perverse Entwicklung in diesem Ausmaß ohne die SPD gar nicht möglich gewesen.

Die SPD hat unter Schröder mit Hartz-4 den Druck auf die Löhne und mit der Rentenformel auf die Renten aufgemacht.

Sie hat die Vermögenssteuer nicht wiederbelebt, nachdem sie vom Bundesverfassungsgericht nicht grundsätzlich sondern nur in der damaligen Form gekippt worden war.

Sie hat die Erbschaftsteuerbefreiung für Unternehmenserben in der letzten GroKo mitverantwortet,

genauso wie die Absenkung der Steuer auf Kapitalerträge auf den niedrigen Satz von nur 25 % und damit weit unter dem Steuersatz für Arbeit.

Mit der Schröderschen Steuerreform von 2000 wurde der Spitzensteuersatz von 53 % auf nur noch 45 % abgesenkt und dann in der GroKo 2009 weiter auf nur noch 42 %, verbrämt mit einer im GroKo-Koalitionsvertrag von 2005 verabredeten Reichensteuer von 3 % für einen sehr kleinen Personenkreis mit jährlichen Einkommen ab 250.000 Euro für Alleinstehende und 500.000 Euro für Verheiratete und nur für die diese Grenzwerte überschreitende Beträge. Der Spitzensteuersatz ist heute einer der niedrigsten in W-Europa (Abb. 13539). Doch die SPD hat für die kommenden Koalitionsverhandlungen ihre ursprüngliche Forderung nach einer Erhöhung des Spitzensteuersatzes schnell fallen lassen.

Außerdem wurde von der GroKo 2009 der Steuersatz auf Gewinne der Kapitalgesellschaften von 38,3 % auf nur noch 29,8 % abgesenkt, was ebenfalls einseitig den Kapitaleignern nützt.

Schließlich hat die SPD seit 1998 während 16 Jahren mitregiert und also mitzuverantworten, daß in Deutschland viel zu wenig in das Bildungssystem investiert wurde und damit die Aufstiegsmobilität erheblich gelitten hat.

40 Jahre Neoliberalismus in Deutschland

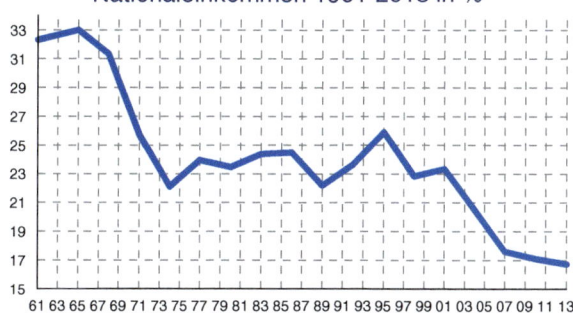

20089: Anteil der unteren Hälfte am deutschen Nationaleinkommen 1961-2013 in %

Quelle: The World top income data base, Atkinson/Piketty, Top Incomes over the Twentieth Century. © Jahnke - http://www.jjahnke.net

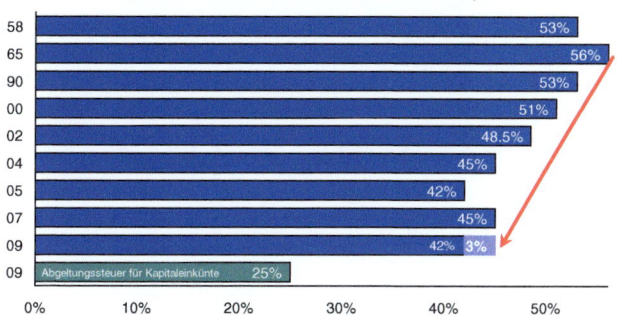

14658: Deutscher Spitzensteuersatz (mit 3 % Reichensteuer ab 2009)

Quelle: BMF. © Joachim Jahnke - http://www.jjahnke.net/

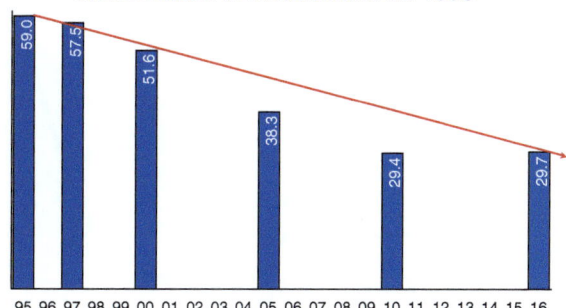

20137: Entwicklung des Unternehmenssteuersatzes in Deutschland ab 1995

Quelle: Bundeszentraale für politische Bildung. © Jahnke - http://www.jjahnke.net

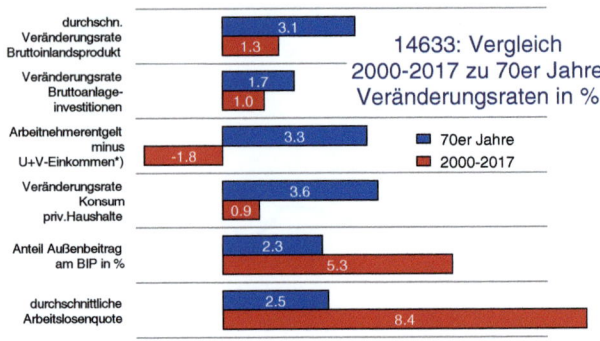

14633: Vergleich
2000-2017 zu 70er Jahre
Veränderungsraten in %

■ 70er Jahre
■ 2000-2017

durchschn.
Veränderungsrate
Bruttoinlandsprodukt — 3.1 / 1.3

Veränderungsrate
Bruttoanlage-
investitionen — 1.7 / 1.0

Arbeitnehmerentgelt
minus
U+V-Einkommen*) — 3.3 / -1.8

Veränderungsrate
Konsum
priv.Haushalte — 3.6 / 0.9

Anteil Außenbeitrag
am BIP in % — 2.3 / 5.3

durchschnittliche
Arbeitslosenquote — 2.5 / 8.4

Quelle: Statistisches Bundesamt, *) durchschn. Veränderungsrate Arbeitnehmerentgelt minus
durchschn.Veränderungsrate Unternehmens- u.Vermögenseinkommen in Prozentpunkten.
© Jahnke - http://www.jjahnke.net

20038: Entwicklung der deutschen Importe aus China und
Osteuropa 1993 bis 2017 in Mrd. Euro

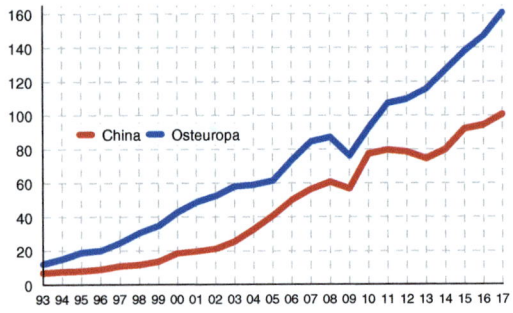

— China — Osteuropa

Quelle: Statistisches Bundesamt.© Jahnke - http://www.jjahnke.net

19718: Entwicklung der Zahl der Ausländer in Deutschland
1994 - 2017

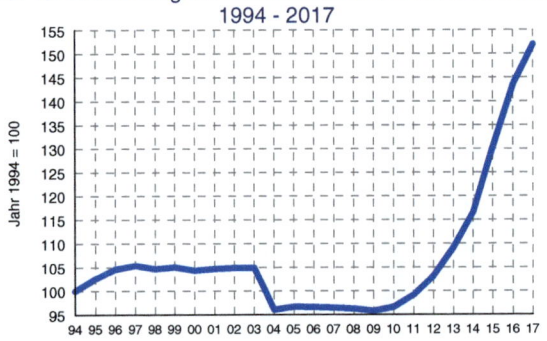

Jahr 1994 = 100

Quelle: Statistisches Bundesamt. © Jahnke - http://www.jjahnke.net

Lebenserwartung, Gesundheit, Pflege im Alter

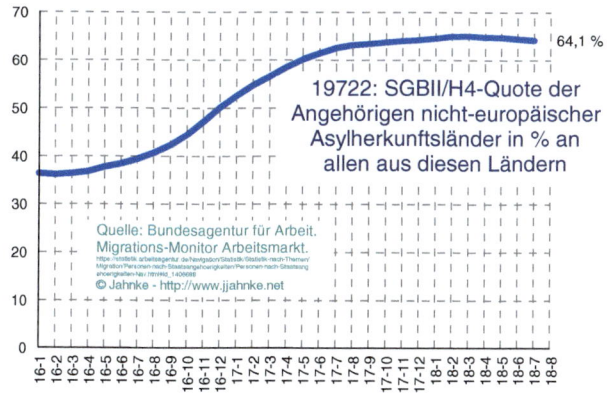

19722: SGBII/H4-Quote der Angehörigen nicht-europäischer Asylherkunftsländer in % an allen aus diesen Ländern

64,1 %

Quelle: Bundesagentur für Arbeit.
Migrations-Monitor Arbeitsmarkt.
https://statistik.arbeitsagentur.de/nexgbasm/Statistik/Statistik-nach-Themen/
Migration/Personen-nach-Staatsangehoerigkeiten/Personen-nach-Staatsang
angehoerigkeiten-Nav-1891842_1408688
© Jahnke - http://www.jjahnke.net

20127: Lebenserwartung Frauen in Deutschland

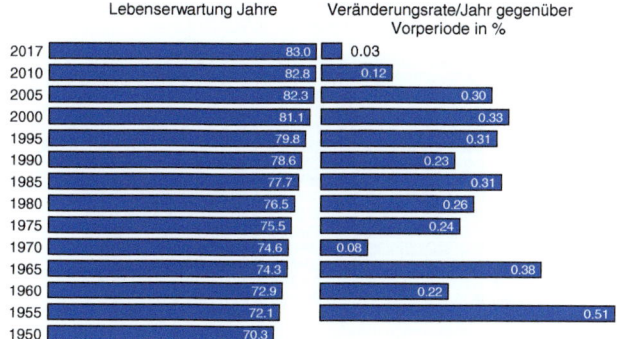

Jahr	Lebenserwartung Jahre	Veränderungsrate/Jahr gegenüber Vorperiode in %
2017	83.0	0.03
2010	82.8	0.12
2005	82.3	0.30
2000	81.1	0.33
1995	79.8	0.31
1990	78.6	0.23
1985	77.7	0.31
1980	76.5	0.26
1975	75.5	0.24
1970	74.6	0.08
1965	74.3	0.38
1960	72.9	0.22
1955	72.1	0.51
1950	70.3	

Quelle: Lancet, GBD, Nov. 2018. © Joachim Jahnke - http://www.jjahnke.net/

20128: Lebenserwartung Männer in Deutschland

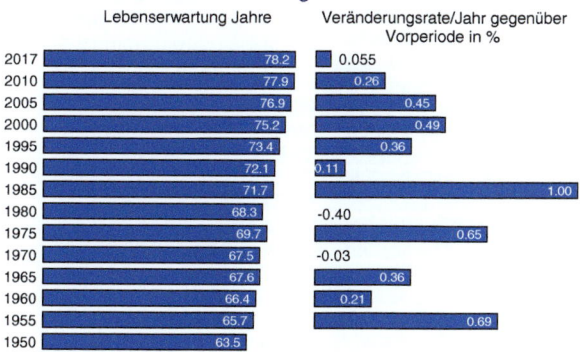

Jahr	Lebenserwartung Jahre	Veränderungsrate/Jahr gegenüber Vorperiode in %
2017	78.2	0.055
2010	77.9	0.26
2005	76.9	0.45
2000	75.2	0.49
1995	73.4	0.36
1990	72.1	0.11
1985	71.7	1.00
1980	68.3	-0.40
1975	69.7	0.65
1970	67.5	-0.03
1965	67.6	0.36
1960	66.4	0.21
1955	65.7	0.69
1950	63.5	

Quelle: Lancet, GBD, Nov. 2018. © Joachim Jahnke - http://www.jjahnke.net/

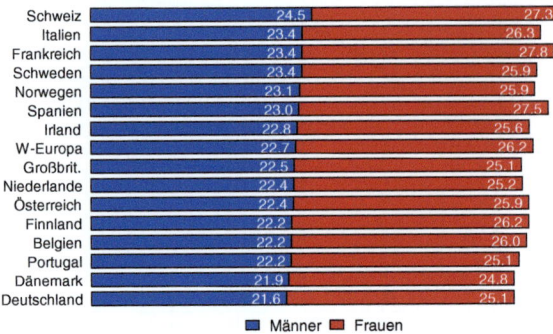

20129: Im Alter von 60 Jahren verbleibende Lebenserwartung
in Jahren

	Männer	Frauen
Schweiz	24.5	27.3
Italien	23.4	26.3
Frankreich	23.4	27.8
Schweden	23.4	25.9
Norwegen	23.1	25.9
Spanien	23.0	27.5
Irland	22.8	25.6
W-Europa	22.7	26.2
Großbrit.	22.5	25.1
Niederlande	22.4	25.2
Österreich	22.4	25.9
Finnland	22.2	26.2
Belgien	22.2	26.0
Portugal	22.2	25.1
Dänemark	21.9	24.8
Deutschland	21.6	25.1

Quelle: Lancet, GBD, Nov. 2018. © Joachim Jahnke - http://www.jjahnke.net/

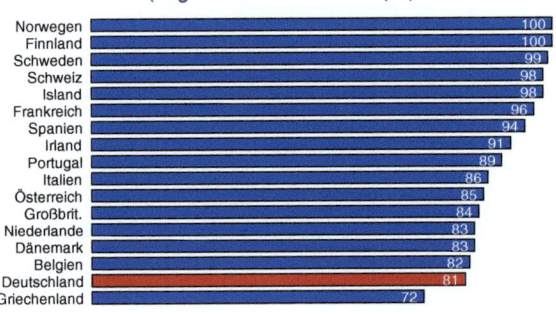

20131: Erreichung der UN-Ziele für nachhaltige Entwicklung, hier Sterblichkeit wegen Lufverschmutzung (Ergebnisse für W-Europa)

Norwegen	100
Finnland	100
Schweden	99
Schweiz	98
Island	98
Frankreich	96
Spanien	94
Irland	91
Portugal	89
Italien	86
Österreich	85
Großbrit.	84
Niederlande	83
Dänemark	83
Belgien	82
Deutschland	81
Griechenland	72

Quelle: Lancet, GBD, Nov. 2018. © Joachim Jahnke - http://www.jjahnke.net/

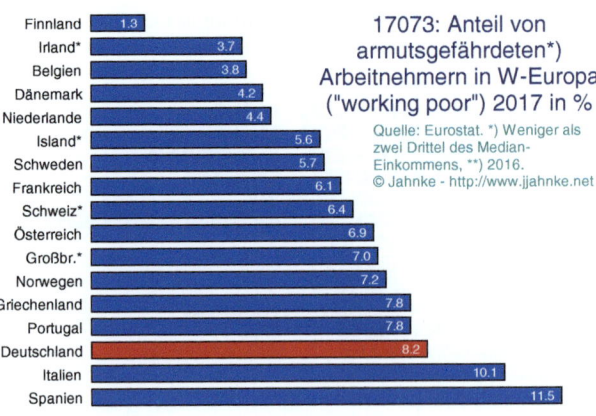

17073: Anteil von armutsgefährdeten*) Arbeitnehmern in W-Europa ("working poor") 2017 in %

Quelle: Eurostat. *) Weniger als zwei Drittel des Median-Einkommens, **) 2016.
© Jahnke - http://www.jjahnke.net

Finnland	1.3
Irland*	3.7
Belgien	3.8
Dänemark	4.2
Niederlande	4.4
Island*	5.6
Schweden	5.7
Frankreich	6.1
Schweiz*	6.4
Österreich	6.9
Großbr.*	7.0
Norwegen	7.2
Griechenland	7.8
Portugal	7.8
Deutschland	8.2
Italien	10.1
Spanien	11.5

20130: Personen* mit einem verfügbaren Äquivalenzeinkommen unterhalb der Arbeitsschwelle** in % aller Arbeitslosen

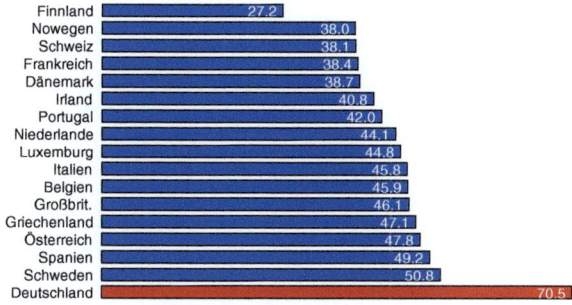

Finnland	27.2
Nowegen	38.0
Schweiz	38.1
Frankreich	38.4
Dänemark	38.7
Irland	40.8
Portugal	42.0
Niederlande	44.1
Luxemburg	44.8
Italien	45.8
Belgien	45.9
Großbrit.	46.1
Griechenland	47.1
Österreich	47.8
Spanien	49.2
Schweden	50.8
Deutschland	70.5

Quelle: Eurostat, Febr. 2018, *) ab 18 Jahren, **) 60 % des nationalen verfügbaren medianen Äqiovalenzinommens (nach Sozialleistungen).
© Joachim Jahnke - http://www.jjahnke.net/

18855: Verhältnis des Anteils des obersten Fünftels am Vokseinkommen zu dem des untersten ("80:20-Quotient") 2017

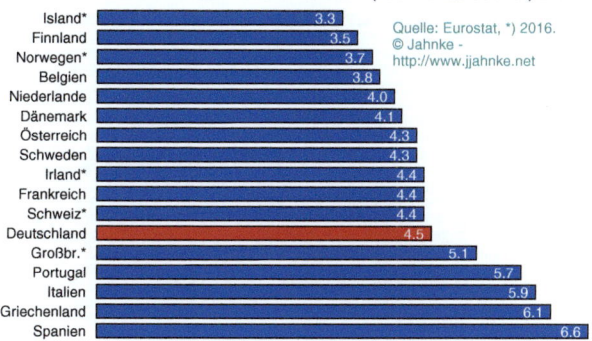

Island*	3.3
Finnland	3.5
Norwegen*	3.7
Belgien	3.8
Niederlande	4.0
Dänemark	4.1
Österreich	4.3
Schweden	4.3
Irland*	4.4
Frankreich	4.4
Schweiz*	4.4
Deutschland	4.5
Großbr.*	5.1
Portugal	5.7
Italien	5.9
Griechenland	6.1
Spanien	6.6

Quelle: Eurostat, *) 2016.
© Jahnke - http://www.jjahnke.net

20135: Erreichung der UN-Ziele für nachhaltige Entwicklung (Ergebnisse für W-Europa)

Norwegen	84.0
Schweden	83.3
Großbrit.	80.0
Niederlande	80.0
Finnland	79.0
Island	79.0
Schweiz	79.0
Dänemark	77.0
Belgien	77.0
Irland	76.0
Deutschland	75.3
Spanien	74.0
Österreich	72.0
Portugal	71.0
Frankreich	70.0
Italien	70.0
Griechenland	64.0

Quelle: Lancet, GBD, Nov. 2018. © Joachim Jahnke - http://www.jjahnke.net/

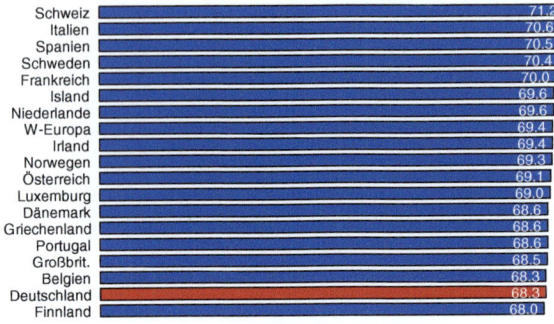

20132: Erwartung gesunder Lebensjahre bei Männern (Ergebnisse für W-Europa)

Schweiz	71,2
Italien	70,6
Spanien	70,5
Schweden	70,4
Frankreich	70,0
Island	69,6
Niederlande	69,6
W-Europa	69,4
Irland	69,4
Norwegen	69,3
Österreich	69,1
Luxemburg	69,0
Dänemark	68,6
Griechenland	68,6
Portugal	68,6
Großbrit.	68,5
Belgien	68,3
Deutschland	68,3
Finnland	68,0

Quelle: Lancet, GBD, Nov. 2018. © Joachim Jahnke - http://www.jjahnke.net/

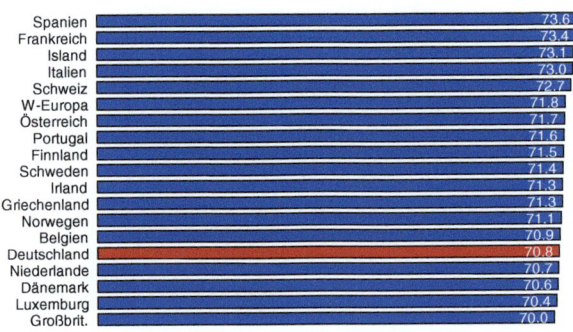

20133: Erwartung gesunder Lebensjahre bei Frauen (Ergebnisse für W-Europa)

Spanien	73,6
Frankreich	73,4
Island	73,1
Italien	73,0
Schweiz	72,7
W-Europa	71,8
Österreich	71,7
Portugal	71,6
Finnland	71,5
Schweden	71,4
Irland	71,3
Griechenland	71,3
Norwegen	71,1
Belgien	70,9
Deutschland	70,8
Niederlande	70,7
Dänemark	70,6
Luxemburg	70,4
Großbrit.	70,0

Quelle: Lancet, GBD, Nov. 2018. © Joachim Jahnke - http://www.jjahnke.net/

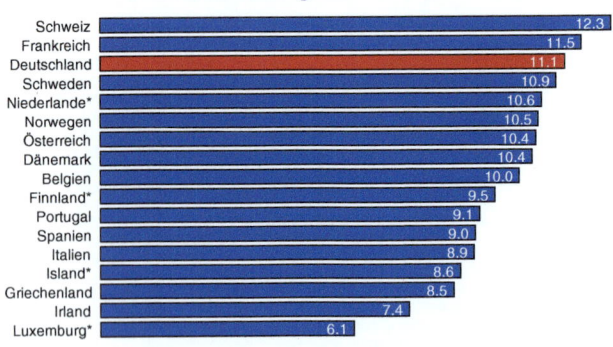

19856: Gesundheitsausgaben in % des BIP 2016

Schweiz	12,3
Frankreich	11,5
Deutschland	11,1
Schweden	10,9
Niederlande*	10,6
Norwegen	10,5
Österreich	10,4
Dänemark	10,4
Belgien	10,0
Finnland*	9,5
Portugal	9,1
Spanien	9,0
Italien	8,9
Island*	8,6
Griechenland	8,5
Irland	7,4
Luxemburg*	6,1

Quelle: Eurostat. *) 2015. © Jahnke - http://www.jjahnke.net

20134: Erwartung gesunder Lebensjahre bei Männern im Alter von 65 Jahren 2017 (Ergebnisse für W-Europa)

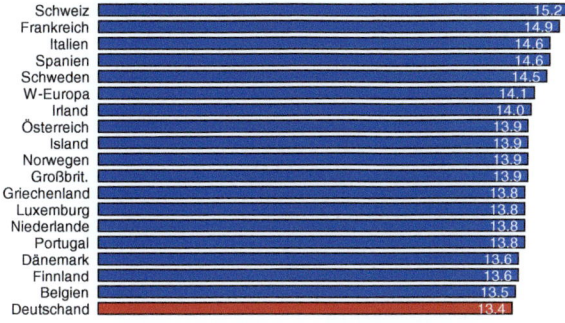

Schweiz	15.2
Frankreich	14,9
Italien	14.6
Spanien	14.6
Schweden	14.5
W-Europa	14.1
Irland	14.0
Österreich	13.9
Island	13.9
Norwegen	13.9
Großbrit.	13.9
Griechenland	13.8
Luxemburg	13.8
Niederlande	13.8
Portugal	13.8
Dänemark	13.6
Finnland	13.6
Belgien	13.5
Deutschland	13.4

Quelle: Lancet, GBD, Nov. 2018. © Joachim Jahnke - http://www.jjahnke.net/

20056: Langzeit-Pflegepersonal pro 100 Bevölkerung 65+Jahre

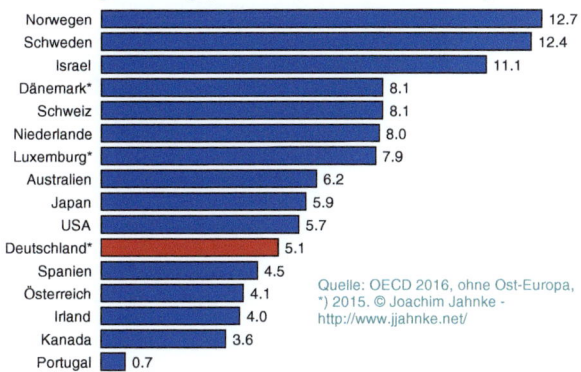

Norwegen	12.7
Schweden	12.4
Israel	11.1
Dänemark*	8.1
Schweiz	8.1
Niederlande	8.0
Luxemburg*	7.9
Australien	6.2
Japan	5.9
USA	5.7
Deutschland*	5.1
Spanien	4.5
Österreich	4.1
Irland	4.0
Kanada	3.6
Portugal	0.7

Quelle: OECD 2016, ohne Ost-Europa, *) 2015. © Joachim Jahnke - http://www.jjahnke.net/

20138: Verhältnis der Zahl derer von 0 bis 14 Jahren zu jeweils 100 von ab 65 Jahren in Deutschland

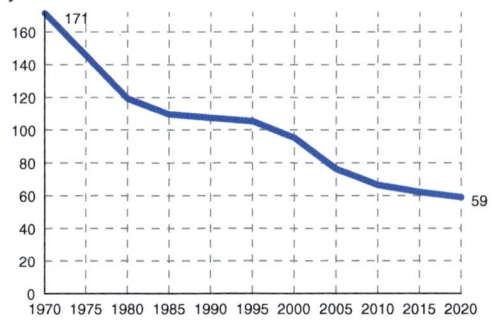

Quelle: UN Bevölkerungsprogramm.© Jahnke - http://www.jjahnke.net

Sag mir, wo die Kinder sind

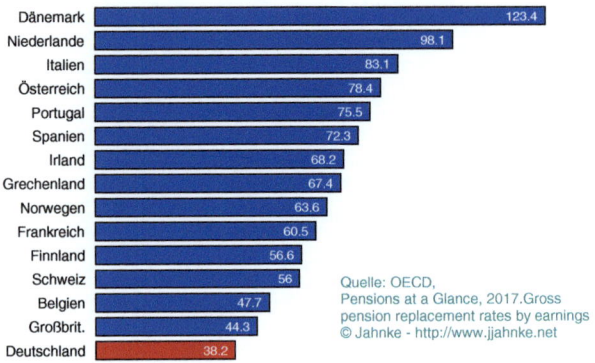

20074: Brutto- Rentenniveau im Verhältnis zum letzten
Arbeitseinkommen (halbes Durchschnittseinkommen) in %

Dänemark	123.4
Niederlande	98.1
Italien	83.1
Österreich	78.4
Portugal	75.5
Spanien	72.3
Irland	68.2
Grechenland	67.4
Norwegen	63.6
Frankreich	60.5
Finnland	56.6
Schweiz	56
Belgien	47.7
Großbrit.	44.3
Deutschland	38.2

Quelle: OECD,
Pensions at a Glance, 2017.Gross
pension replacement rates by earnings
© Jahnke - http://www.jjahnke.net

20140: Entwicklung des Anteils kinderloser Frauen ab 45 Jahre

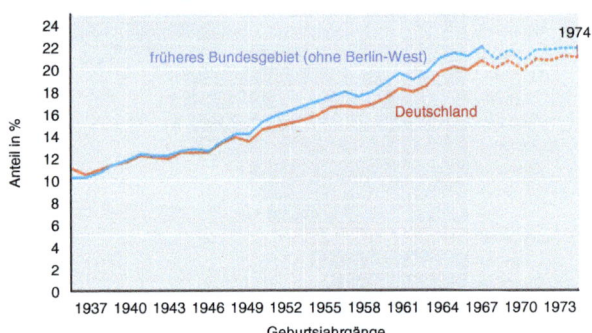

Quelle: Statistisches Bundesamt 2017. © Jahnke - http://www.jjahnke.net

19498: Anteil kinderloser Frauen unter allen mit
Geburtsjahr 1968 in %

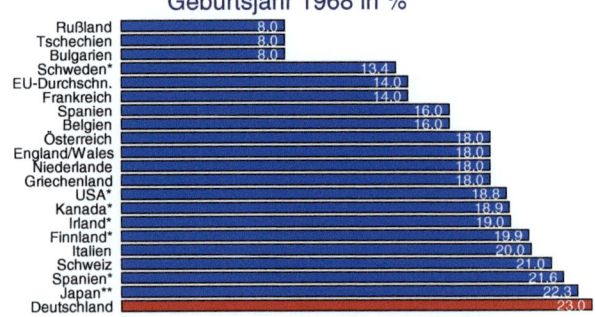

Rußland	8.0
Tschechien	8.0
Bulgarien	8.0
Schweden*	13.4
EU-Durchschn.	14.0
Frankreich	14.0
Spanien	16.0
Belgien	16.0
Österreich	18.0
England/Wales	18.0
Niederlande	18.0
Griechenland	18.0
USA*	18.8
Kanada*	18.9
Irland*	19.0
Finnland*	19.9
Italien	20.0
Schweiz	21.0
Spanien*	21.6
Japan**	22.3
Deutschland	23.0

Quelle: INED, Population and Societies, Jan. 2017. *) OECD Family Database, Childless women
at age 40-44, 2010. **) Jahrgang 1964, Japan Times. © Jahnke - http://www.jjahnke.net

19499: Kinderlosigkeit nach Geburtsjahrgängen 1900/70 in %

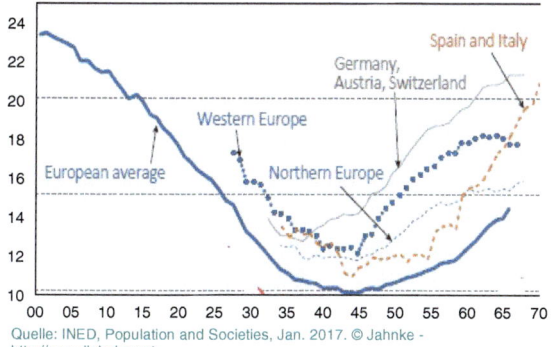

Quelle: INED, Population and Societies, Jan. 2017. © Jahnke -
http://www.jjahnke.net

19500: Frauen im Alter von 15 bis 39 Jahren, die drei oder mehr Kinder haben möchten in %

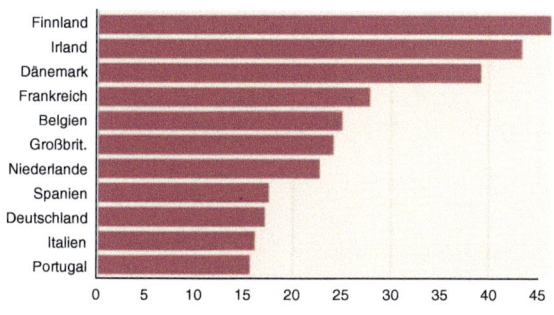

Quelle: OECD. © Jahnke - http://www.jjahnke.net

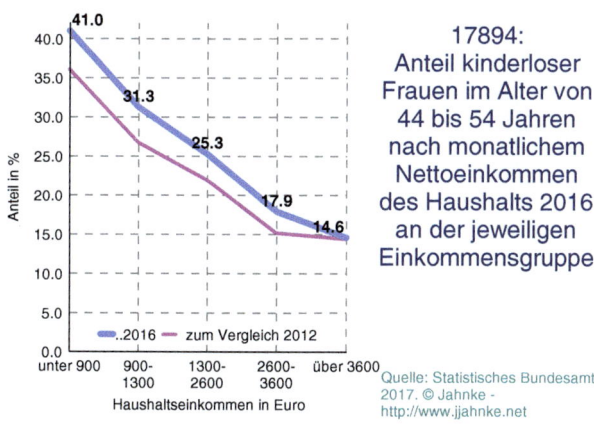

17894:
Anteil kinderloser Frauen im Alter von 44 bis 54 Jahren nach monatlichem Nettoeinkommen des Haushalts 2016 an der jeweiligen Einkommensgruppe

Quelle: Statistisches Bundesamt 2017. © Jahnke -
http://www.jjahnke.net

20105: Deutsche Vermögensverteilung 2014 nach Zehntel der Haushalte in Mrd. Euro

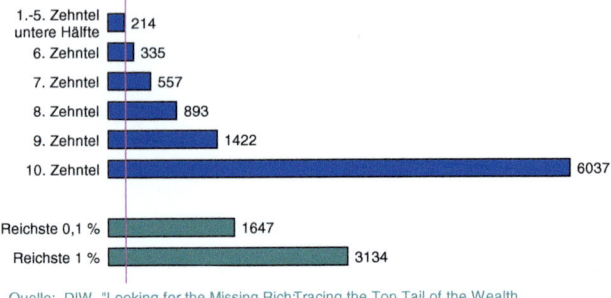

Quelle: DIW, "Looking for the Missing Rich:Tracing the Top Tail of the Wealth Distribution", 2018.
© Joachim Jahnke - http://www.jjahnke.net/

20008: GINI-Koeffizient der Ungleichheit der Einkommen

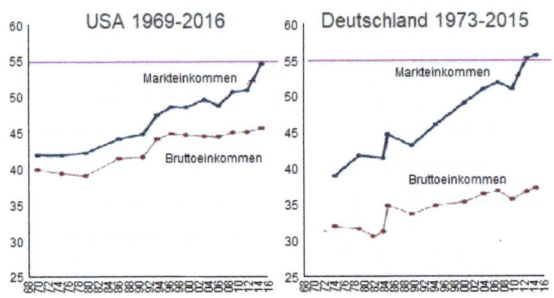

Quelle: Branko Milanovic . © Jahnke - http://www.jjahnke.net

20138: Verhältnis der Zahl derer von 0 bis 14 Jahren zu jeweils 100 von ab 65 Jahren in Deutschland

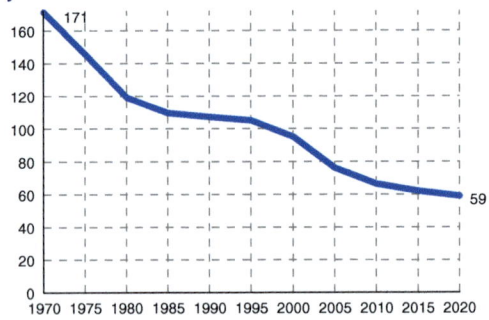

Quelle: UN Bevölkerungsprogramm.© Jahnke - http://www.jjahnke.net

Rückbesinnung: Vernunft oder nur psychopathische Nostalgie?

20139: Kinder im Alter von 0 bis 14 Jahren auf jeweils 100 Alte ab 65 Jahre (UN-Projektion für 2020)

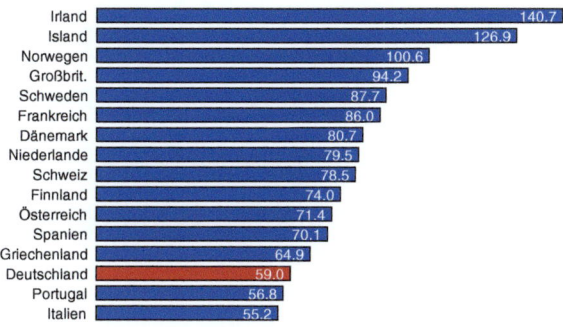

Quelle: UN Bevölkerungsprogramm. © Joachim Jahnke - http://www.jjahnke.net/

20124: Antworten "Die Welt war früher ein besserer Ort"

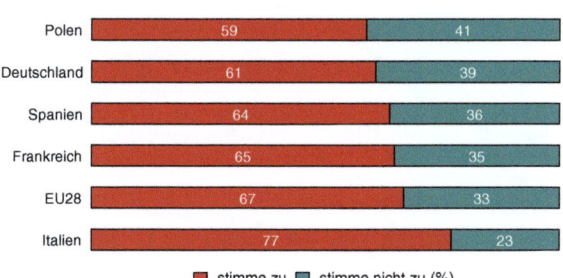

Quelle: Bertelsmann-Umfrage, "Wie Nostalgie die öffentliche Meinung in Europa beeinflusst - Die Macht der Vergangenheit", November 2018.
© Joachim Jahnke - http://www.jjahnke.net/

20125: Antworten "Die Welt war früher ein besserer Ort"

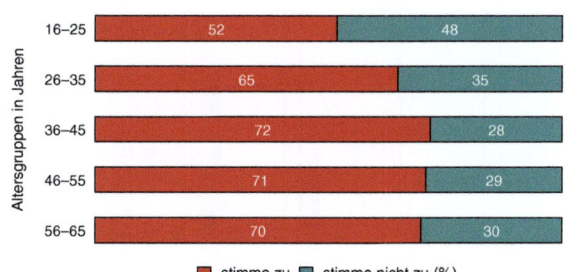

Quelle: Bertelsmann-Umfrage, "Wie Nostalgie die öffentliche Meinung in Europa beeinflusst - Die Macht der Vergangenheit", November 2018.
© Joachim Jahnke - http://www.jjahnke.net/

Der unaufhaltsame Abstieg der GroKo-Parteien und die Migration

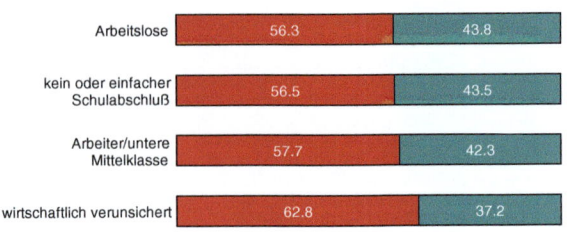

20123: Antworten "Die Welt war früher ein besserer Ort"
(in Prozent aller ohne Enthaltungen)

Quelle: Bertelsmann-Umfrage, "Wie Nostalgie die öffentliche Meinung in Europa
beeinflusst - Die Macht der Vergangenheit", November 2018.
© Joachim Jahnke - http://www.jjahnke.net/

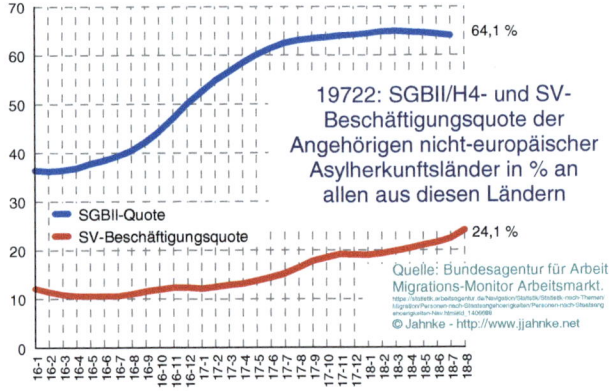

19722: SGBII/H4- und SV-
Beschäftigungsquote der
Angehörigen nicht-europäischer
Asylherkunftsländer in % an
allen aus diesen Ländern

Quelle: Bundesagentur für Arbeit.
Migrations-Monitor Arbeitsmarkt.
https://statistik.arbeitsagentur.de/Navigation/Statistik/Statistik-nach-Themen/
Migration/Personen-nach-Gleistungsarten/gwallen/Personen-nach-Gleistung
ein/migration-Nav.html/d_1409988
© Jahnke - http://www.jjahnke.net

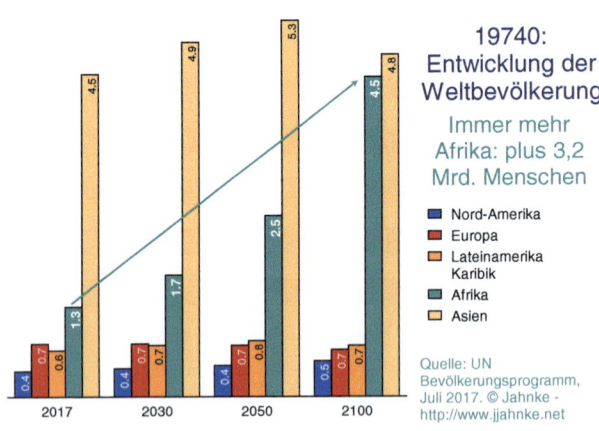

19740:
Entwicklung der
Weltbevölkerung

Immer mehr
Afrika: plus 3,2
Mrd. Menschen

Quelle: UN
Bevölkerungsprogramm,
Juli 2017. © Jahnke -
http://www.jjahnke.net

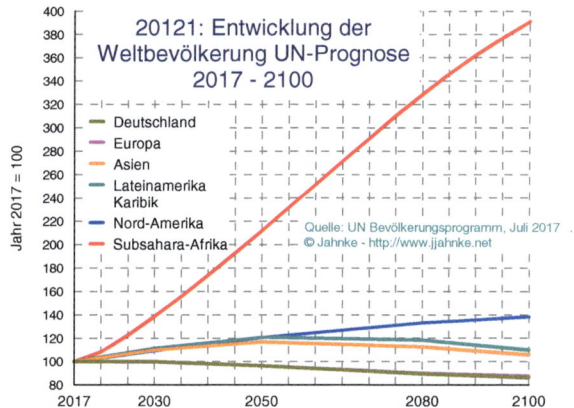

20121: Entwicklung der Weltbevölkerung UN-Prognose 2017 - 2100

Jahr 2017 = 100

- Deutschland
- Europa
- Asien
- Lateinamerika Karibik
- Nord-Amerika
- Subsahara-Afrika

Quelle: UN Bevölkerungsprogramm, Juli 2017
© Jahnke - http://www.jjahnke.net

19741: Zusammensetzung der Weltbevölkerung in %

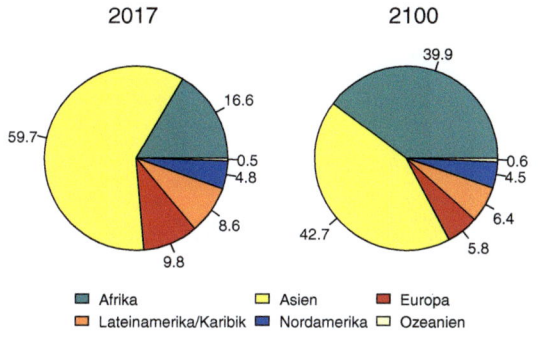

2017

2100

■ Afrika ☐ Asien ■ Europa
■ Lateinamerika/Karibik ■ Nordamerika ☐ Ozeanien

Quelle: UN Bevölkerungsprogramm, Juli 2017. © Jahnke - http://www.jjahnke.net

20122: Anteile an der Weltbevölkerung unter 30 Jahren Prognose für 2100

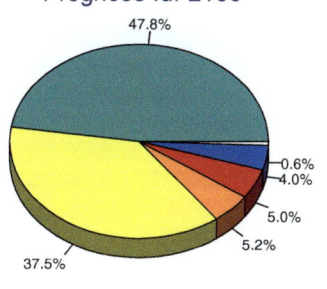

■ Afrika ☐ Asien ■ Lateinamerika/Karibik ■ Europa ■ Nord-Amerika ☐ Ozeanien

Quelle: UN-Bevölkerungsprogramm, Juli 2017© Jahnke - http://www.jjahnke.net

20120: In Subsahara-Afrika Geborene mit Residenz außerhalb des Geburtslandes in % der Residenz-Regionen

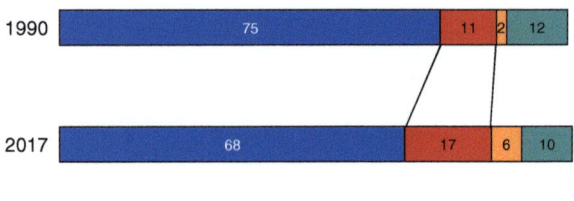

Quelle: PEW, International migration from sub-Saharan Africa has grown dramatically since 2010, Febr. 2018. *) EU/Norwegen/Schweiz.
© Joachim Jahnke - http://www.jjahnke.net/

20118: Reale Wirtschaftsentwicklung BIP/Kopf

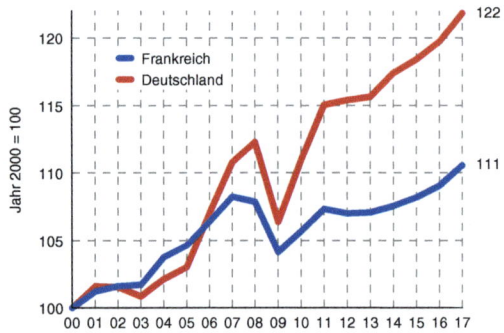

Quelle: EU-Kommission (AMECO).© Jahnke - http://www.jjahnke.net

19145: Mindestlöhne in Westeuropa in Euro/Stunde 2017

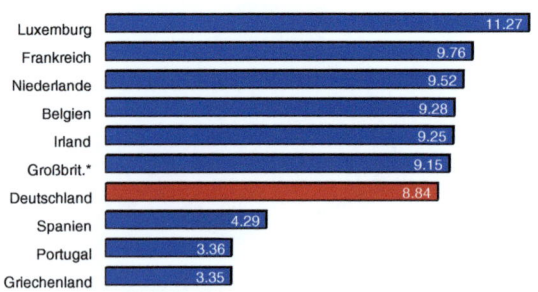

Quelle: WSI Minimum Wage Database,*) National Living Wage. © Jahnke - http://www.jjahnke.net

20073: Brutto- Rentenniveau im Verhältnis zum letzten Arbeitseinkommen in %

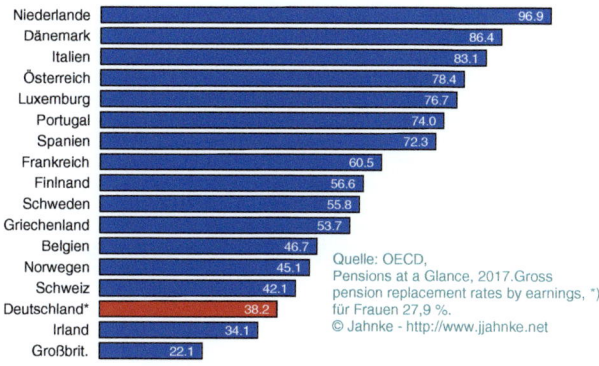

Niederlande	96.9
Dänemark	86.4
Italien	83.1
Österreich	78.4
Luxemburg	76.7
Portugal	74.0
Spanien	72.3
Frankreich	60.5
Finlnand	56.6
Schweden	55.8
Griechenland	53.7
Belgien	46.7
Norwegen	45.1
Schweiz	42.1
Deutschland*	38.2
Irland	34.1
Großbrit.	22.1

Quelle: OECD,
Pensions at a Glance, 2017.Gross
pension replacement rates by earnings, *)
für Frauen 27,9 %.
© Jahnke - http://www.jjahnke.net

20110: Jährliches Volumen an Erbschaften in Prozent des Volkseinkommens in Frankreich

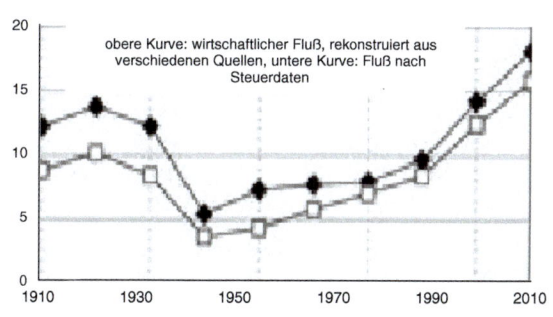

obere Kurve: wirtschaftlicher Fluß, rekonstruiert aus verschiedenen Quellen, untere Kurve: Fluß nach Steuerdaten

Quelle: Piketty, Kapital im 21. Jahrhundert. © Jahnke - http://www.jjahnke.net

20112: Anteil der Top 10 % am nationalen Vermögen in Frankreich in % 1980/2014

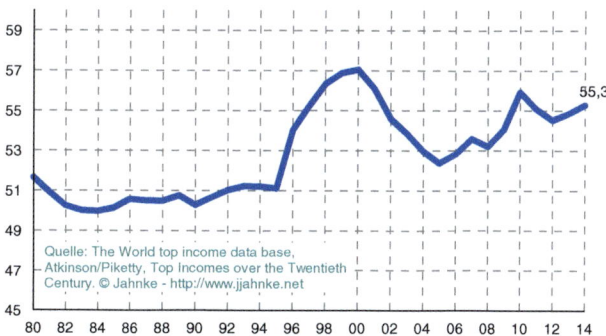

55,3

Quelle: The World top income data base,
Atkinson/Piketty, Top Incomes over the Twentieth
Century. © Jahnke - http://www.jjahnke.net

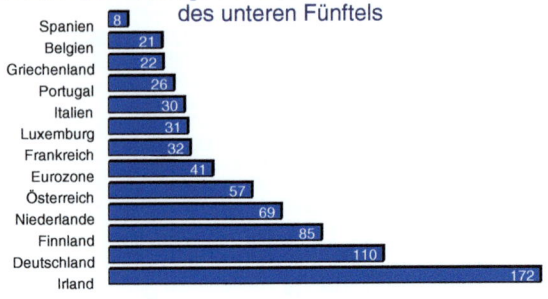

20114: Netto-Vermögen des oberen Fünftels als Vielfaches des unteren Fünftels

Spanien	8
Belgien	21
Griechenland	22
Portugal	26
Italien	30
Luxemburg	31
Frankreich	32
Eurozone	41
Österreich	57
Niederlande	69
Finnland	85
Deutschland	110
Irland	172

Quelle: EZB, The Household Finance and Consumption Survey, Dez. 2016.
© Jahnke - http://www.jjahnke.net

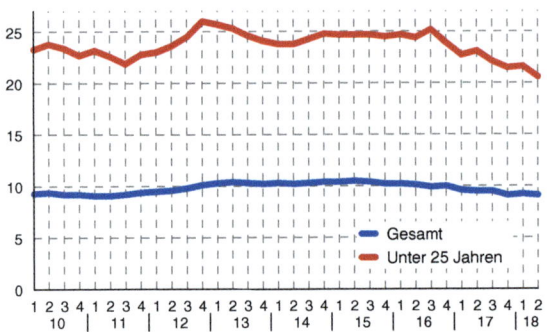

20111: Arbeitslosenquote Frankeich in %

Gesamt
Unter 25 Jahren

1 2 3 4 | 1 2 3 4 | 1 2 3 4 | 1 2 3 4 | 1 2 3 4 | 1 2 3 4 | 1 2 3 4 | 1 2 3 4 | 1 2
10 | 11 | 12 | 13 | 14 | 15 | 16 | 17 | 18

Quelle: Eurostat.© Jahnke - http://www.jjahnke.net

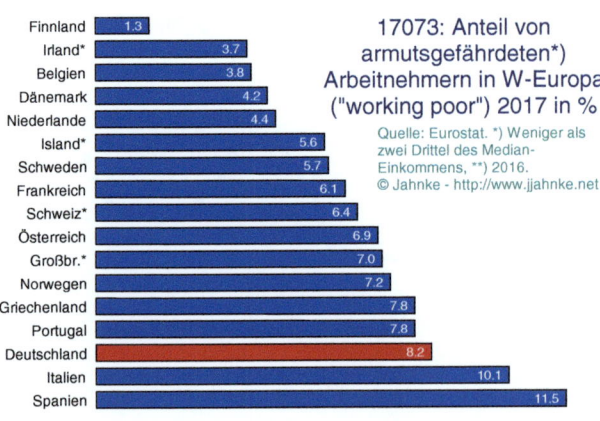

17073: Anteil von armutsgefährdeten*) Arbeitnehmern in W-Europa ("working poor") 2017 in %

Finnland	1.3
Irland*	3.7
Belgien	3.8
Dänemark	4.2
Niederlande	4.4
Island*	5.6
Schweden	5.7
Frankreich	6.1
Schweiz*	6.4
Österreich	6.9
Großbr.*	7.0
Norwegen	7.2
Griechenland	7.8
Portugal	7.8
Deutschland	8.2
Italien	10.1
Spanien	11.5

Quelle: Eurostat. *) Weniger als zwei Drittel des Median-Einkommens, **) 2016.
© Jahnke - http://www.jjahnke.net

20115: Umfrage in Frankreich vor Europawahlen 2019 in %

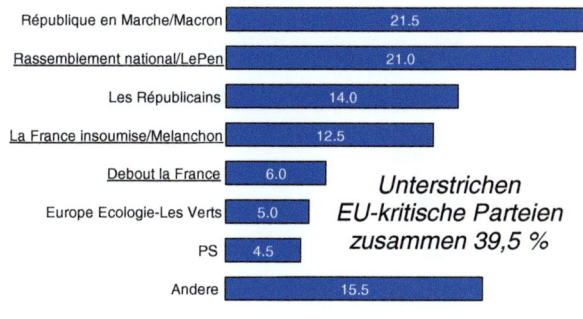

Quelle: Sondage Odoxa, 13.09.18. © Joachim Jahnke - http://www.jjahnke.net/

20116: Umfrage in Frankreich vor Europawahlen 2019 in %

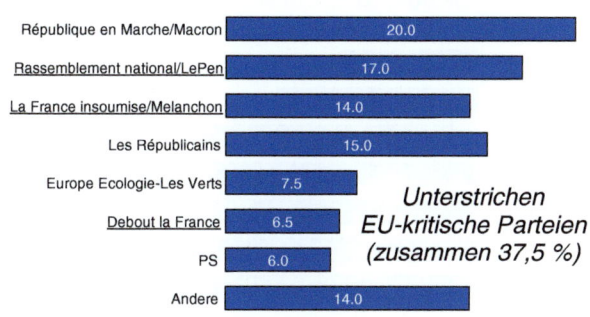

Quelle: Sondage Ifop-Fiducial, 05.09.18. © Joachim Jahnke - http://www.jjahnke.net/

20109: Eurobarometer-Umfrage: Der Euro ist gut für mein Land (Ja-Stimmen in %)

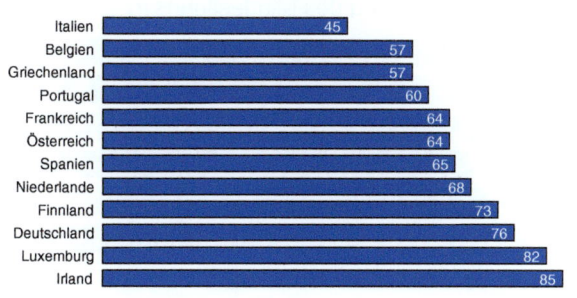

Quelle: Eurobarometer-Flash, Oktober 2017. © Joachim Jahnke - http://www.jjahnke.net/

Vom zweiten Versagen der deutschen Macht-Eliten

20119: Saudi-Arabiens wichtigste Waffenlieferanten - Anteile an allen Großwaffenimporten 2013 bis 2017 in %

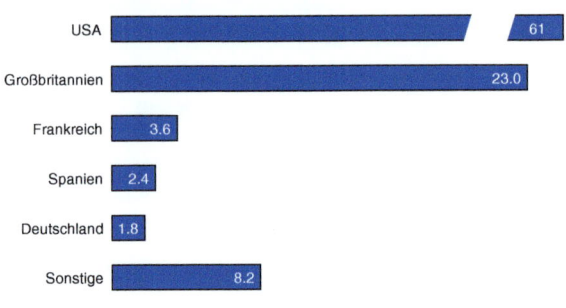

Quelle: SPIRI. © Joachim Jahnke - http://www.jjahnke.net/

20108: Zustimmung in % zur Zusammenlegung von Arbeits- u.Sozialhilfe (Hartz 4) nach Einkommensgruppen in Euro

Quelle: Forschungsprojekt Systematisch verzerrte Entscheidungen? Die Responsivität der deutschen Politik von 1998 bis 2015.

19497: Beispiele für Meinungsunterschiede nach Einkommensgruppen in Euro: Zustimmung zur Ausweitung des Mindestlohns in %

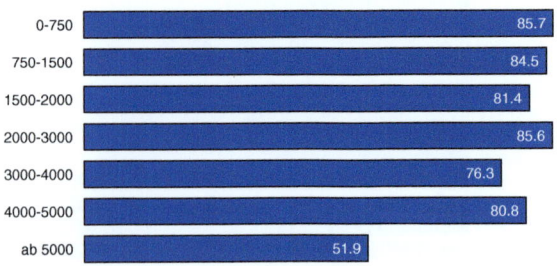

Quelle: Forschungsprojekt Systematisch verzerrte Entscheidungen? Die Responsivität der deutschen Politik von 1998 bis 2015.

Deutsche Schulen: kaputtgespart und ...

20072: Wahrgenommener Investitionsrückstand der Kommunen

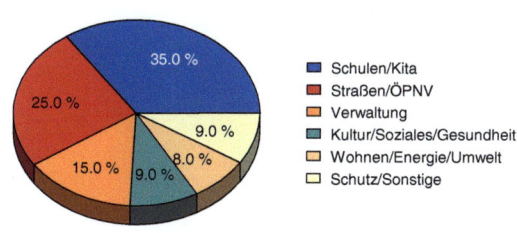

- 35.0 %
- 25.0 %
- 15.0 %
- 9.0 %
- 8.0 %
- 9.0 %

■ Schulen/Kita
■ Straßen/ÖPNV
■ Verwaltung
■ Kultur/Soziales/Gesundheit
□ Wohnen/Energie/Umwelt
□ Schutz/Sonstige

Quelle: KfW-Kommunalpanel 2018© Jahnke - http://www.jjahnke.net

13806: Zahl der Schüler pro Lehrer in der Grundschule 2015

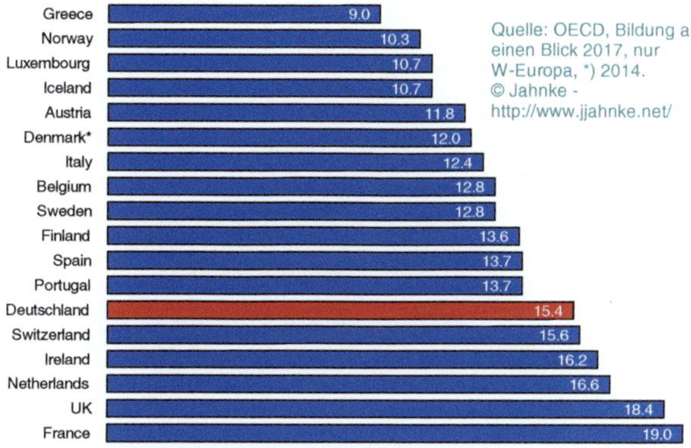

Greece	9.0
Norway	10.3
Luxembourg	10.7
Iceland	10.7
Austria	11.8
Denmark*	12.0
Italy	12.4
Belgium	12.8
Sweden	12.8
Finland	13.6
Spain	13.7
Portugal	13.7
Deutschland	15.4
Switzerland	15.6
Ireland	16.2
Netherlands	16.6
UK	18.4
France	19.0

Quelle: OECD, Bildung auf einen Blick 2017, nur W-Europa, *) 2014. © Jahnke - http://www.jjahnke.net/

Luxembourg	21.2
Switzerland	15.2
Norway	13.1
Denmark	12.2
UK	11.4
USA	11.3
Iceland	11.2
Austria	11.2
Sweden	10.8
Belgium	10.2
Korea	9.7
Canada	9.3
Japan	9.1
Finland	8.8
Germany	8.5
Netherlands	8.5
Italy	8.4
Australia	8.3
Ireland	8.0
France	7.4
Spain	7.0
Portugal	6.5

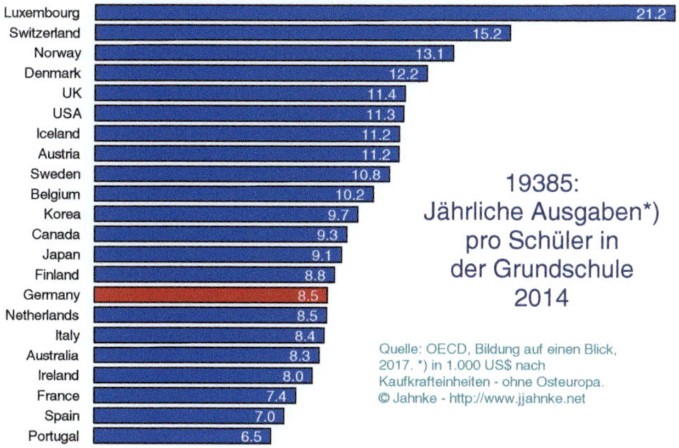

19385: Jährliche Ausgaben*) pro Schüler in der Grundschule 2014

Quelle: OECD, Bildung auf einen Blick, 2017. *) in 1.000 US$ nach Kaufkrafteinheiten - ohne Osteuropa. © Jahnke - http://www.jjahnke.net

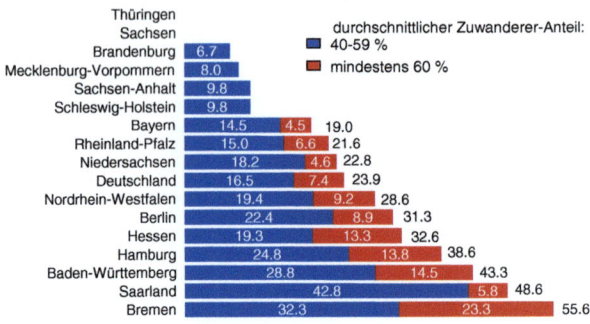

19849: Schulen in Bundesländern nach durchschnittlichem Anteil von Schülern mit Zuwanderungshintergrund in der Primärstufe in %

durchschnittlicher Zuwanderer-Anteil:
- 40-59 %
- mindestens 60 %

Thüringen
Sachsen
Brandenburg 6.7
Mecklenburg-Vorpommern 8.0
Sachsen-Anhalt 9.8
Schleswig-Holstein 9.8
Bayern 14.5 4.5 19.0
Rheinland-Pfalz 15.0 6.6 21.6
Niedersachsen 18.2 4.6 22.8
Deutschland 16.5 7.4 23.9
Nordrhein-Westfalen 19.4 9.2 28.6
Berlin 22.4 8.9 31.3
Hessen 19.3 13.3 32.6
Hamburg 24.8 13.8 38.6
Baden-Württemberg 28.8 14.5 43.3
Saarland 42.8 5.8 48.6
Bremen 32.3 23.3 55.6

Quelle: IQB Bildungstrend 2016, 13.10.17. © Jahnke - http://www.jjahnke.net

19844: Prozentuale Anteile der Viertklässlerinnen und Viertklässler mit Zuwanderungsstatus

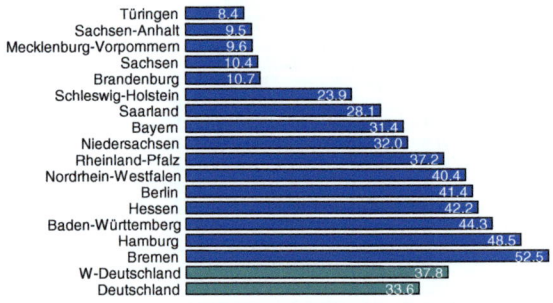

Türingen 8.4
Sachsen-Anhalt 9.5
Mecklenburg-Vorpommern 9.6
Sachsen 10.4
Brandenburg 10.7
Schleswig-Holstein 23.9
Saarland 28.1
Bayern 31.4
Niedersachsen 32.0
Rheinland-Pfalz 37.2
Nordrhein-Westfalen 40.4
Berlin 41.4
Hessen 42.2
Baden-Württemberg 44.3
Hamburg 48.5
Bremen 52.5
W-Deutschland 37.8
Deutschland 33.6

Quelle: IQB Bildungstrend 2016, 13.10.17. © Jahnke - http://www.jjahnke.net

19980: Zahl der von nicht-deutschen Müttern geborenen Kinder in Prozent derer von deutschen Müttern

Quelle: Statistisches Bundesamt vom 28.3.2018.
© Jahnke - http://www.jjahnke.net

150

20106: Von ausländischen Müttern in Deutschland geborene Kinder 2016 (Nationalität in Häufigkeit absteigend)

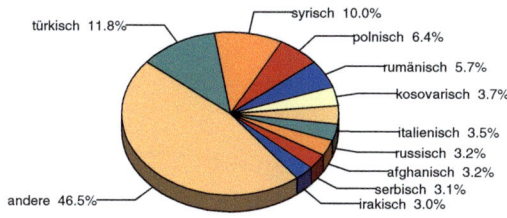

türkisch 11.8%
syrisch 10.0%
polnisch 6.4%
rumänisch 5.7%
kosovarisch 3.7%
italienisch 3.5%
russisch 3.2%
afghanisch 3.2%
serbisch 3.1%
irakisch 3.0%
andere 46.5%

Quelle: Statistisches Bundesamt, 28.3.18© Jahnke - http://www.jjahnke.net

20071: Studienberechtigtenquote* unter Ausländern im Alter zwischen 18 und 21 Jahren 2000-2016 in %

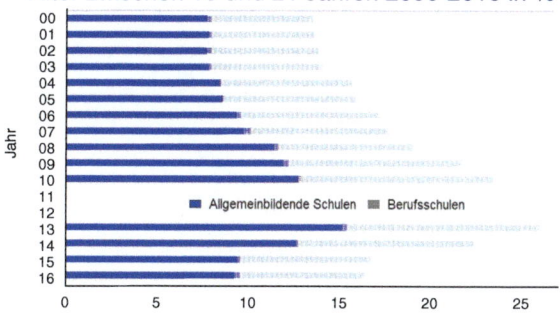

■ Allgemeinbildende Schulen ■ Berufsschulen

Quelle: Bildungsmonitor INSM 2018, *) Studienberechtigte im Verhältnis zur altersspezifischen Bevölkerung. © Joachim Jahnke - http://www.jjahnke.net/

20070: Schüler mit schulischem Mail-Postfach in %

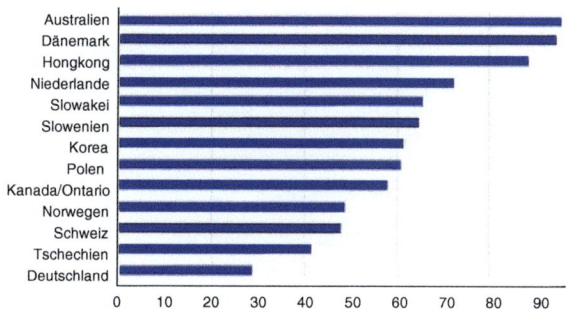

Quelle: IW-Bildungsmonitor 2018 . © Joachim Jahnke - http://www.jjahnke.net/

Abmarsch ins Prekariat?

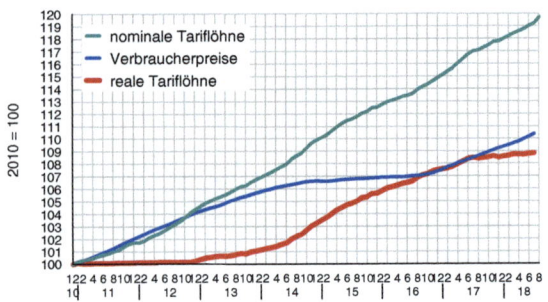

19590: Reale Entwicklung der tarifl. Monatsverdienste mit Sonderzahlungen (rotierende 12-Monatswerte)

- nominale Tariflöhne
- Verbraucherpreise
- reale Tariflöhne

Quelle: Statistisches Bundesamt. © Jahnke - http://www.jjahnke.net

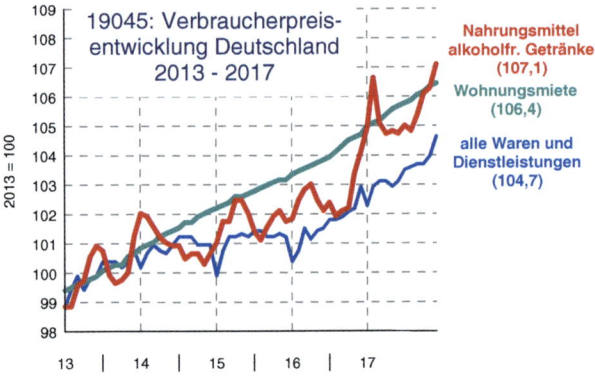

19045: Verbraucherpreisentwicklung Deutschland 2013 - 2017

Nahrungsmittel alkoholfr. Getränke (107,1)

Wohnungsmiete (106,4)

alle Waren und Dienstleistungen (104,7)

Quelle: StaBuA. © Jahnke - http://www.jjahnke.net

18732: Entwicklung der realen Monatsgehälter 1. Quartal 2007 bis 4. Quartal 2017 in %

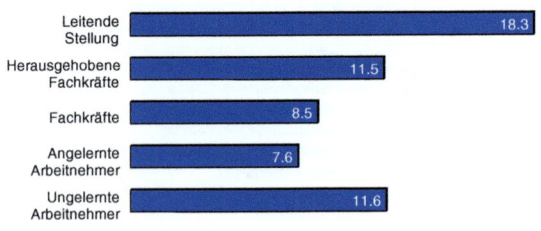

Leitende Stellung	18.3
Herausgehobene Fachkräfte	11.5
Fachkräfte	8.5
Angelernte Arbeitnehmer	7.6
Ungelernte Arbeitnehmer	11.6

Quelle: Statistisches Bundesamt. © Jahnke - http://www.jjahnke.net

19969: Branchentarifbindung der Beschäftigten 1996 bis 2017

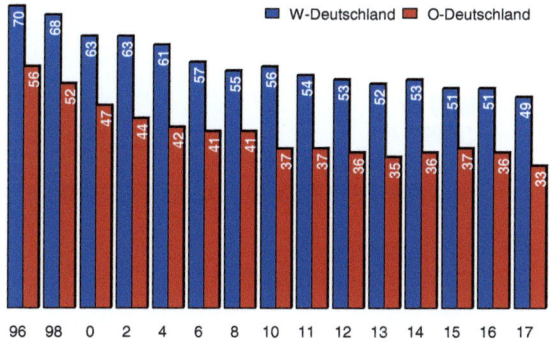

Quelle: IAB-Betriebspanel. © Jahnke - http://www.jjahnke.net

19921: Entwicklung von Löhnen und Unternehmens-/Vermögenseinkommen 1991-2017

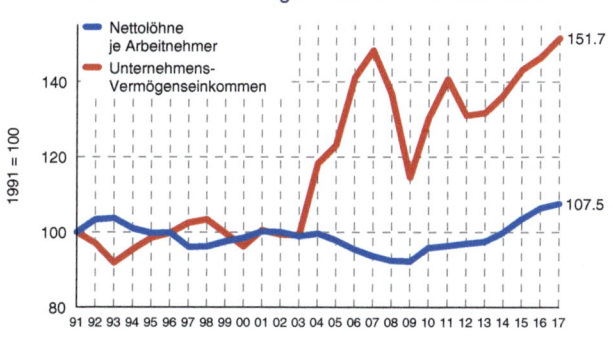

Quelle: Statistisches Bundesamt, inflationsbereinigt. © Jahnke - http://www.jjahnke.net

20102: Zahl der Superreichen in Tsd. 2017

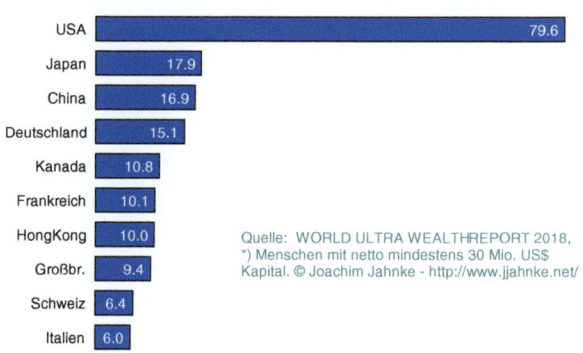

Quelle: WORLD ULTRA WEALTHREPORT 2018,
*) Menschen mit netto mindestens 30 Mio. US$
Kapital. © Joachim Jahnke - http://www.jjahnke.net/

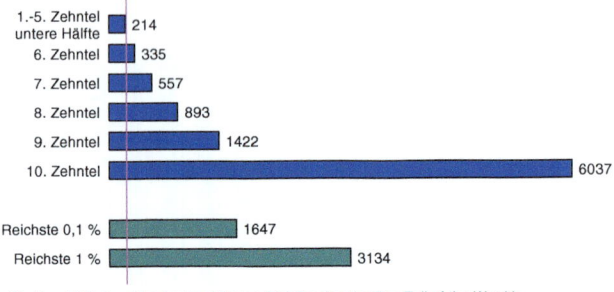

**20105: Deutsche Vermögensverteilung 2014
nach Zehntel der Haushalte in Mrd. Euro**

1.-5. Zehntel untere Hälfte	214
6. Zehntel	335
7. Zehntel	557
8. Zehntel	893
9. Zehntel	1422
10. Zehntel	6037
Reichste 0,1 %	1647
Reichste 1 %	3134

Quelle: DIW, "Looking for the Missing Rich:Tracing the Top Tail of the Wealth
Distribution", 2018.
© Joachim Jahnke - http://www.jjahnke.net/

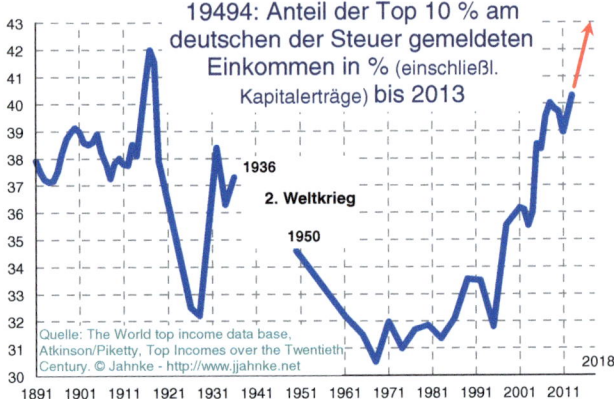

**19494: Anteil der Top 10 % am
deutschen der Steuer gemeldeten
Einkommen in % (einschließl.
Kapitalerträge) bis 2013**

1936

2. Weltkrieg

1950

2018

Quelle: The World top income data base,
Atkinson/Piketty, Top Incomes over the Twentieth
Century. © Jahnke - http://www.jjahnke.net

20103: Abstieg der Mittelschicht vor staatl. Umverteilung 2000-2013

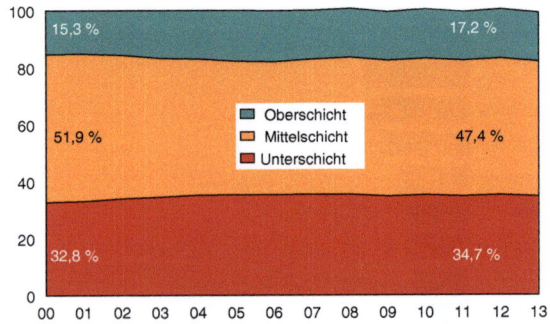

- ■ Oberschicht
- ■ Mittelschicht
- ■ Unterschicht

15,3 % 17,2 %
51,9 % 47,4 %
32,8 % 34,7 %

Quelle: Institut für Arbeit und Qualifikation, 2015/4; Oberklasse mehr als 200 % des
äquivalenzgewichteten Medians der Haushaltseinkommen, Unterklasse weniger als 60 %,
Mittelklasse dazwischen. © Jahnke - http://www.jjahnke.net

Perspektiven auf das Alter: Fit oder fertig?

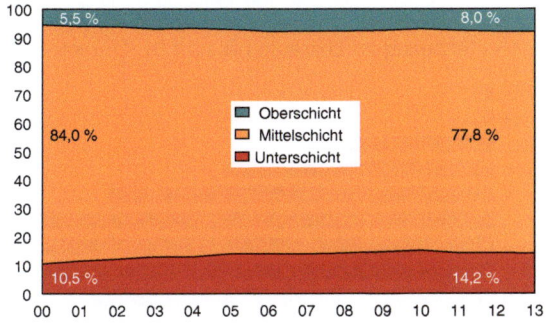

20104: Abstieg der Mittelschicht nach staatl. Umverteilung 2000-2013

Quelle: Institut für Arbeit und Qualifikation, 2015/4; Oberklasse mehr als 200 % des äquivalenzgewichteten Medians der Haushaltseinkommen, Unterklasse weniger als 60 %, Mittelklasse dazwischen. © Jahnke - http://www.jjahnke.net

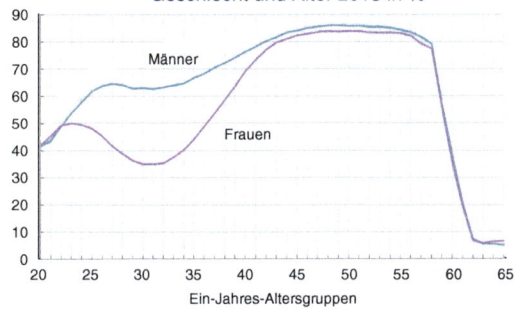

20051: Anteile der Berufstätigen mit durchgängiger sozialversicherungspflichtiger Beschäftigung bis Ende 2017 nach Geschlecht und Alter 2013 in %

Quelle: Gesundheitsreport TK 2018.© Jahnke - http://www.jjahnke.net

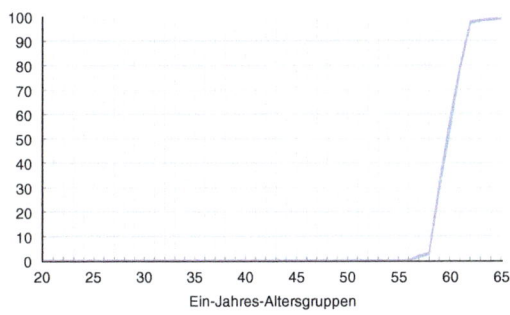

20052: Anteile der Berufstätigen mit Altersrentenbezug nach Alter 2013

Quelle: Gesundheitsreport TK 2018.© Jahnke - http://www.jjahnke.net

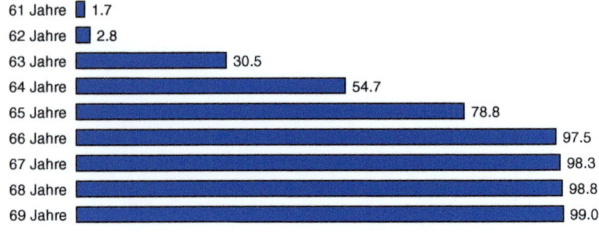

20053: Sozialversicherungspflichtig Beschäftigte am 1. Januar 2013 – Prozentanteile mit Hinweis auf Altersrentenbezug im Zeitraum bis zum 31. Dezember 2017

61 Jahre	1.7
62 Jahre	2.8
63 Jahre	30.5
64 Jahre	54.7
65 Jahre	78.8
66 Jahre	97.5
67 Jahre	98.3
68 Jahre	98.8
69 Jahre	99.0

Quelle: Gesundheitsreport TK 2018. © Joachim Jahnke - http://www.jjahnke.net/

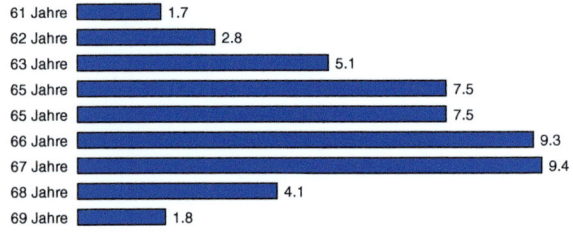

20054: Sozialversicherungspflichtig Beschäftigte am 1. Januar 2013 – Prozentanteile mit Hinweis auf Bezug von Schwerbehinderten-, Berufs- oder Erwerbsunfähigen-Rente im Zeitraum bis zum 31. Dezember 2017 nach Alter

61 Jahre	1.7
62 Jahre	2.8
63 Jahre	5.1
65 Jahre	7.5
65 Jahre	7.5
66 Jahre	9.3
67 Jahre	9.4
68 Jahre	4.1
69 Jahre	1.8

Quelle: Gesundheitsreport KT 2018. © Joachim Jahnke - http://www.jjahnke.net/

20086: Feinstaubelastung in W-Europa (durchschnittl. populationsgewichtete PM2.5

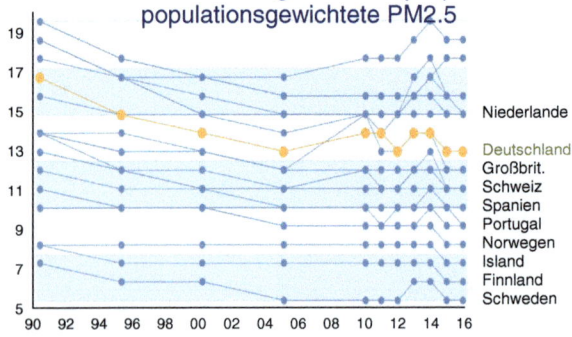

Quelle: State of Global Air.org, 2018© Jahnke - http://www.jjahnke.net

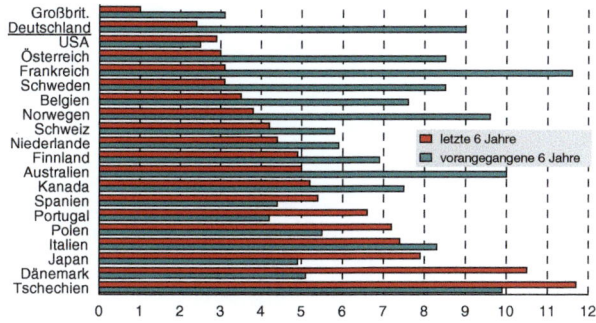

20067: Jährlicher Anstieg der Lebenserwartung von Frauen im Alter von 65 in den letzten 6 Jahren und in den vorangegangen 6 Jahren, jeweils in Wochen

Quelle: Office for National Statistics (GB) . © Joachim Jahnke - http://www.jjahnke.net

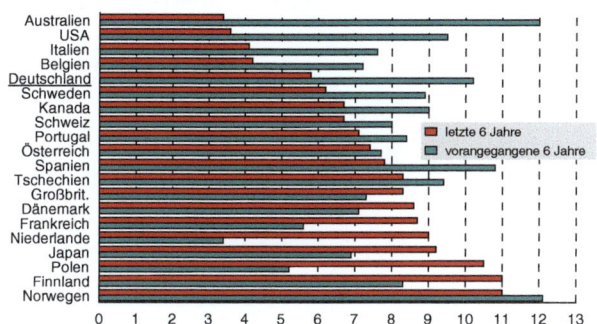

20066: Jährlicher Anstieg der Lebenserwartung von Männern im Alter von 65 in den letzten 6 Jahren und in den vorangegangen 6 Jahren, jeweils in Wochen

Quelle: Office for National Statistics (GB) . © Joachim Jahnke - http://www.jjahnke.net

20069: Staatshaushalte in % der Wirtschaftsleistung

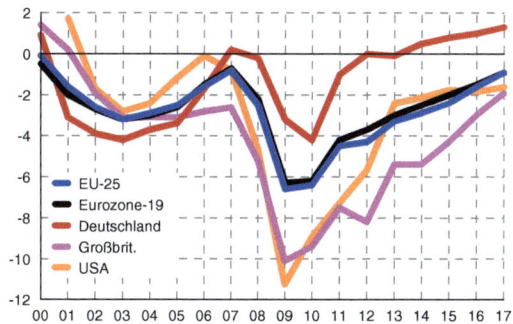

Quelle: Eurostat, für USA IWF.© Jahnke - http://www.jjahnke.net

157

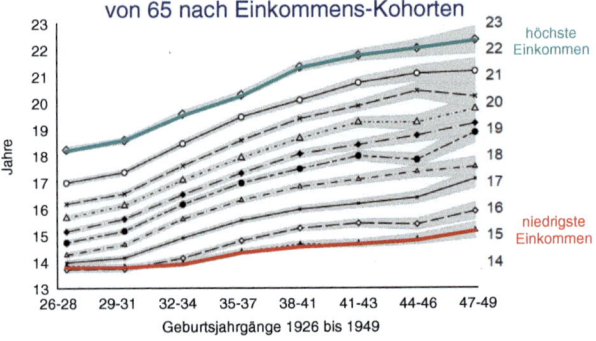

20057: Lebenserwartung westdeutscher Männer im Alter von 65 nach Einkommens-Kohorten

Quelle: DIW Berlin, Papier 1698, 18. 10. 2017© Jahnke - http://www.jjahnke.net

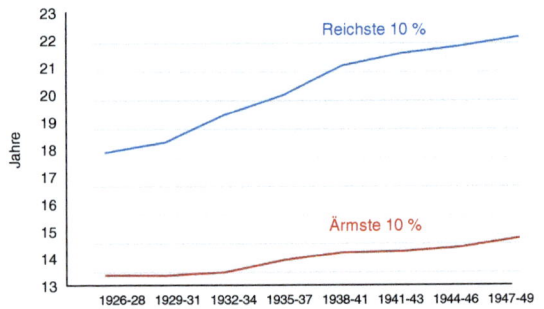

20077: Wie viele Jahre bleiben einem 65-Jährigen zu leben? Westdeutsche Männer, nach Einkommen und Geburtsjahrgängen

Quelle: DIW Berlin Discussion Paper, 1698© Jahnke - http://www.jjahnke.net

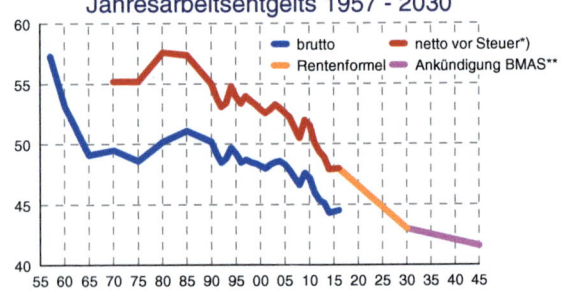

17862: Rentenniveau in % des durchschn. Jahresarbeitsentgelts 1957 - 2030

Quelle: Deutsche Rentenversicherung, 2014, *) Regelaltersrente gemindert um den allgemeinen Beitragsanteil sowie den durchschnittlichen Zusatzbeitrag zur Krankenversicherung und den Beitrag zur Pflegeversicherung. **) Ankündigung des BMAS vom 28. Sep. 2016. © Jahnke - http://www.jjahnke.net

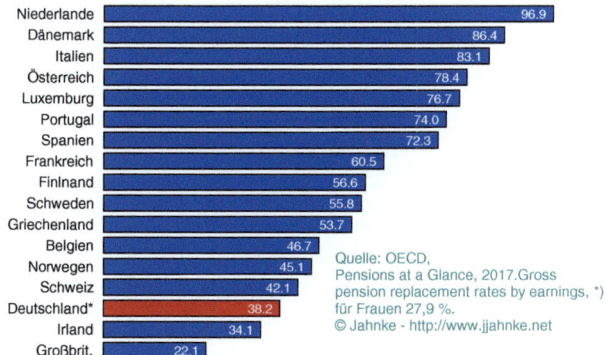

20073: Brutto- Rentenniveau im Verhältnis zum letzten Arbeitseinkommen in %

Niederlande	96.9
Dänemark	86.4
Italien	83.1
Österreich	78.4
Luxemburg	76.7
Portugal	74.0
Spanien	72.3
Frankreich	60.5
Finnland	56.6
Schweden	55.8
Griechenland	53.7
Belgien	46.7
Norwegen	45.1
Schweiz	42.1
Deutschland*	38.2
Irland	34.1
Großbrit.	22.1

Quelle: OECD,
Pensions at a Glance, 2017.Gross
pension replacement rates by earnings, *)
für Frauen 27,9 %.
© Jahnke - http://www.jjahnke.net

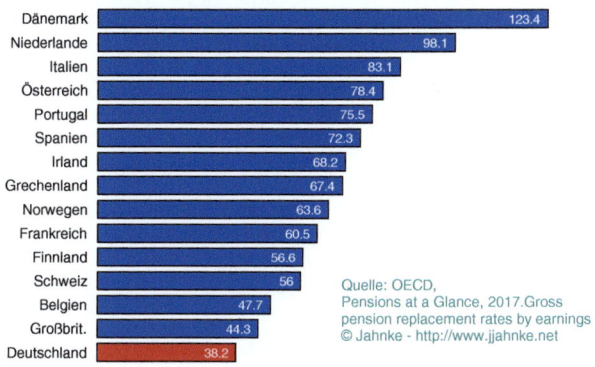

20074: Brutto- Rentenniveau im Verhältnis zum letzten Arbeitseinkommen (halbes Durchschnittseinkommen) in %

Dänemark	123.4
Niederlande	98.1
Italien	83.1
Österreich	78.4
Portugal	75.5
Spanien	72.3
Irland	68.2
Grechenland	67.4
Norwegen	63.6
Frankreich	60.5
Finnland	56.6
Schweiz	56
Belgien	47.7
Großbrit.	44.3
Deutschland	38.2

Quelle: OECD,
Pensions at a Glance, 2017.Gross
pension replacement rates by earnings
© Jahnke - http://www.jjahnke.net

19675: EZB-Zinsraten in % bis September 2018 (real nach Verbraucherpreisinflation)

Quelle: EZB, Eurostat.
© Jahnke - http://www.jjahnke.net

reale Zinsrate —— EZB-Zins ——

159

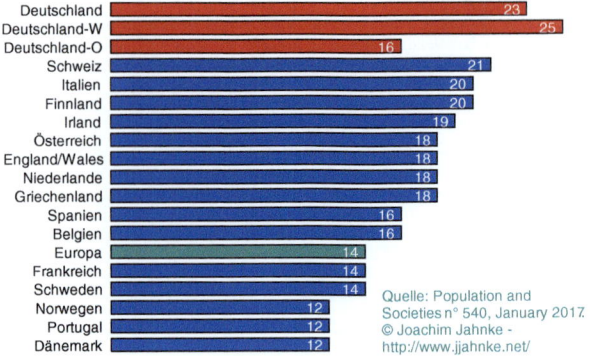

20078: Anteil kinderloser Frauen der Generation von 1968 in %

Quelle: Population and Societies n° 540, January 2017
© Joachim Jahnke - http://www.jjahnke.net/

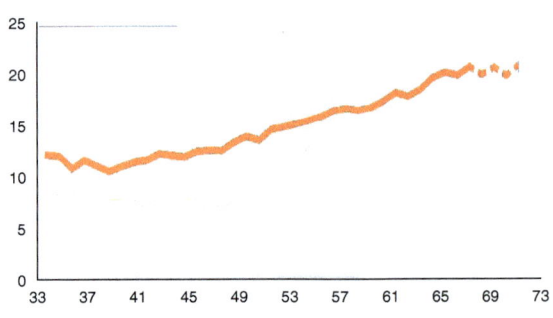

19752: Anteil kinderloser Frauen im Alter von 45-55 Jahren (2016) nach Geburtsjahrgängen in %

Quelle: Statistisches Bundesamt. © Jahnke - http://www.jjahnke.net

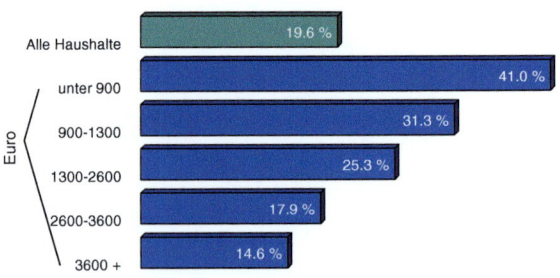

19749: Anteil kinderloser Frauen im Alter von 45-54 Jahren (2016) nach monatlichem Nettoeinkommen des Haushalts

Quelle: Statistisches Bundesamt, Mikrozensus 2016. © Jahnke - http://www.jjahnke.net

17876: Unterschied in den Alterssicherungseinkünften von Männer und Frauen in der Alt-EU 2012 in %

Quelle: EUROPEAN COMMISSION, 14.4.2014, SWD(2014) 142 final, COMMISSION STAFF WORKING DOCUMENT. Gender Pay Gap figures based on Eurostat's Structure of Earnings Database for 2012. The gender gap in pension income is based on EU-SILC 2011 data, and calculated by the European Network of Experts on Gender Equality.

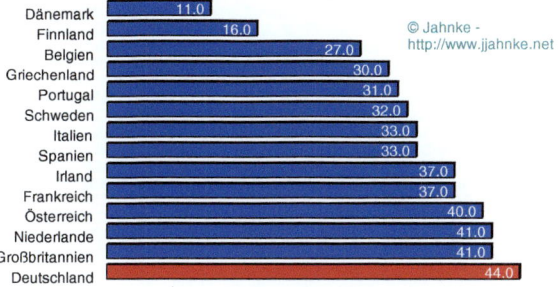

© Jahnke -
http://www.jjahnke.net

Dänemark	11.0
Finnland	16.0
Belgien	27.0
Griechenland	30.0
Portugal	31.0
Schweden	32.0
Italien	33.0
Spanien	33.0
Irland	37.0
Frankreich	37.0
Österreich	40.0
Niederlande	41.0
Großbritannien	41.0
Deutschland	44.0

17864: Rentenschichtung in % der monatlichen Zahlbeträge alte Bundesländer Ende 2016

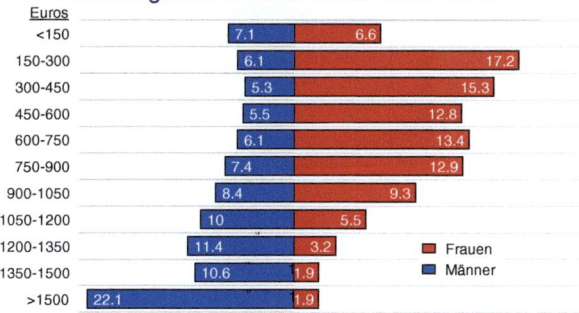

Euros

Euros	Männer	Frauen
<150	7.1	6.6
150-300	6.1	17.2
300-450	5.3	15.3
450-600	5.5	12.8
600-750	6.1	13.4
750-900	7.4	12.9
900-1050	8.4	9.3
1050-1200	10	5.5
1200-1350	11.4	3.2
1350-1500	10.6	1.9
>1500	22.1	1.9

■ Frauen
■ Männer

Quelle: Deutsche Sozialversicherung, Renten wegen Alters und verminderter Erwerbsfähigkeit. © Jahnke - http://www.jjahnke.net

20055: Armutsgefährdung*) im Alter von 65 und mehr Jahren

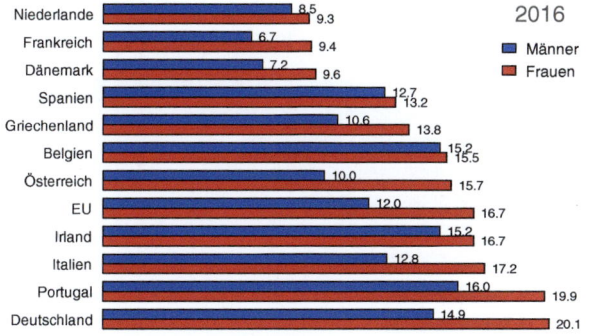

2016

■ Männer
■ Frauen

Land	Männer	Frauen
Niederlande	8.5	9.3
Frankreich	6.7	9.4
Dänemark	7.2	9.6
Spanien	12.7	13.2
Griechenland	10.6	13.8
Belgien	15.2	15.5
Österreich	10.0	15.7
EU	12.0	16.7
Irland	15.2	16.7
Italien	12.8	17.2
Portugal	16.0	19.9
Deutschland	14.9	20.1

Quelle: Eurostat, *) 60 % des Median-Einkommens. © Joachim Jahnke - http://www.jjahnke.net/

20087: Lebenserwartung von Frauen in W-Europa in Jahren

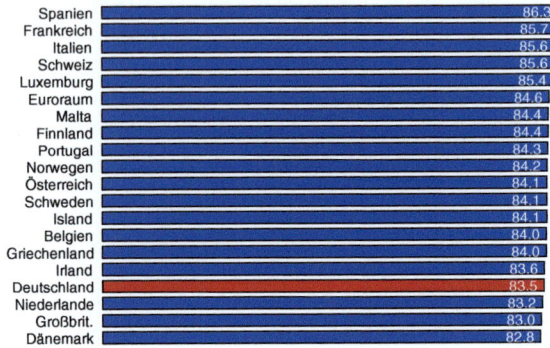

Spanien	86,3
Frankreich	85,7
Italien	85,6
Schweiz	85,6
Luxemburg	85,4
Euroraum	84,6
Malta	84,4
Finnland	84,4
Portugal	84,3
Norwegen	84,2
Österreich	84,1
Schweden	84,1
Island	84,1
Belgien	84,0
Griechenland	84,0
Irland	83,6
Deutschland	83,5
Niederlande	83,2
Großbrit.	83,0
Dänemark	82,8

Quelle: Eurostat. © Joachim Jahnke - http://www.jjahnke.net/

20099: Jetzige Reichweite von Rentenanwartschaften und privatem Vermögen zur Deckung des privaten Konsums

Anteil der 55- bis 64-Jährigen nach Anwartschaftstyp in Jahren nach Renteneintritt

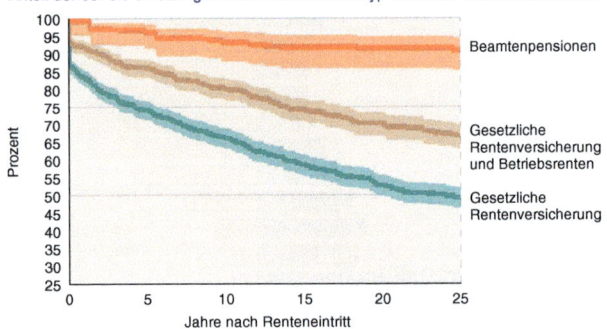

Quelle: DIW Berlin, Wochenbericht 37, 2018© Jahnke - http://www.jjahnke.net

20100: Durchschnittlicher Pro-Kopf-Konsum der 55- bis 64-Jährigen in Euro pro Monat nach Dezilen des Pro-Kopf-Haushaltsnettoeinkommens

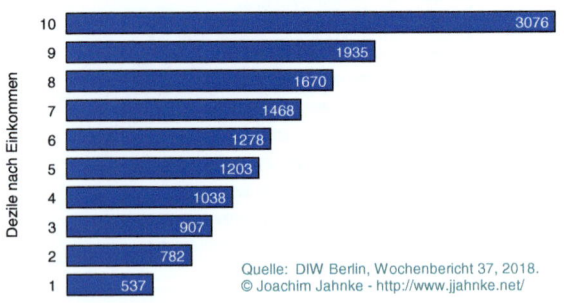

Dezile nach Einkommen	
10	3076
9	1935
8	1670
7	1468
6	1278
5	1203
4	1038
3	907
2	782
1	537

Quelle: DIW Berlin, Wochenbericht 37, 2018.
© Joachim Jahnke - http://www.jjahnke.net/

Deutschland lernt nicht aus seinen schweren Krisen

20068: Pflegequoten* nach Altersgruppen 2015

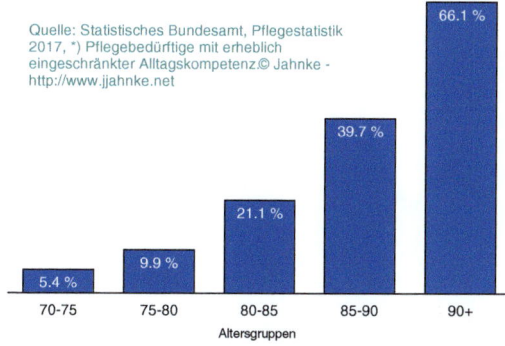

Quelle: Statistisches Bundesamt, Pflegestatistik 2017, *) Pflegebedürftige mit erheblich eingeschränkter Alltagskompetenz.© Jahnke - http://www.jjahnke.net

20101: Pflegeinzidenz in den oberen Altersgruppen nach psychischen Störungen im Jahr 2015 in %

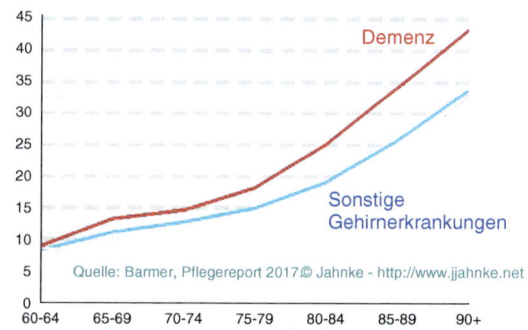

Quelle: Barmer, Pflegereport 2017© Jahnke - http://www.jjahnke.net

20088: Wirtschaftsdaten 1928 - 1932

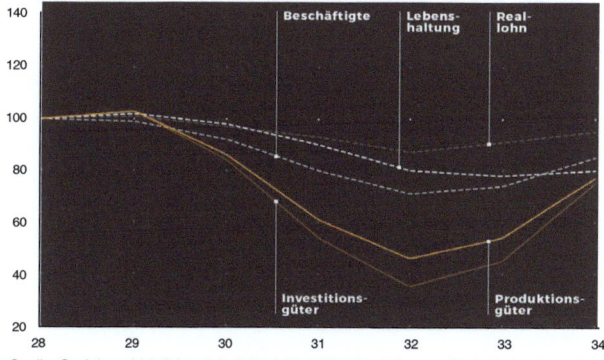

Quelle: Sozialgeschichtliches Arbeitsbuch Band 3 : Materialien zur Statistik des Deutschen Reiches 1914-1945.© Jahnke - http://www.jjahnke.net

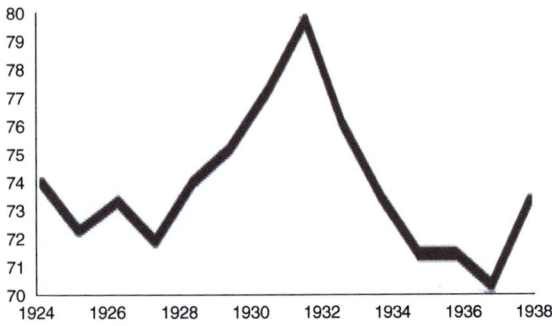

20098: Unbereinigte Lohnquote 1924 - 1938 in %

Quelle: Funktionale und personelle Einkommensverteilung in der „Großen Depression"
und in der „Großen Rezession", Trappl, Wirtschaft und Gesellschaft, 2015. © Jahnke -
http://www.jjahnke.net

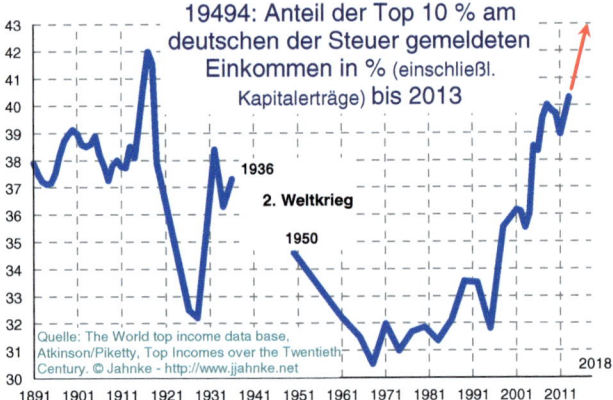

19494: Anteil der Top 10 % am deutschen der Steuer gemeldeten Einkommen in % (einschließl. Kapitalerträge) bis 2013

1936
2. Weltkrieg
1950

Quelle: The World top income data base,
Atkinson/Piketty, Top Incomes over the Twentieth
Century. © Jahnke - http://www.jjahnke.net

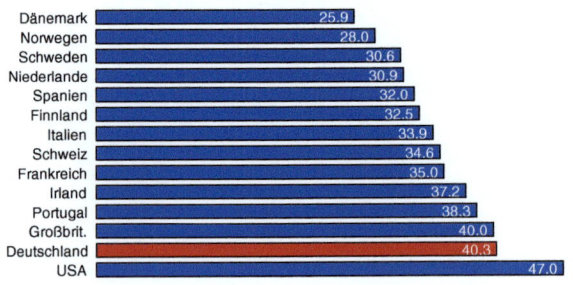

20093: Anteil der obersten 10 % der Haushalte am zur
Steuer gemeldeten Einkommen W-Europa und USA in %

Dänemark	25.9
Norwegen	28.0
Schweden	30.6
Niederlande	30.9
Spanien	32.0
Finnland	32.5
Italien	33.9
Schweiz	34.6
Frankreich	35.0
Irland	37.2
Portugal	38.3
Großbrit.	40.0
Deutschland	40.3
USA	47.0

Quelle: The World top income data base, Atkinson/Piketty, jeweils neueste Daten,
meist um 2013/14. © Joachim Jahnke - http://www.jjahnke.net/

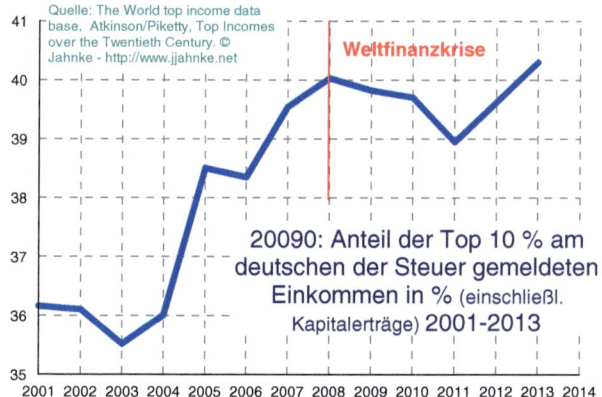

Quelle: The World top income data base, Atkinson/Piketty, Top Incomes over the Twentieth Century. © Jahnke - http://www.jjahnke.net

Weltfinanzkrise

20090: Anteil der Top 10 % am deutschen der Steuer gemeldeten Einkommen in % (einschließl. Kapitalerträge) 2001-2013

20089: Anteil der unteren Hälfte am deutschen Nationaleinkommen 1961-2013 in %

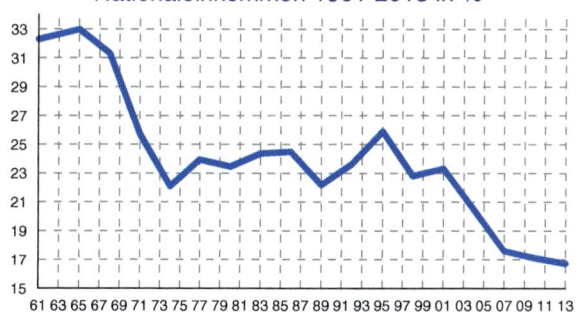

Quelle: The World top income data base, Atkinson/Piketty, Top Incomes over the Twentieth Century. © Jahnke - http://www.jjahnke.net

20097: Verteilung des gesamten Vermögens in der Bevölkerung (nach Haushaltsgruppen) im Jahr 2014

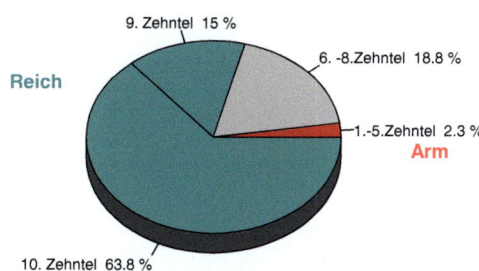

9. Zehntel 15 %

6. -8.Zehntel 18.8 %

Reich

1.-5.Zehntel 2.3 %

Arm

10. Zehntel 63.8 %

Quelle: DIW, Looking for the missing rich:Tracing the top tail of the wealth distribution, Jan. 2018. © Jahnke - http://www.jjahnke.net

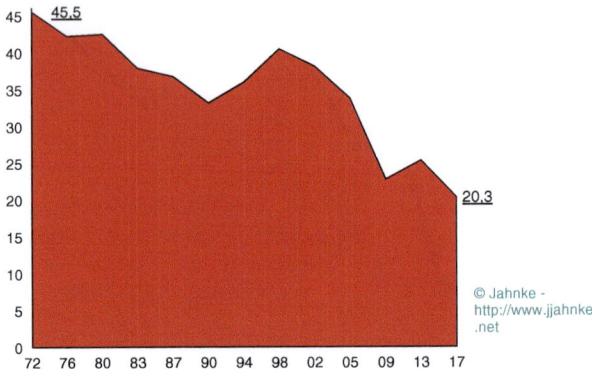

20004: SPD-Ergebnisse bei Bundestagswahlen in %

© Jahnke - http://www.jjahnke.net

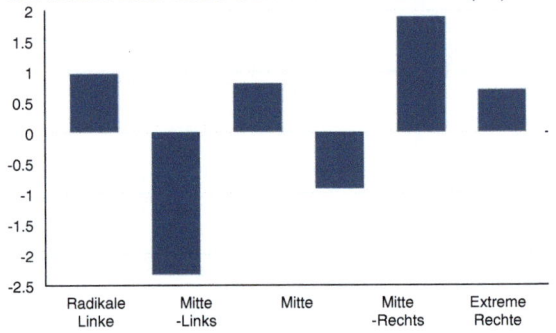

20091: Wechsel im Prozentanteil politischer Parteien bei den letzten zwei nationalen Wahlen in der EU (28) in %

Quelle: Downes, 2018. © Jahnke - http://www.jjahnke.net/

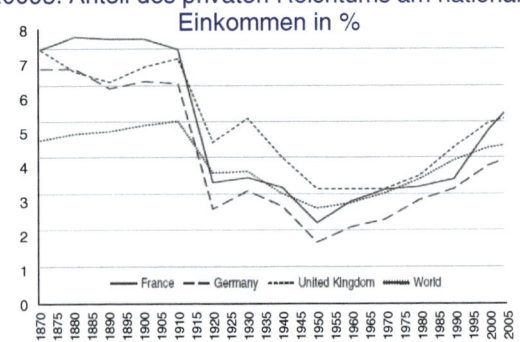

20095: Anteil des privaten Reichtums am nationalen Einkommen in %

Quelle: Walter Scheidel, "Nach dem Krieg sind alle gleich: Eine Geschichte der Ungleichheit", 2018.© Jahnke - http://www.jjahnke.net

Die Mär von der gelingenden Integration

20096: Geburtenrate 1900 - 1950

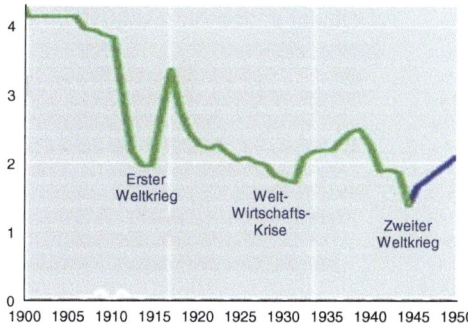

Quelle: bpb 2012.© Jahnke - http://www.jjahnke.net

20094: Globale Gesamtverschuldung

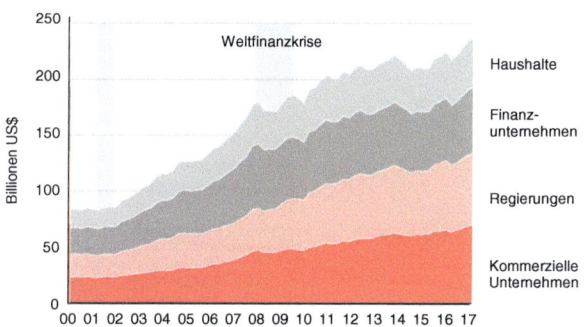

Quelle: Washington Post.© Jahnke - http://www.jjahnke.net

19840: 1,2 Mio. Angehörige aus nichteuropäischen Asylherkunftsländern und deutscher Arbeitsmarkt (ohne in Ausbildung) in Tsd. Mai 2018

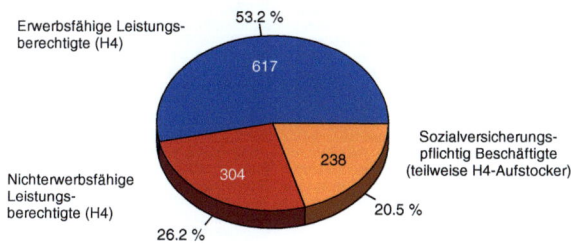

Quelle: Bundesagentur für Arbeit. © Jahnke - http://www.jjahnke.net

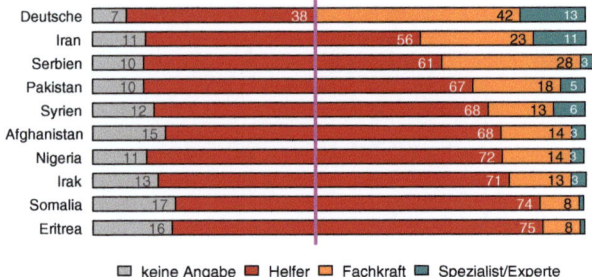

20076: Anteil der Qualifikation für Helfertätigkeiten bei Arbeitsuchenden August 2018 in %

	keine Angabe	Helfer	Fachkraft	Spezialist/Experte
Deutsche	7	38	42	13
Iran	11	56	23	11
Serbien	10	61	28	3
Pakistan	10	67	18	5
Syrien	12	68	13	6
Afghanistan	15	68	14	3
Nigeria	11	72	14	3
Irak	13	71	13	3
Somalia	17	74	8	
Eritrea	16	75	8	

Quelle: Bundesagentur für Arbeit, Migrationsmonitor. © Joachim Jahnke - http://www.jjahnke.net/

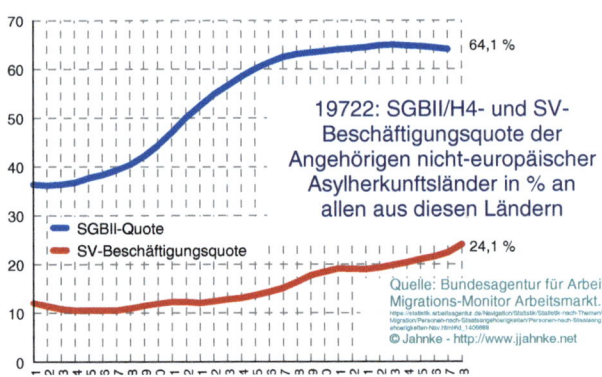

19722: SGBII/H4- und SV-Beschäftigungsquote der Angehörigen nicht-europäischer Asylherkunftsländer in % an allen aus diesen Ländern

SGBII-Quote — 64,1 %
SV-Beschäftigungsquote — 24,1 %

Quelle: Bundesagentur für Arbeit. Migrations-Monitor Arbeitsmarkt.
© Jahnke - http://www.jjahnke.net

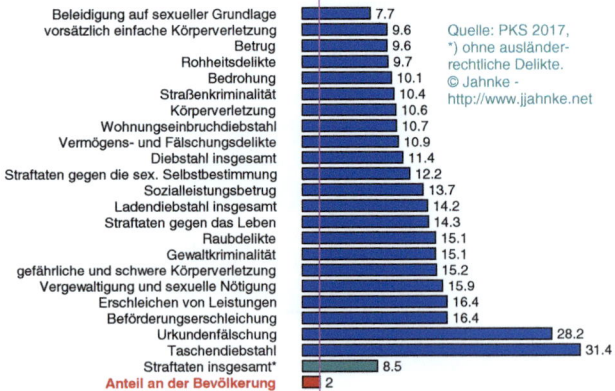

19998: PKS 2017: Anteil der Zuwanderer an den Tatverdächtigen bei ausgewählten Straftaten

Quelle: PKS 2017, *) ohne ausländerrechtliche Delikte.
© Jahnke - http://www.jjahnke.net

Beleidigung auf sexueller Grundlage	7.7
vorsätzlich einfache Körperverletzung	9.6
Betrug	9.6
Rohheitsdelikte	9.7
Bedrohung	10.1
Straßenkriminalität	10.4
Körperverletzung	10.6
Wohnungseinbruchdiebstahl	10.7
Vermögens- und Fälschungsdelikte	10.9
Diebstahl insgesamt	11.4
Straftaten gegen die sex. Selbstbestimmung	12.2
Sozialleistungsbetrug	13.7
Ladendiebstahl insgesamt	14.2
Straftaten gegen das Leben	14.3
Raubdelikte	15.1
Gewaltkriminalität	15.1
gefährliche und schwere Körperverletzung	15.2
Vergewaltigung und sexuelle Nötigung	15.9
Erschleichen von Leistungen	16.4
Beförderungserschleichung	16.4
Urkundenfälschung	28.2
Taschendiebstahl	31.4
Straftaten insgesamt*	8.5
Anteil an der Bevölkerung	2

Verlierer der Globalisierung in Deutschland

20038: Entwicklung der deutschen Importe aus China und Osteuropa 1993 bis 2017 in Mrd. Euro

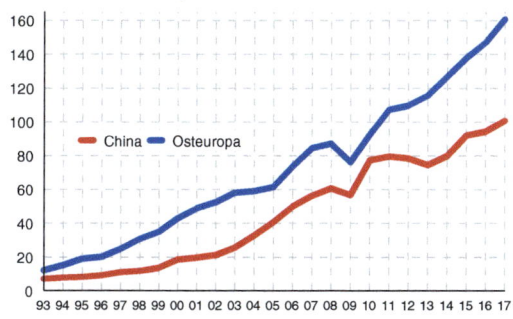

Quelle: Statistisches Bundesamt.© Jahnke - http://www.jjahnke.net

20082: Anteile der deutschen Importe aus der Alt-EU (15) sowie aus Osteuropa/China am Gesamtimport 1993 bis 2017 in %

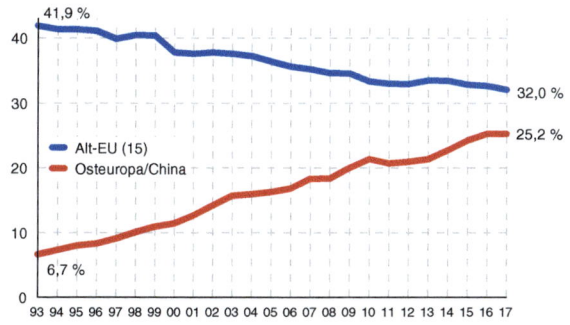

Quelle: Statistisches Bundesamt.© Jahnke - http://www.jjahnke.net

20039: Anteil Chinas am Welthandel im Verarbeitenden Gewerbe

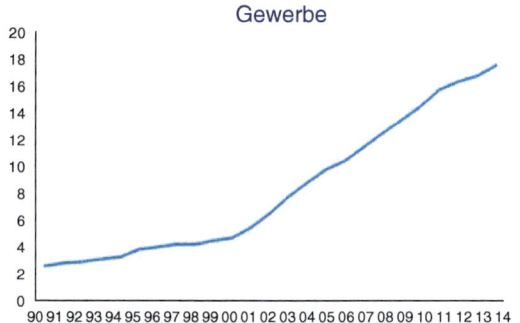

Quelle: D.Autor, D. Dorn, G. Hanson: The China Shock: Learning from Labor Market Adjsutment to Large Changes in Trade© Jahnke - http://www.jjahnke.net

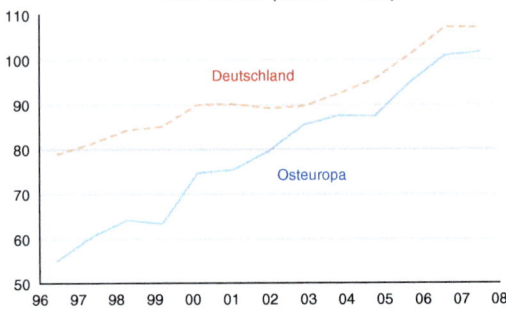

20035: Entwicklung der Produktivität in Osteuropa 1996-2008 (2010 = 100)

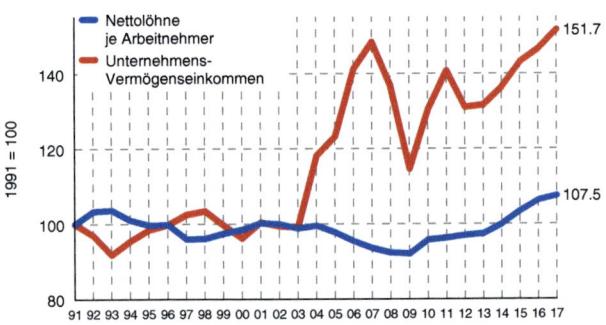

19921: Entwicklung von Löhnen und Unternehmens-/Vermögenseinkommen 1991-2017

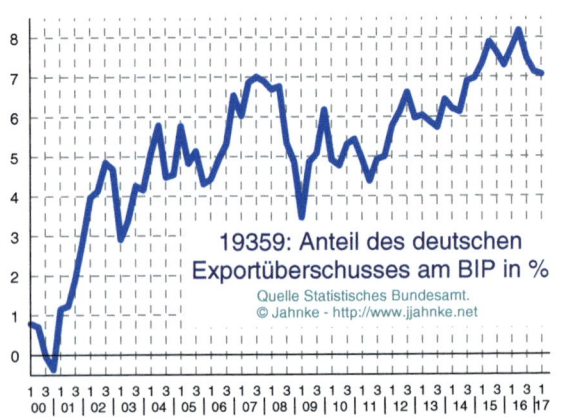

19359: Anteil des deutschen Exportüberschusses am BIP in %

17862: Rentenniveau in % des durchschn. Jahresarbeitsentgelts 1957 - 2016

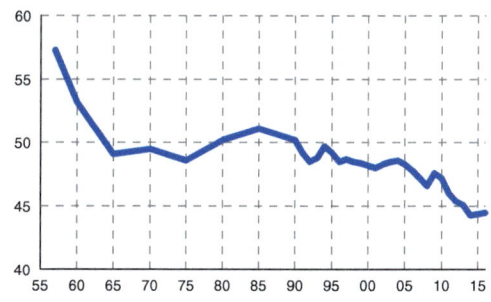

Quelle: Deutsche Rentenversicherung, 2014. © Jahnke - http://www.jjahnke.net

20034: Regionale Beschäftigungsentwicklung in West-Deutschland 1978 bis 2014 in % (Vollzeitäquivalente)

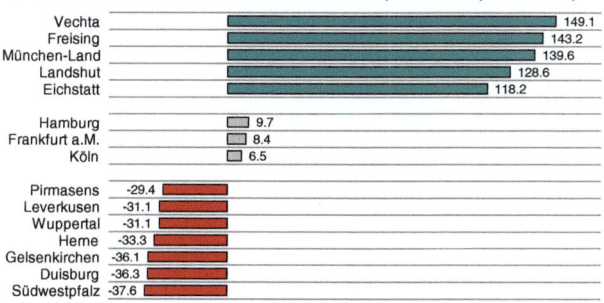

Vechta	149.1
Freising	143.2
München-Land	139.6
Landshut	128.6
Eichstatt	118.2
Hamburg	9.7
Frankfurt a.M.	8.4
Köln	6.5
Pirmasens	-29.4
Leverkusen	-31.1
Wuppertal	-31.1
Herne	-33.3
Gelsenkirchen	-36.1
Duisburg	-36.3
Südwestpfalz	-37.6

Quelle: Berechnungen Prof. Jens Südekum. © Joachim Jahnke - http://www.jjahnke.net/

20044: Neue Migranten 2014-2017 aus humanitären Gründen und Familiennachzug je 10.000 Einwohner

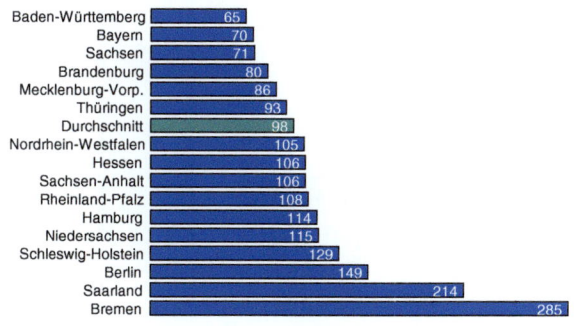

Baden-Württemberg	65
Bayern	70
Sachsen	71
Brandenburg	80
Mecklenburg-Vorp.	86
Thüringen	93
Durchschnitt	98
Nordrhein-Westfalen	105
Hessen	106
Sachsen-Anhalt	106
Rheinland-Pfalz	108
Hamburg	114
Niedersachsen	115
Schleswig-Holstein	129
Berlin	149
Saarland	214
Bremen	285

Quelle: IW-Kurzbericht 42/2018. © Joachim Jahnke - http://www.jjahnke.net/

20046: Deutscher Wanderungssaldo (einschliesslich statistischer Anpassungen) kumuliert 2000-2017 in Mio.

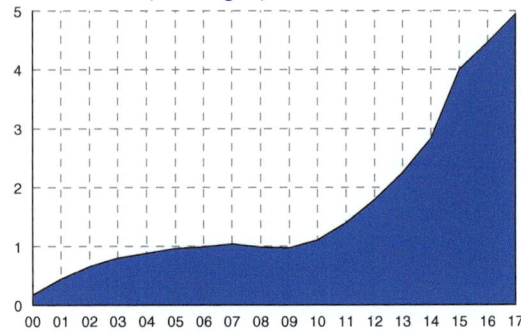

20044: Neue Migranten 2014-2017 aus humanitären Gründen und Familiennachzug je 10.000 Einwohner

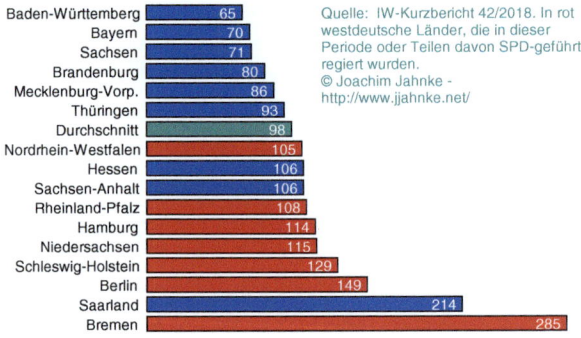

Quelle: IW-Kurzbericht 42/2018. In rot westdeutsche Länder, die in dieser Periode oder Teilen davon SPD-geführt regiert wurden.
© Joachim Jahnke - http://www.jjahnke.net/

19832: Zahl der Ausländer aus Rumänien und Bulgarien 2010/17

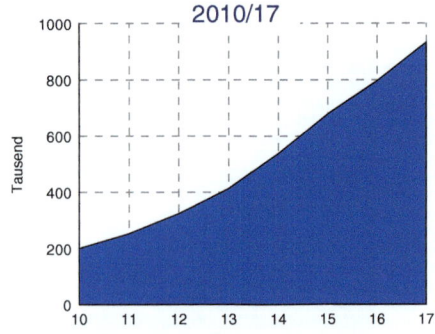

Kohl, Merkel und der Euro

20041: Wahlergebnisse der AfD 2017 in Wahlkreisen, die durch die Globalisierung viel Beschäftigung verloren haben

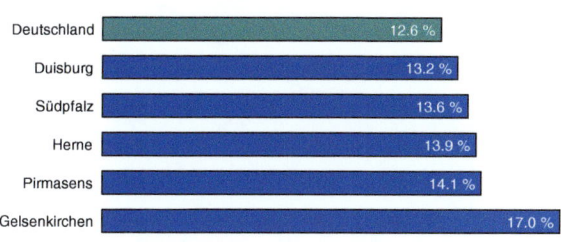

Quelle: Bundeswahlleiter. © Joachim Jahnke - http://www.jjahnke.net/

20045: Leistungsbilanzen 2017 in % BIP

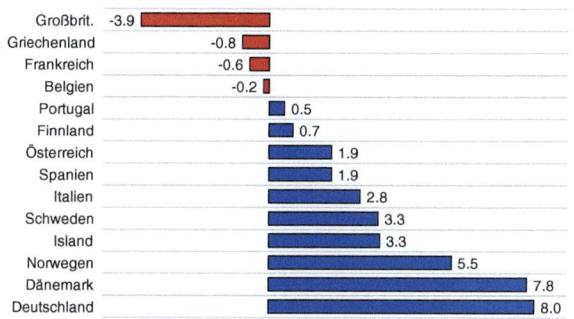

Quelle: Eurostat. © Joachim Jahnke - http://www.jjahnke.net/

20031: Folgen des Wettbewerbs aus China, Osteuropa und den Ölländern auf die Euro-Krisenländer 1999-2008 kumuliert in % des BIP

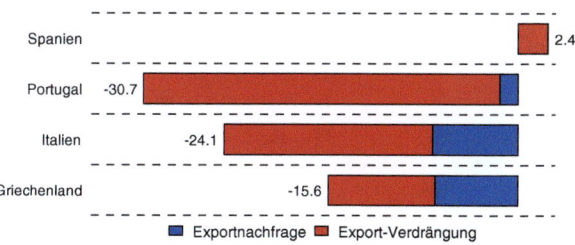

Quelle: IWF Arbeitspapier WP/12/236, Sept. 2012. © Joachim Jahnke - http://www.jjahnke.net/

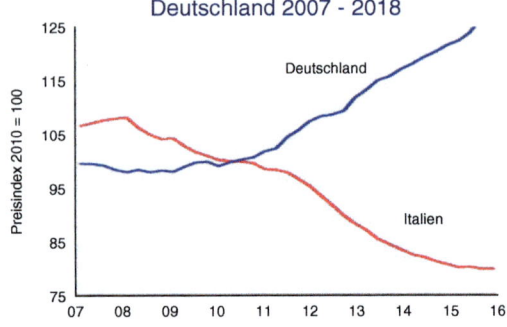

20032: Entwicklung der Immobilienpreise in Italien und Deutschland 2007 - 2018

19923: Target2-Saldo der Bundesbank in Mrd. Euro 2007 - Sept. 2018

956.5

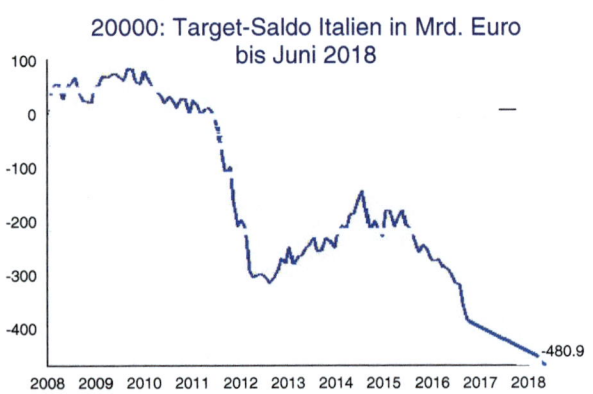

20000: Target-Saldo Italien in Mrd. Euro bis Juni 2018

-480.9

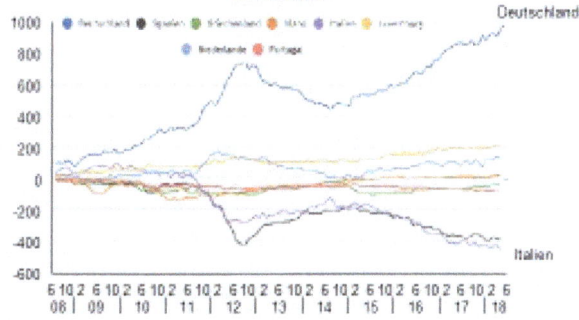

20033: Entwicklung der Target-Salden Juni 08 - Juni 18 in Mrd. Euo

Quelle: EZB. © Jahnke - http://www.jjahnke.net

19713: Bruttostaatsverschuldung in der Eurozone in % BIP 2017

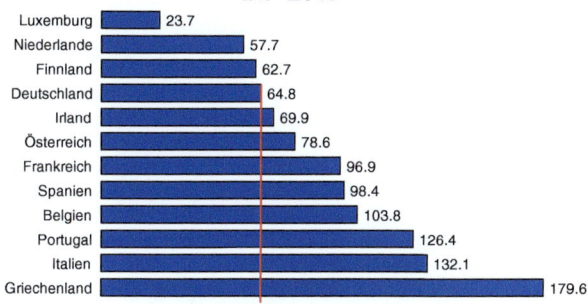

Luxemburg	23.7
Niederlande	57.7
Finnland	62.7
Deutschland	64.8
Irland	69.9
Österreich	78.6
Frankreich	96.9
Spanien	98.4
Belgien	103.8
Portugal	126.4
Italien	132.1
Griechenland	179.6

Quelle: IEU-Kommission (AMECO). © Jahnke - http://www.jjahnke.net

19554: Staatsverschuldung Griechenland in % BIP

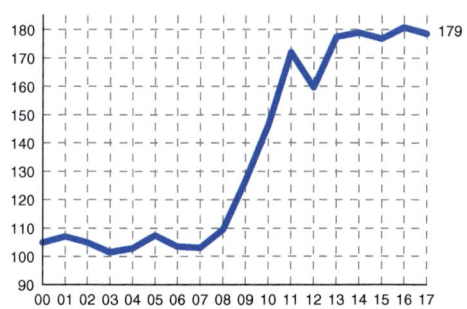

Quelle: EU-Kommission (AMECO). © Jahnke - http://www.jjahnke.net

175

Schleichender Verlust der Mittelschicht

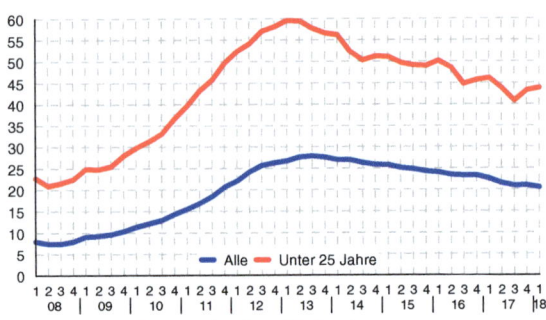

20019: Arbeitslosenraten in Griechenland bis 1. Quartal 2018 in %

Quelle: Eurostat. © Jahnke - http://www.jjahnke.net

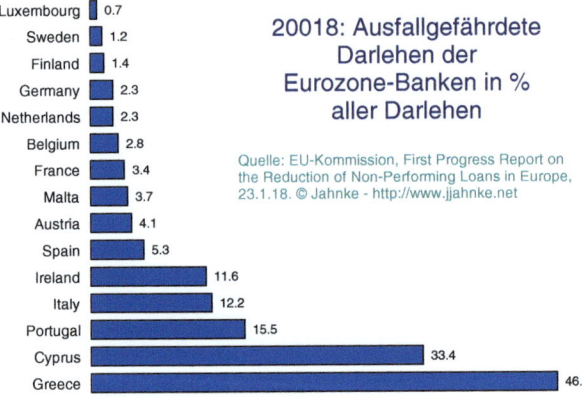

Luxembourg	0.7
Sweden	1.2
Finland	1.4
Germany	2.3
Netherlands	2.3
Belgium	2.8
France	3.4
Malta	3.7
Austria	4.1
Spain	5.3
Ireland	11.6
Italy	12.2
Portugal	15.5
Cyprus	33.4
Greece	46.9

20018: Ausfallgefährdete Darlehen der Eurozone-Banken in % aller Darlehen

Quelle: EU-Kommission, First Progress Report on the Reduction of Non-Performing Loans in Europe, 23.1.18. © Jahnke - http://www.jjahnke.net

20006: Verteilung der Haushaltseinkommen vor staatlicher Umverteilung 1993 - 2013

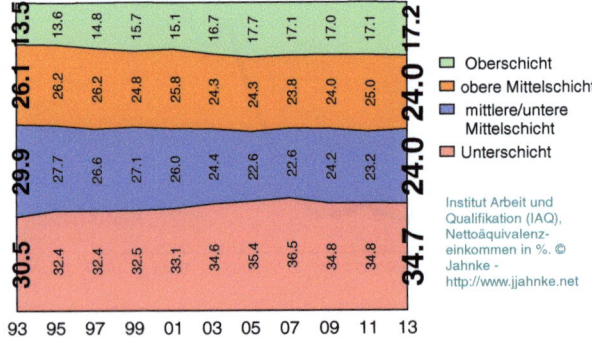

- Oberschicht
- obere Mittelschicht
- mittlere/untere Mittelschicht
- Unterschicht

Institut Arbeit und Qualifikation (IAQ), Nettoäquivalenzeinkommen in %. © Jahnke - http://www.jjahnke.net

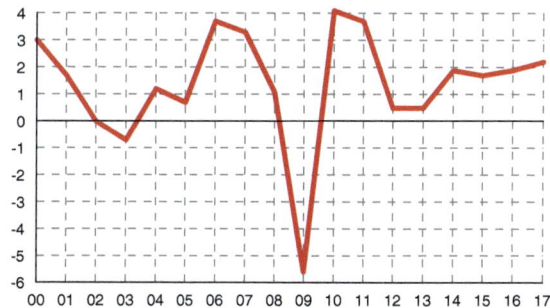

20007: Deutsche Wirtschaftsentwicklung real in % gegenüber Vorjahr bis 2015

Quelle: Statistisches Bundesamt. © Jahnke - http://www.jjahnke.net

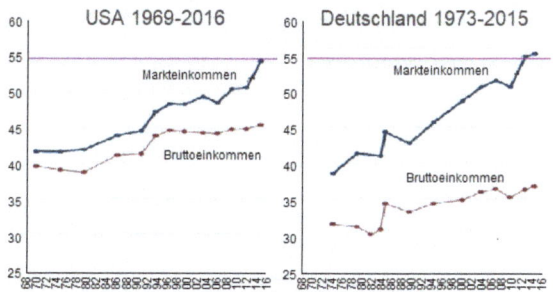

20008: GINI-Koeffizient der Ungleichheit der Einkommen

USA 1969-2016

Deutschland 1973-2015

Quelle: Branko Milanovic . © Jahnke - http://www.jjahnke.net

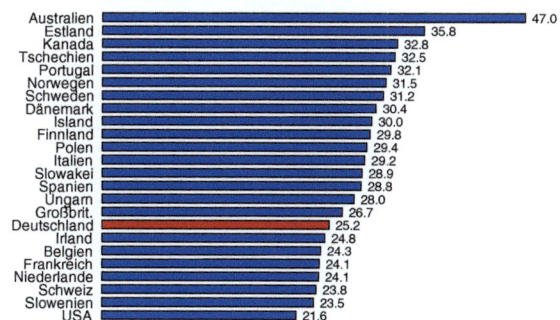

20014: Absolute soziale Klassenmobilität* in den 2010-ner Jahren

Australien	47.0
Estland	35.8
Kanada	32.8
Tschechien	32.5
Portugal	32.1
Norwegen	31.5
Schweden	31.2
Dänemark	30.4
Island	30.0
Finnland	29.8
Polen	29.4
Italien	29.2
Slowakei	28.9
Spanien	28.8
Ungarn	28.0
Großbrit.	26.7
Deutschland	25.2
Irland	24.8
Belgien	24.3
Frankreich	24.1
Niederlande	24.1
Schweiz	23.8
Slowenien	23.5
USA	21.6

Quelle: OECD, Prozentsatz der 25 bis 64 Jahre Alten mit höherem sozialem Status abzüglich derer mit niederem. © Jahnke - http://www.jjahnke.net

177

20010: Entwicklung des durchschnittlichen verfügbaren Haushaltseinkommens nach Dezilen seit 1991 (=100)

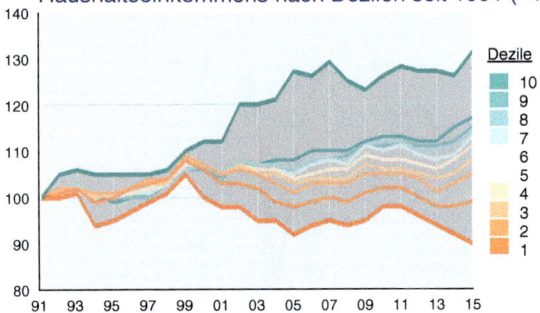

Quelle: DIW, Reale Einkommen in Preisen von 2010; Population: Personen in Privathaushalten; bedarfsgewichtete Jahreseinkommen im Folgejahr erhoben, bedarfsgewichtet mit der modifizierten OECD-Äquivalenzskala. © Jahnke - http://www.jjahnke.net

20009: Armutsrisikoquote seit 1991 für Personen mit und ohne Migrationshintergrund in %

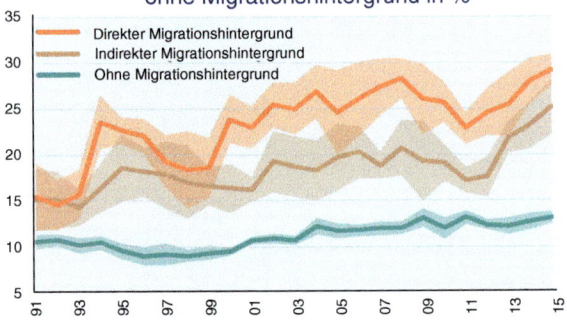

Quelle: DIW. © Jahnke - http://www.jjahnke.net

20011: Entwicklung der sozialen Segregation in 74 deutschen Städten bis 2014 (Segregationsindex SGB-II-Empfänger)

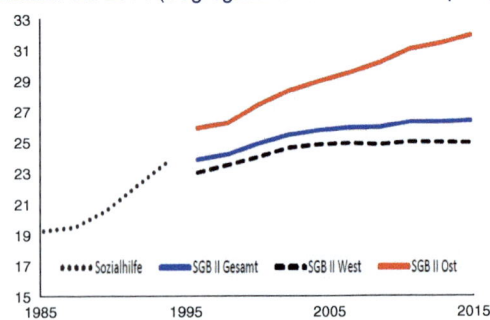

Quelle: Berliner Wissenschaftszentrums für Sozialforschung.
© Jahnke - http://www.jjahnke.net

20012: Anteil von Kindern in Nachbarschaften, in denen über 30 bzw. 50 % aller Kinder arm* sind

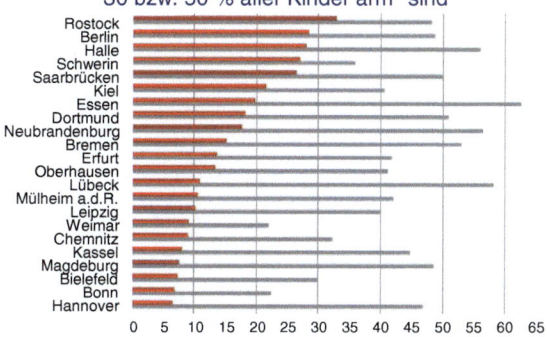

Quelle: Berliner Wissenschaftszentrums für Sozialforschung, *) gemessen am SGB-II-Bezug, rot=über 50%, grau=über 30 %. © Jahnke - http://www.jjahnke.net

20014: Absolute soziale Klassenmobilität* in den 2010-ner Jahren

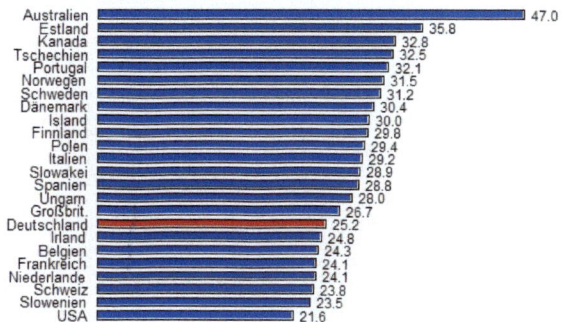

Quelle: OECD, Prozentsatz der 25 bis 64 Jahre Alten mit höherem sozialem Status abzüglich derer mit niederem. © Jahnke - http://www.jjahnke.net

20015: Dauer in Generationen, bis nach derzeitiger Mobilität Kinder von Niedriglohnempfängern das durchschnittliche Einkommen erreichen

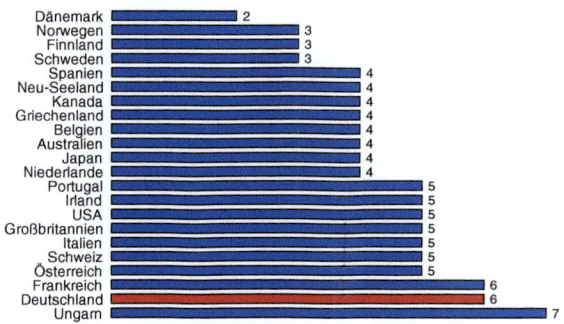

Quelle: OECD, A Broken Social Elevator? Juni 2018. © Jahnke - http://www.jjahnke.net

179

Macron und Merkel: Träumen von einem Europa

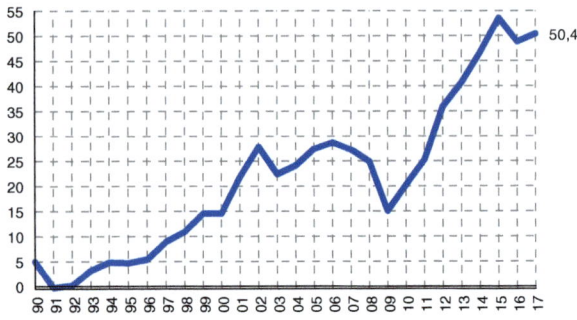

20005: Deutsche Exportüberschüsse mit USA in Mrd. Euro

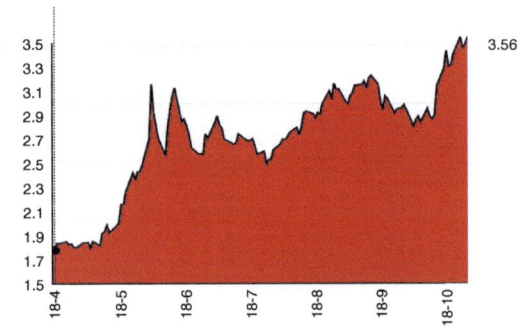

16811: Zins auf 10-Jahres Anleihen Italiens bis 12.10.18

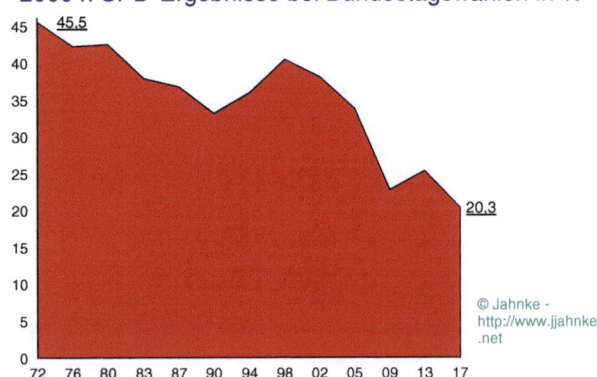

20004: SPD-Ergebnisse bei Bundestagswahlen in %

"Digital Sein" oder "Nichtsein"?

20002: Zuwachs an Rechenleistung AI 2012-2017

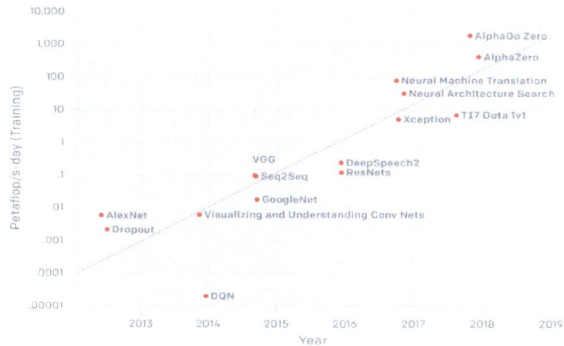

Quelle: Amodei und Hernandez: https://blog.openai.com/ai-and-compute/

19982: Beschäftigungsveränderung 1995-2015 in %

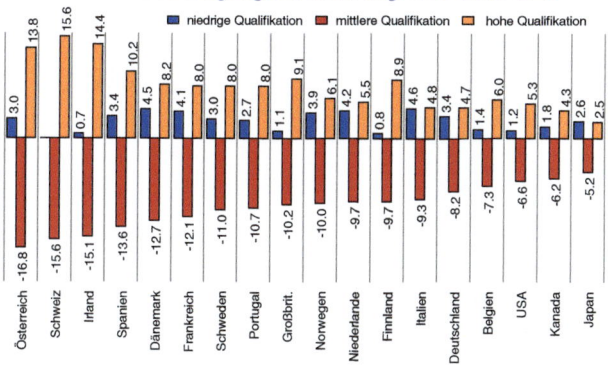

Quelle: OECD, Employment Outlook, Juni 2017. © Jahnke - http://www.jjahnke.net

19661: Analyse der gewerblichen Wirtschaft nach Digitalisierungsgrad 2017 vs. 2022 in %

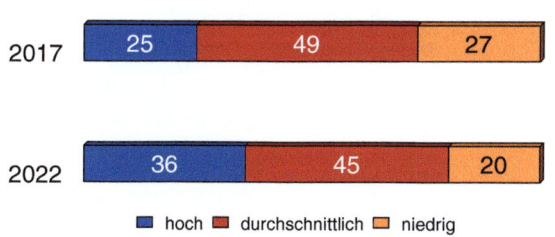

Quelle: Kantar TNS, repräsentative Unternehmensbefragung: „Digitalisierung in der deutschen Wirtschaft 2017", n= 1.021; Rundungsdifferenzen möglich.
© Jahnke - http://www.jjahnke.net

Unzufriedenheit mit Einkommensverteilung

19669: Anteil der durch Roboter und ähnliche Techniken in Deutschland langfristig gefährdeten Arbeitsplätze in %

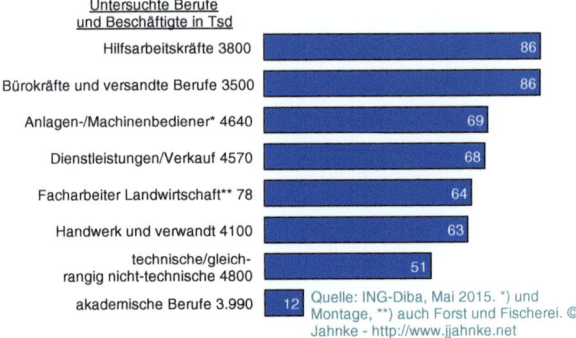

Untersuchte Berufe und Beschäftigte in Tsd

Hilfsarbeitskräfte 3800	86
Bürokräfte und versandte Berufe 3500	86
Anlagen-/Machinenbediener* 4640	69
Dienstleistungen/Verkauf 4570	68
Facharbeiter Landwirtschaft** 78	64
Handwerk und verwandt 4100	63
technische/gleich-rangig nicht-technische 4800	51
akademische Berufe 3.990	12

Quelle: ING-Diba, Mai 2015. *) und Montage, **) auch Forst und Fischerei. © Jahnke - http://www.jjahnke.net

19666: Das Risiko der Automatisierung in den kommenden 10-20 Jahren

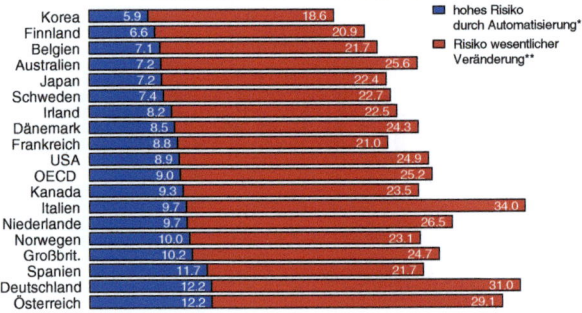

■ hohes Risiko durch Automatisierung*
■ Risiko wesentlicher Veränderung**

	hohes Risiko	Risiko wesentlicher Veränderung
Korea	5.9	18.6
Finnland	6.6	20.9
Belgien	7.1	21.7
Australien	7.2	25.6
Japan	7.2	22.4
Schweden	7.4	22.7
Irland	8.2	22.5
Dänemark	8.5	24.3
Frankreich	8.8	21.0
USA	8.9	24.9
OECD	9.0	25.2
Kanada	9.3	23.5
Italien	9.7	34.0
Niederlande	9.7	26.5
Norwegen	10.0	23.1
Großbrit.	10.2	24.7
Spanien	11.7	21.7
Deutschland	12.2	31.0
Österreich	12.2	29.1

Quelle: OECD, Employment Outlook, Juni 2017, *) Risiko der Automatisierung mindestens 70 %, **) 50 bis 70 %. © Jahnke - http://www.jjahnke.net

19991: Die Einkommensunterschiede im eigenen Land sind zu groß

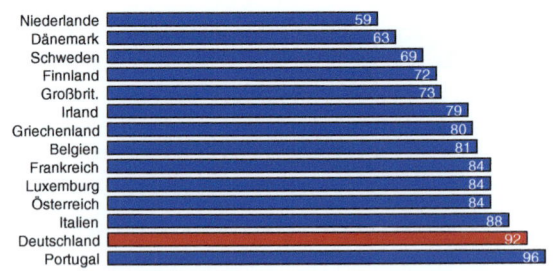

Niederlande	59
Dänemark	63
Schweden	69
Finnland	72
Großbrit.	73
Irland	79
Griechenland	80
Belgien	81
Frankreich	84
Luxemburg	84
Österreich	84
Italien	88
Deutschland	92
Portugal	96

Quelle: Eurobarometer Spezial, Dez. 2017. © Jahnke - http://www.jjahnke.net

Die Hyperglobalisierung/Lohnentwicklung

19145: Mindestlöhne in Westeuropa in Euro/Stunde 2017

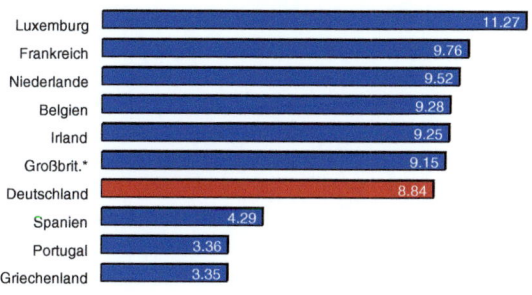

Luxemburg	11.27
Frankreich	9.76
Niederlande	9.52
Belgien	9.28
Irland	9.25
Großbrit.*	9.15
Deutschland	8.84
Spanien	4.29
Portugal	3.36
Griechenland	3.35

Quelle: WSI Minimum Wage Database,*) National Living Wage. © Jahnke - http://www.jjahnke.net

19992: 8,84 Euro Mindest-Stundenlohn reichen nicht aus; damit Vollzeitbeschäftigte* in Großstädten nicht mit Hartz IV aufstocken müssen, brauchen sie einen Stundenlohn von mindestens ...

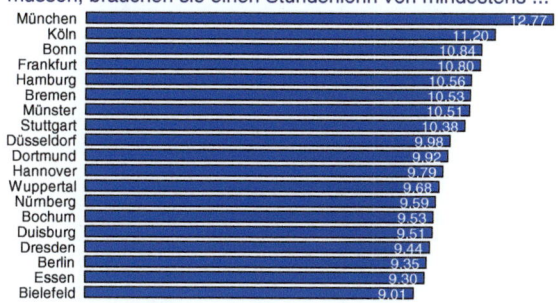

München	12.77
Köln	11.20
Bonn	10.84
Frankfurt	10.80
Hamburg	10.56
Bremen	10.53
Münster	10.51
Stuttgart	10.38
Düsseldorf	9.98
Dortmund	9.92
Hannover	9.79
Wuppertal	9.68
Nürnberg	9.59
Bochum	9.53
Duisburg	9.51
Dresden	9.44
Berlin	9.35
Essen	9.30
Bielefeld	9.01

Quelle: Hans-Böckler-Stiftung, 23.4.18, *) 37,7 Wochenstunden. © Jahnke - http://www.jjahnke.net

19920: Entwicklung von Löhnen und Produktivität 1991-2017

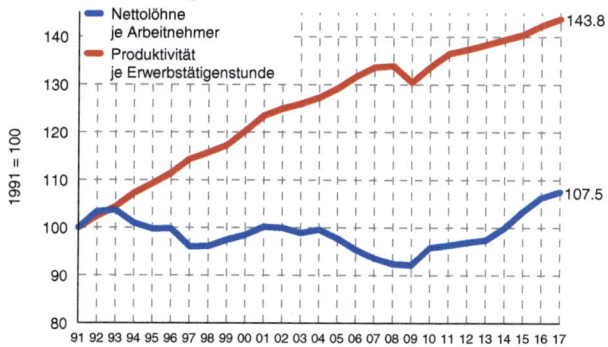

Nettolöhne je Arbeitnehmer — 107.5
Produktivität je Erwerbstätigenstunde — 143.8

Quelle: Statistisches Bundesamt, inflationsbereinigt. © Jahnke - http://www.jjahnke.net

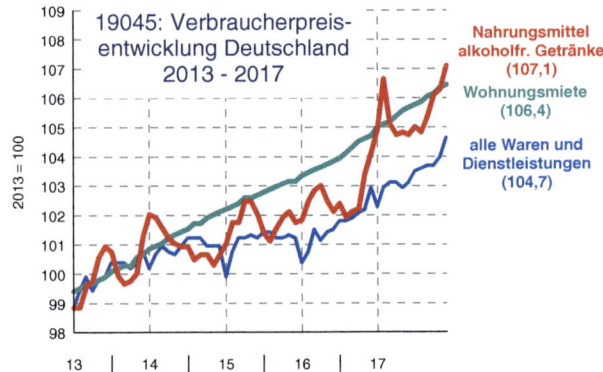

19045: Verbraucherpreis-entwicklung Deutschland 2013 - 2017

Nahrungsmittel alkoholfr. Getränke (107,1)

Wohnungsmiete (106,4)

alle Waren und Dienstleistungen (104,7)

Quelle: StaBuA. © Jahnke - http://www.jjahnke.net

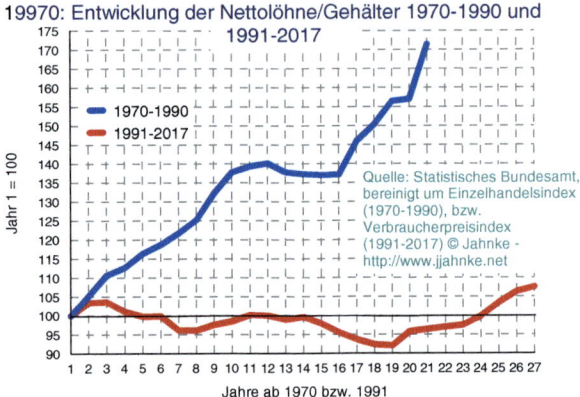

19970: Entwicklung der Nettolöhne/Gehälter 1970-1990 und 1991-2017

1970-1990
1991-2017

Quelle: Statistisches Bundesamt, bereinigt um Einzelhandelsindex (1970-1990), bzw. Verbraucherpreisindex (1991-2017) © Jahnke - http://www.jjahnke.net

Jahre ab 1970 bzw. 1991

19431: Mitglieder in den DGB-Gewerkschaften in Mio.

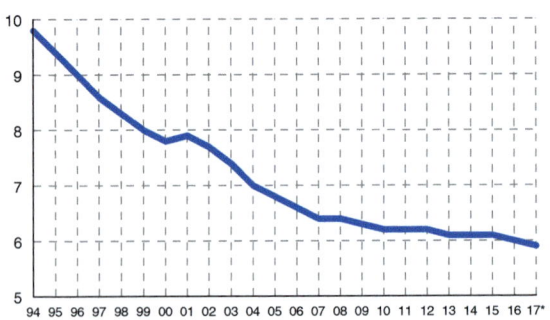

Quelle: Statista. *) Handelsblatt:unter 6Mio. © Jahnke - http://www.jjahnke.net

19969: Branchentarifbindung der Beschäftigten 1996 bis 2017

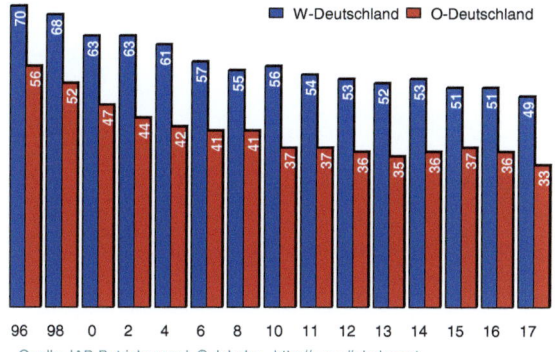

■ W-Deutschland ■ O-Deutschland

Quelle: IAB-Betriebspanel. © Jahnke - http://www.jjahnke.net

19145: Mindestlöhne in Westeuropa in Euro/Stunde 2017

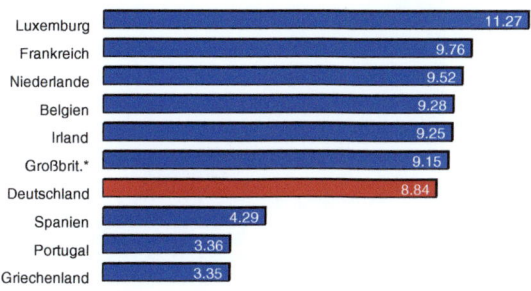

Luxemburg	11.27
Frankreich	9.76
Niederlande	9.52
Belgien	9.28
Irland	9.25
Großbrit.*	9.15
Deutschland	8.84
Spanien	4.29
Portugal	3.36
Griechenland	3.35

Quelle: WSI Minimum Wage Database,*) National Living Wage. © Jahnke - http://www.jjahnke.net

18246: Anteil der Arbeitnehmer, die weniger als 60 % des Medianeinkommens nach Sozialtransfers*) beziehen 2016 in %

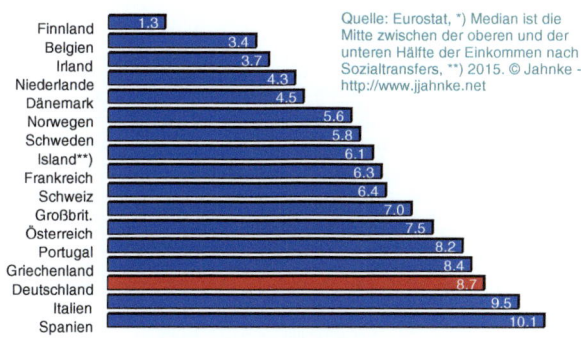

Finnland	1.3
Belgien	3.4
Irland	3.7
Niederlande	4.3
Dänemark	4.5
Norwegen	5.6
Schweden	5.8
Island**)	6.1
Frankreich	6.3
Schweiz	6.4
Großbrit.	7.0
Österreich	7.5
Portugal	8.2
Griechenland	8.4
Deutschland	8.7
Italien	9.5
Spanien	10.1

Quelle: Eurostat, *) Median ist die Mitte zwischen der oberen und der unteren Hälfte der Einkommen nach Sozialtransfers, **) 2015. © Jahnke - http://www.jjahnke.net

185

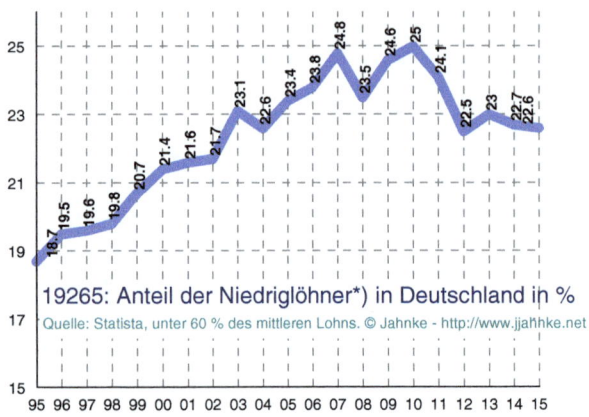

19265: Anteil der Niedriglöhner*) in Deutschland in %

Quelle: Statista, unter 60 % des mittleren Lohns. © Jahnke - http://www.jjahnke.net

18504: Anteil der Niedriglöhner*) 2014 in %

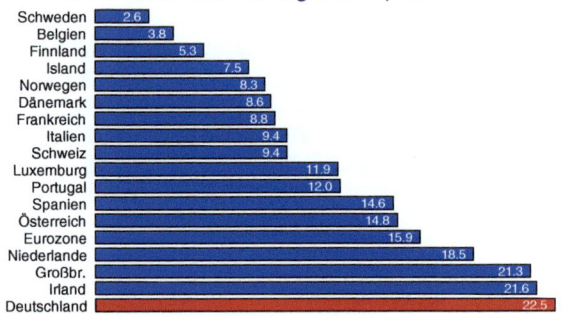

Schweden	2.6
Belgien	3.8
Finnland	5.3
Island	7.5
Norwegen	8.3
Dänemark	8.6
Frankreich	8.8
Italien	9.4
Schweiz	9.4
Luxemburg	11.9
Portugal	12.0
Spanien	14.6
Österreich	14.8
Eurozone	15.9
Niederlande	18.5
Großbr.	21.3
Irland	21.6
Deutschland	22.5

Quelle: Eurostat, Dezember 2016, *) weniger als 2/3 der Median-Einkommen in Kraufkrafteinheiten. © Jahnke - http://www.jjahnke.net

20141: Arbeits-Armutsgefährdungsquote 2017 in %

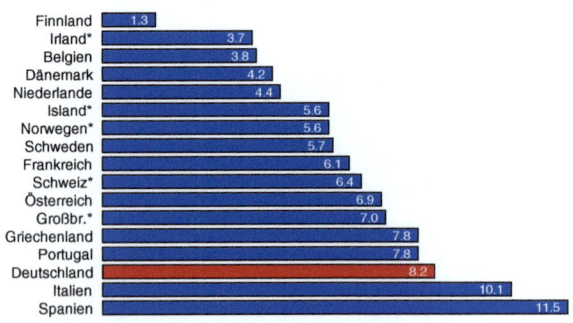

Finnland	1.3
Irland*	3.7
Belgien	3.8
Dänemark	4.2
Niederlande	4.4
Island*	5.6
Norwegen*	5.6
Schweden	5.7
Frankreich	6.1
Schweiz*	6.4
Österreich	6.9
Großbr.*	7.0
Griechenland	7.8
Portugal	7.8
Deutschland	8.2
Italien	10.1
Spanien	11.5

Quelle: Eurostat, *) 2016. © Jahnke - http://www.jjahnke.net

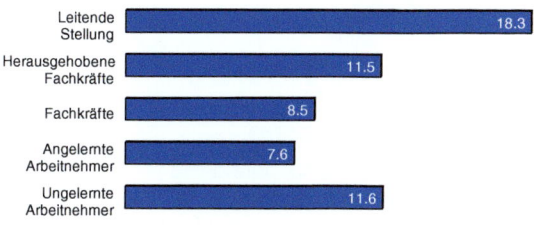

18732: Entwicklung der realen Monatsgehälter
1. Quartal 2007 bis 4. Quartal 2017 in %

Leitende Stellung	18.3
Herausgehobene Fachkräfte	11.5
Fachkräfte	8.5
Angelernte Arbeitnehmer	7.6
Ungelernte Arbeitnehmer	11.6

Quelle: Statistisches Bundesamt. © Jahnke - http://www.jjahnke.net

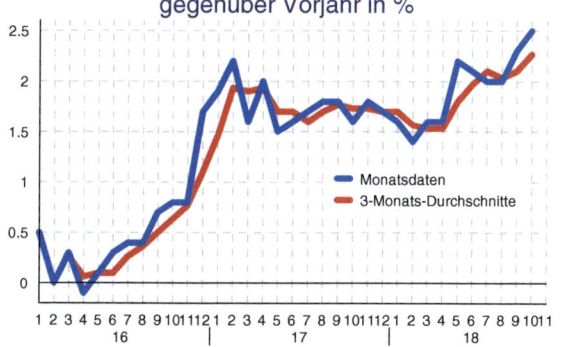

19988: Entwicklung der deutschen Verbraucherpreise
gegenüber Vorjahr in %

Monatsdaten
3-Monats-Durchschnitte

Quelle: Statistisches Bundesamt. © Jahnke – http://www.jjahnke.net

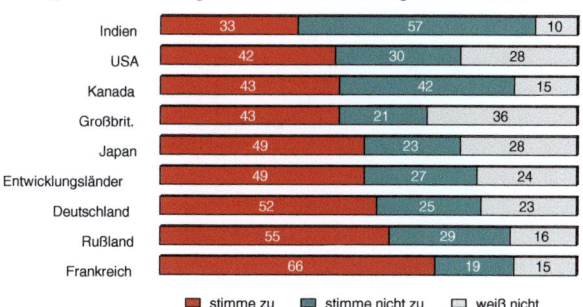

19987: Die eigene Regierung tut nicht genug, um die
Bürger vor den Folgen der Globalisierung zu schützen

	stimme zu	stimme nicht zu	weiß nicht
Indien	33	57	10
USA	42	30	28
Kanada	43	42	15
Großbrit.	43	21	36
Japan	49	23	28
Entwicklungsländer	49	27	24
Deutschland	52	25	23
Rußland	55	29	16
Frankreich	66	19	15

Quelle: Umfrage YouGov vom April 2018. © Jahnke – http://www.jjahnke.net

Die Agenda 2010

18082: Maximales Arbeitslosengeld in Monaten (je nach Beschäftigungsdauer, ohne Leistungen an ältere Arbeitslose)

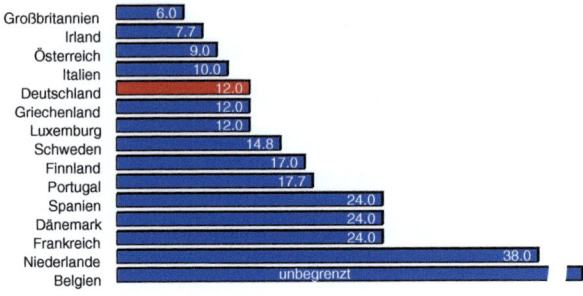

Quelle: Bundesministerium für Arbeit und Soziales, Sozialkompass, 2015.
© Jahnke - http://www.jjahnke.net

18823: Entwicklung des privaten Konsums deutscher Haushalte 1991 - 2017

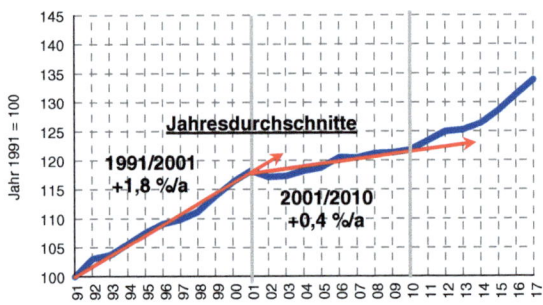

Quelle: IWF. © Jahnke - http://www.jjahnke.net

19964: Arbeitslos und Langzeitarbeitslose

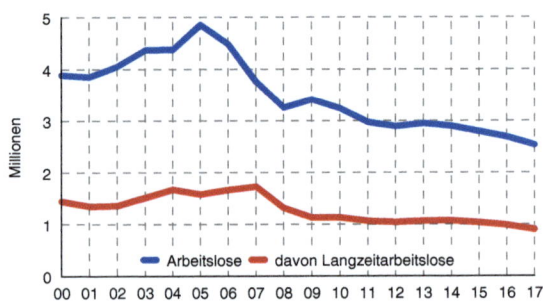

Quelle: Statistisches Bundesamt. © Jahnke - http://www.jjahnke.net

Immer mehr Armut in einem reichen Land

19965: Entwicklung des Arbeitsvolumens in Stunden (Jahr 2000 = 100)

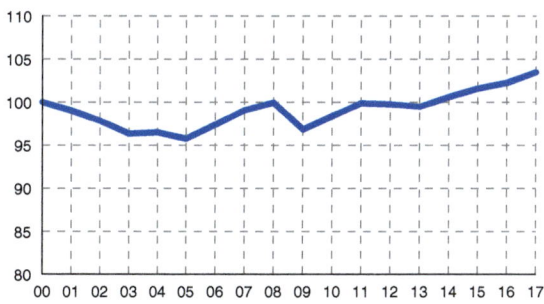

Quelle: Statistisches Bundesamt. © Jahnke - http://www.jjahnke.net

17118: Entwicklung der Leiharbeitsverhältnisse in Tsd.

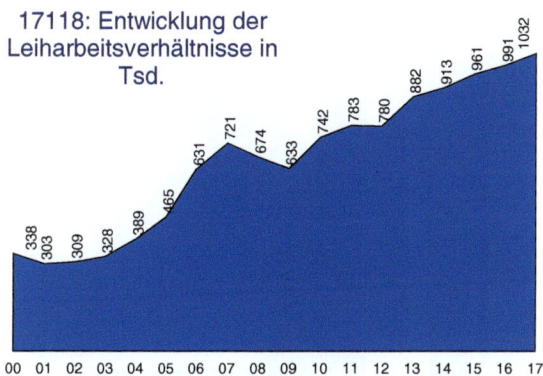

Quelle: Sozialpolitik aktuell, ab 2011 Bundesagentur und Eurostat. © Jahnke - http://www.jjahnke.net

19949: Armutsrisiko (60 % des Median-Einkommens) und Äquivalenzgewichtung (1992–2015)

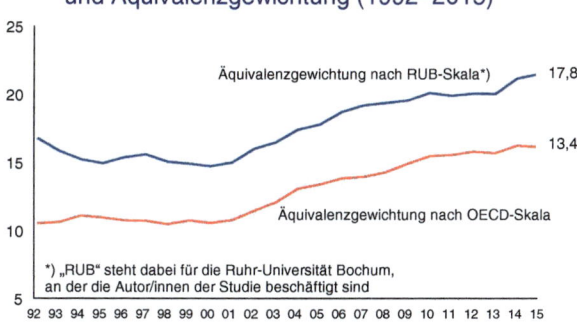

Quelle: Bertelsmann--Stiftung, Wie hat sich die Einkommenssituation von Familien entwickelt?, Febr. 2018. © Jahnke - http://www.jjahnke.net

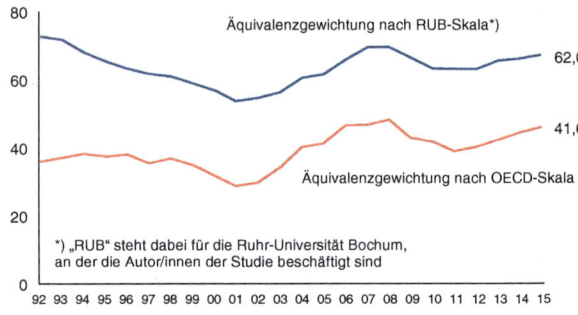

19948: Armutsrisiko (60 % des Median-Einkommens) bei Ein-Eltern-Haushalten mit einem Kind (1992–2015)

Äquivalenzgewichtung nach RUB-Skala*)

62,0

41,6

Äquivalenzgewichtung nach OECD-Skala

*) „RUB" steht dabei für die Ruhr-Universität Bochum, an der die Autor/innen der Studie beschäftigt sind

Quelle: Bertelsmann--Stiftung, Wie hat sich die Einkommenssituation von Familien entwickelt?, Febr. 2018. © Jahnke - http://www.jjahnke.net

19784: Armutsentwicklung 2000-2017 in %

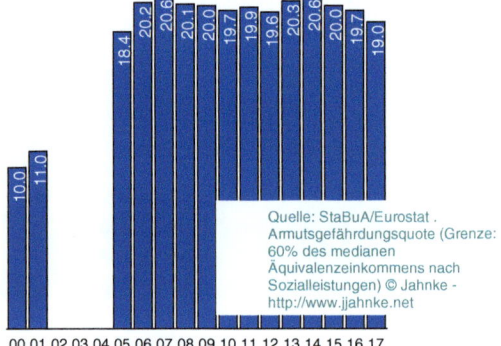

Quelle: StaBuA/Eurostat . Armutsgefährdungsquote (Grenze: 60% des medianen Äquivalenzeinkommens nach Sozialleistungen) © Jahnke - http://www.jjahnke.net

19865: Armutsentwicklung 2000-2017 in %

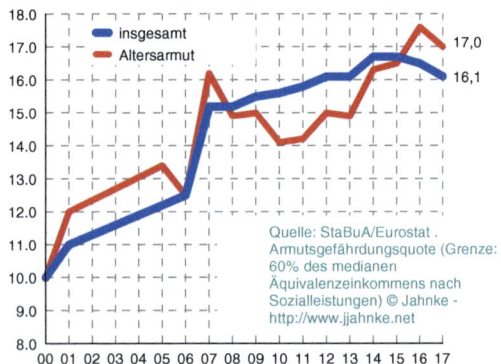

17,0

16,1

Quelle: StaBuA/Eurostat . Armutsgefährdungsquote (Grenze: 60% des medianen Äquivalenzeinkommens nach Sozialleistungen) © Jahnke - http://www.jjahnke.net

19055: Anteil der von Armut und sozialer Ausgrenzung bedrohten Alten*) 2017 in %

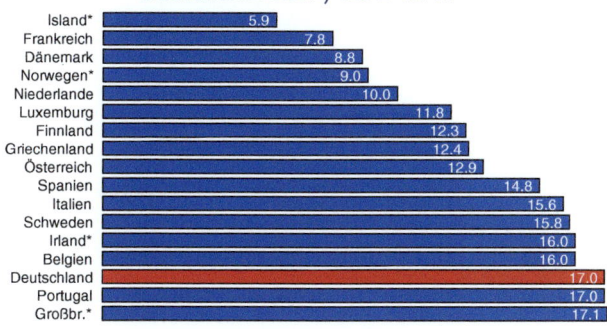

Island*	5.9
Frankreich	7.8
Dänemark	8.8
Norwegen*	9.0
Niederlande	10.0
Luxemburg	11.8
Finnland	12.3
Griechenland	12.4
Österreich	12.9
Spanien	14.8
Italien	15.6
Schweden	15.8
Irland*	16.0
Belgien	16.0
Deutschland	17.0
Portugal	17.0
Großbr.*	17.1

Quelle: Eurostat, *) 65+. © Jahnke - http://www.jjahnke.net

19860: Armutsgefährdungsquote der unter 18-Jährigen vor Sozialleistungen 2008 - 2017

08	09	10	11	12	13	14	15	16	17
31.5	31.6	33.4	33.6	31.2	31.0	31.2	32.1	33.6	31.3

Quelle: Eurostat. © Jahnke - http://www.jjahnke.net

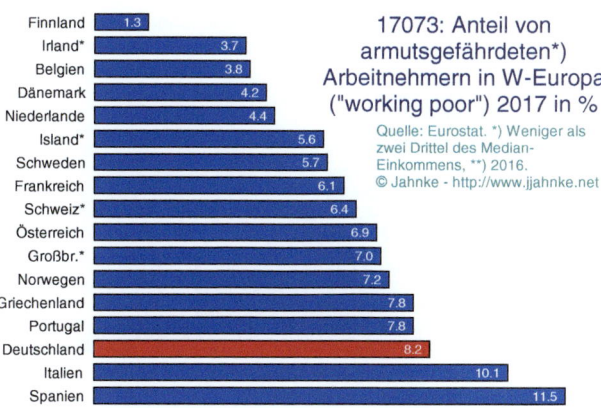

17073: Anteil von armutsgefährdeten*) Arbeitnehmern in W-Europa ("working poor") 2017 in %

Quelle: Eurostat. *) Weniger als zwei Drittel des Median-Einkommens, **) 2016.
© Jahnke - http://www.jjahnke.net

Finnland	1.3
Irland*	3.7
Belgien	3.8
Dänemark	4.2
Niederlande	4.4
Island*	5.6
Schweden	5.7
Frankreich	6.1
Schweiz*	6.4
Österreich	6.9
Großbr.*	7.0
Norwegen	7.2
Griechenland	7.8
Portugal	7.8
Deutschland	8.2
Italien	10.1
Spanien	11.5

19958: Deutsche Exportquote am BIP 1970-2017 in %

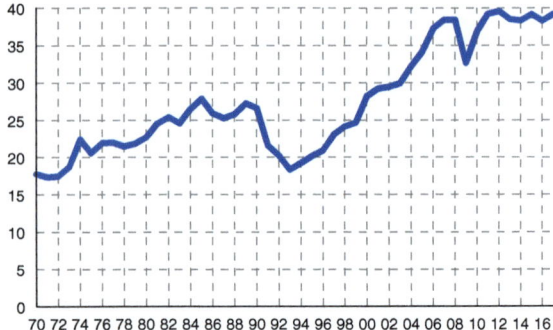

Quelle: Statistisches Bundesamt. © Jahnke - http://www.jjahnke.net

20130: Personen* mit einem verfügbaren Äquivalenzeinkommen unterhalb der Arbeitsschwelle** in % aller Arbeitslosen

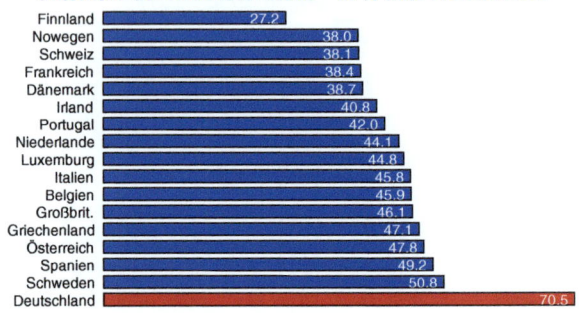

Quelle: Eurostat, Febr. 2018, *) ab 18 Jahren, **) 60 % des nationalen verfügbaren medianen Äqiovalenzeinommens (nach Sozialleistungen).
© Joachim Jahnke - http://www.jjahnke.net/

18082: Maximales Arbeitslosengeld in Monaten (je nach Beschäftigungsdauer, ohne Leistungen an ältere Arbeitslose)

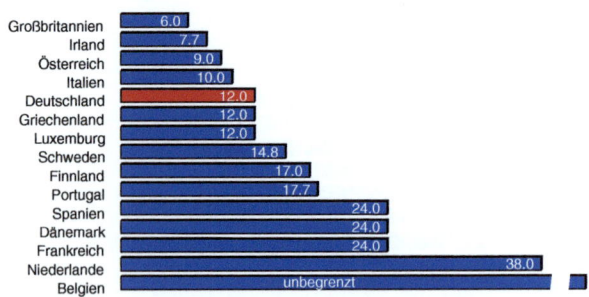

Quelle: Bundesministerium für Arbeit und Soziales, Sozialkompass, 2015.
© Jahnke - http://www.jjahnke.net

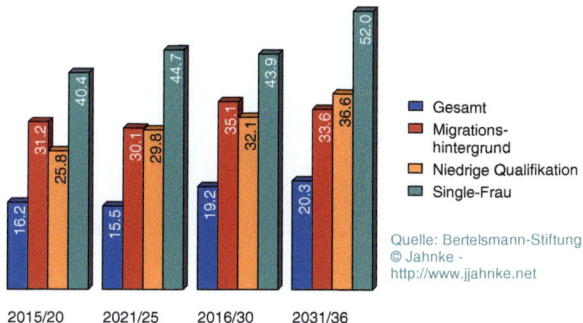

19711: Armutsrisikoquoten nach Qualifikation und Geschlecht in 5-Jahres-Gruppen in %

Gesamt
Migrations-hintergrund
Niedrige Qualifikation
Single-Frau

Quelle: Bertelsmann-Stiftung.
© Jahnke -
http://www.jjahnke.net

2015/20: 16.2, 31.2, 25.8, 40.4
2021/25: 15.5, 30.1, 29.8, 44.7
2016/30: 19.2, 35.1, 32.1, 43.9
2031/36: 20.3, 33.6, 36.6, 52.0

19145: Mindestlöhne in Westeuropa in Euro/Stunde Jan. 2018

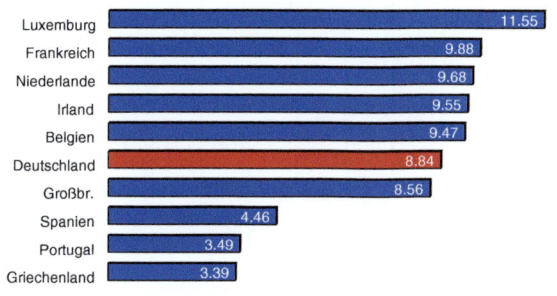

Luxemburg	11.55
Frankreich	9.88
Niederlande	9.68
Irland	9.55
Belgien	9.47
Deutschland	8.84
Großbr.	8.56
Spanien	4.46
Portugal	3.49
Griechenland	3.39

Quelle: WSI Minimum Wage Database,*) National Living Wage. © Jahnke -
http://www.jjahnke.net

18041: Entwicklung der Zahl der Tafeln in Deutschland

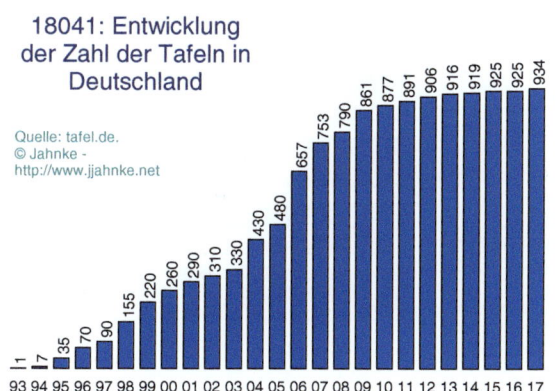

Quelle: tafel.de.
© Jahnke -
http://www.jjahnke.net

93: 1, 94: 7, 95: 35, 96: 70, 97: 90, 98: 155, 99: 220, 00: 260, 01: 290, 02: 310, 03: 330, 04: 430, 05: 480, 06: 657, 07: 753, 08: 790, 09: 861, 10: 877, 11: 891, 12: 906, 13: 916, 14: 919, 15: 925, 16: 925, 17: 934

193

Immer weniger Vertrauen in Regierungen

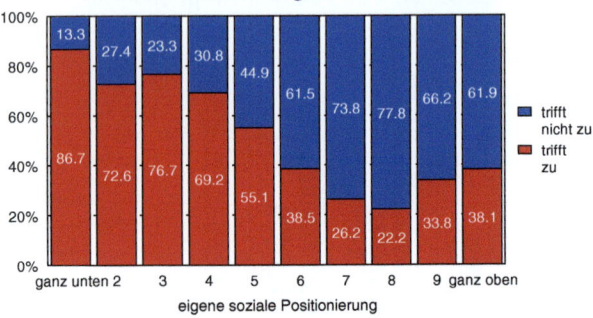

19956: Langfristige Sorgen um den Lebensstandard und soziale Positionierung in der Gesellschaft

Quelle: Kohlrausch, Abstiegsängste in Deutschland, WORKING PAPER FORSCHUNGSFÖRDERUNG, Nummer 058, Februar 2018. © Jahnke - http://www.jjahnke.net

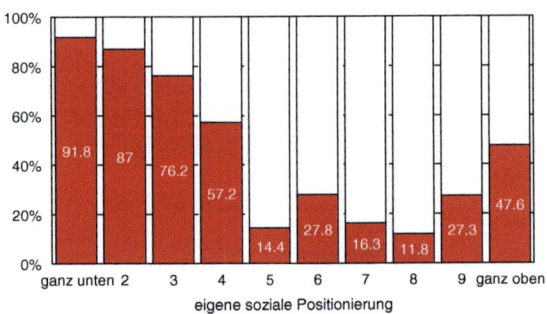

19955: Große oder sehr große finanzielle Sorgen

Quelle: Kohlrausch, Abstiegsängste in Deutschland, WORKING PAPER FORSCHUNGSFÖRDERUNG, Nummer 058, Februar 2018. © Jahnke - http://www.jjahnke.net

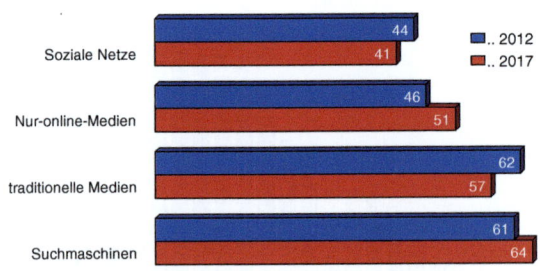

19914 Vertrauen in Medien für allgemeine Information in %

Quelle: Edelman, Vertrauens-Barometer 2017. © Jahnke - http://www.jjahnke.net

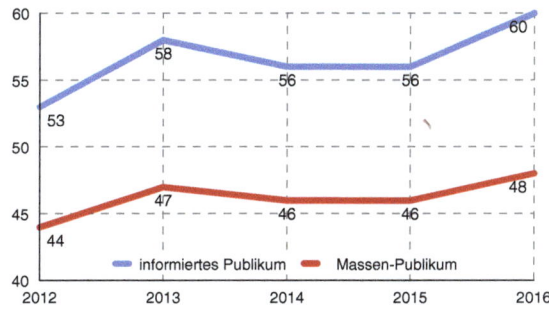

19915: Vertrauen, daß Regierungen, Wirtschaftsunternehmen, Medien und NGOs das Richtige tun - Durchschnitt von 29 Ländern in %

19916: Vertrauen in Regierungen, Wirtschaftsunternehmen, Medien und NGOs nach Einkommen

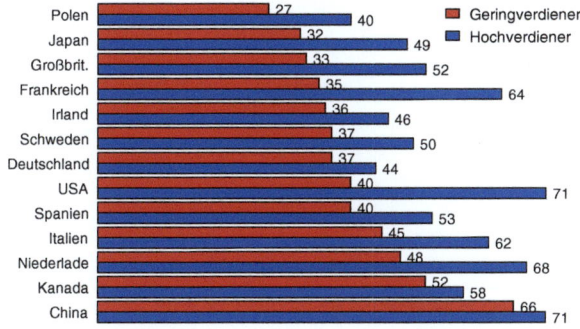

19917: Vertrauen, daß Befragte und ihre Familien in 5 Jahren besser dran sein werden nach Einkommen

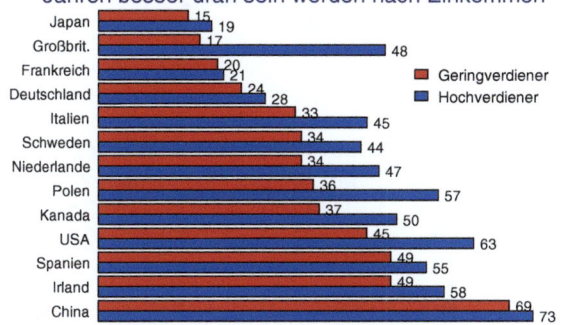

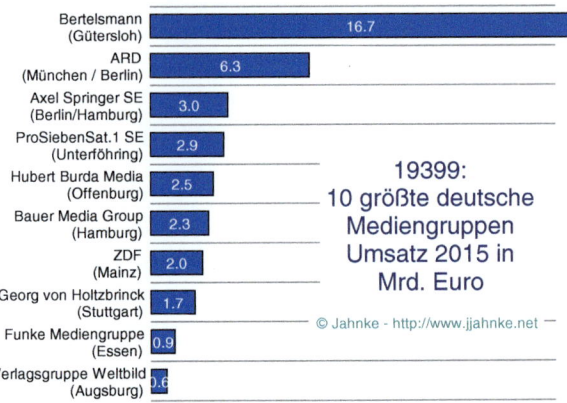

19399:
10 größte deutsche
Mediengruppen
Umsatz 2015 in
Mrd. Euro

© Jahnke - http://www.jjahnke.net

19918: Umsatz von Tageszeitungen in Deutschland in Mio.

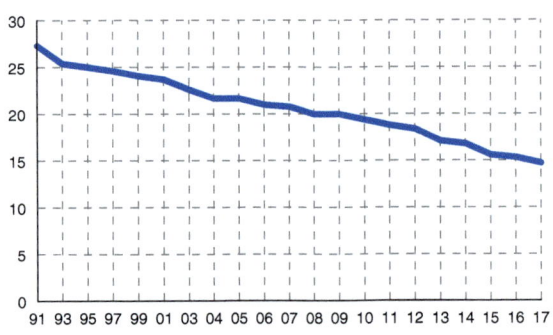

Quelle: Statista. © Jahnke - http://www.jjahnke.net

19400:
IVW: Anzahl der Visits (Online +
Mobile) der Nachrichtenportale in
Deutschland im August 2016 (in
Millionen)

© Jahnke - http://www.jjahnke.net

Die immer perversere deutsche Vermögensverteilung

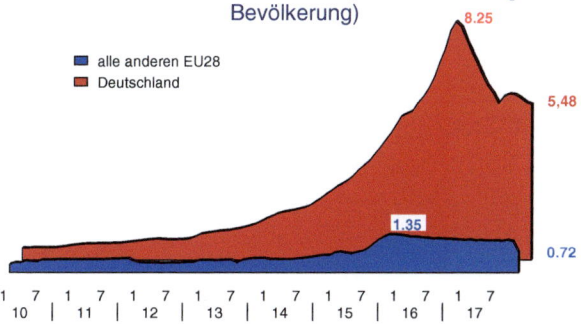

19928: Offene Asylanträge von außerhalb der EU jeweils Monatsende bis November 2017 (pro 1.000 der eigenen Bevölkerung)

- alle anderen EU28
- Deutschland

8.25

5,48

1.35

0.72

Quelle: Eurostat. © Jahnke - http://www.jjahnke.net

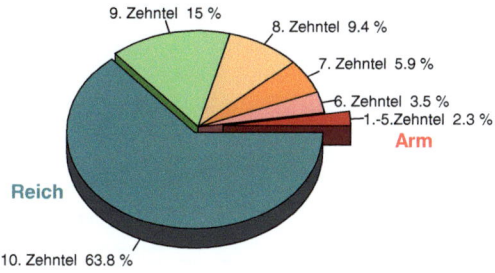

19934: Verteilung des gesamten Vermögens in der Bevölkerung (nach Haushaltsgruppen) im Jahr 2014

9. Zehntel 15 %

8. Zehntel 9.4 %

7. Zehntel 5.9 %

6. Zehntel 3.5 %

1.-5.Zehntel 2.3 %

Arm

Reich

10. Zehntel 63.8 %

Quelle: DIW, Einkommensverteilung in Deutschland von 1871 bis 2013, Jan. 2018.
© Jahnke - http://www.jjahnke.net

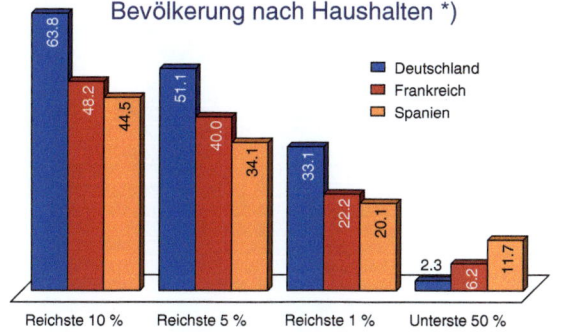

19933: Verteilung des gesamten Vermögens in der Bevölkerung nach Haushalten *)

- Deutschland
- Frankreich
- Spanien

	Reichste 10 %	Reichste 5 %	Reichste 1 %	Unterste 50 %
Deutschland	63.8	51.1	33.1	2.3
Frankreich	48.2	40.0	22.2	6.2
Spanien	44.5	34.1	20.1	11.7

Quelle: DIW, Einkommensverteilung in Deutschland von 1871 bis 2013, Jan. 2018, *) Stand:
Spanien 2011/12, Deutschland 2014, Frankreich 2014/15. © Jahnke - http://www.jjahnke.net

19931: Anteile der Einkommensgruppen am Volkseinkommen in % 1960-2013

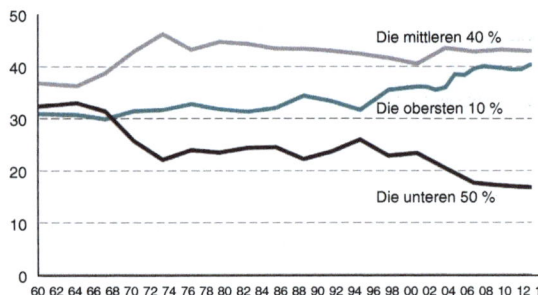

Quelle: DIW, Einkommensverteilung in Deutschland von 1871 bis 2013: Erneut steigende Polarisierung seit der Wiedervereinigung, Jan. 2018. © Jahnke - http://www.jjahnke.net

19932: Entwicklung der Einkommensverteilung seit 1983 in %, indexiert 1983

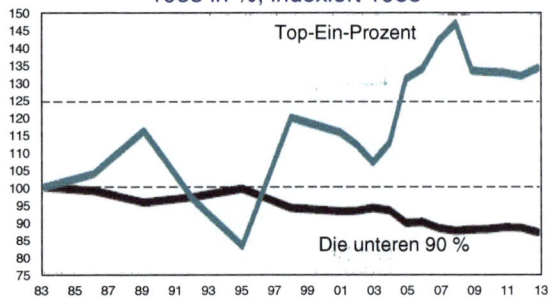

Quelle: DIW, Einkommensverteilung in Deutschland von 1871 bis 2013, Jan. 2018. © Jahnke - http://www.jjahnke.net

13539: Spitzensteuersätze in W-Europa 2016

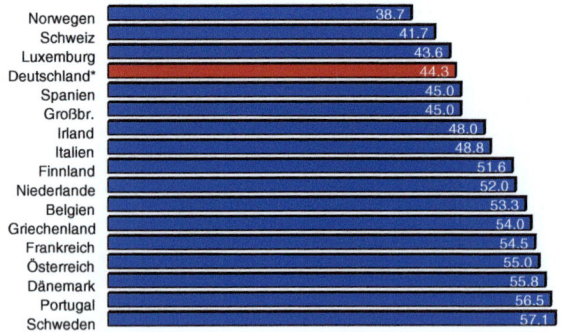

Quelle: OECD. *) ohne 3 % Reichensteuer ab 250.000/500.000 Jahreseinkommen. © Jahnke - http://www.jjahnke.net